小川博久

保育者養成論

萌文書林

はじめに
私の職歴と保育者養成とのかかわり

　筆者は、32歳から36歳（1969～1973年）まで北海道教育大学で教員養成（小学校、中学校が中心）の仕事にかかわり、36歳の終わりから東京学芸大学幼稚園教育教員養成課程の教員として27年間（1973～2000年）、幼稚園教育教員養成の仕事にかかわってきた。定年後は日本女子大学児童学科（2000～2005年）、5年後からは聖徳大学（2005～2012年）で幼稚園教諭に限らず、保育士養成の問題、さらには保育者養成にかかわる研究者の問題を考えてきた。その間、保育学会会長として保育学と保育者養成の問題に関心を払ってきた。

　保育学の学問としての性格は、いわゆるアカデミックな学問の性格と異なり、保育の実践と深いかかわりをもち、それゆえに、保育者養成とも関連をもっている。筆者は、北海道教育大学時代には、小学校教育教員養成に関心をもっていたが、東京学芸大学に赴任してからは、幼稚園教育教員養成へ関心をシフトさせ、以来、広く保育者養成に関心を払ってきた。

　この関心は言い換えてみれば、われわれ保育学の研究者（幼児教育）は、保育実践に対し、いかに寄与し得るかという問いに答えることである。そしてこの問いは決して机上の空論ではなかったし、今もない。40歳前半に結婚し、子どもが生まれ、共働きの関係上、乳幼児期から子育てを経験し、オムツの取り替えから、冷凍した妻の母乳を解凍し、子どもに飲ませたり、あやしたりする体験をすることができた。また学生の教育実習に現場を訪問し、折節に、幼児の遊びに参加する姿を園長等に注目され、保育の園内研究会に招へいされ、それを契機にこれまで、70園近くの公開研究会の指導講師を経験し、また全国規模の私立幼稚園の研修大会の講師も経験した。多くの研修会の講師を行う中

で、保育者としての経験の不在に気づき、自ら保育者としての役割を実感したいと考え、園内研修の折に保育をやらせてもらうことも経験した。

　この保育者としての役割を経験した立場から筆者の保育理論を構想できたことは大変、幸福なことであった。この間、経験的にいえば、東京学芸大学時代、着任当初、附属幼稚園の副園長から大学と附属の関係づくりの責任を依頼され、数十年にわたって幼稚園課程と附属幼稚園との連絡協議会の係を行ってきた。そこでのテーマは、教育実習生の教育実習における学習課程についての評価や指導についてであった。この経験は、保育者養成課程のカリキュラムや、それと教育実習とのかかわりについて問題点などを話し合うものでもあり、保育者養成のあり方や保育者について考える契機を与えてくれた。

　こうした経験が今回、萌文書林の故服部雅生氏の勧めによって本書を上梓することになった。図らずも幼児教育に携わることになり、保育者養成にかかわってきた筆者の半生への省察の書である。思えば、これまで、結婚が遅かった筆者が私の弟妹の子どもの子育ての手伝いの経験、結婚後、共働きであったことから、2人の娘の子育て経験、認知症の母の介護経験、35年以上通いつめた園内研究のさまざまな経験、地域公民館の運営審議会の委員として、公民館の中に保育室をつくることに奔走した経験、学部の担任としての経験、大学において教育的内容を構築するという営み等々、振り返ると、各々の経験が独自でありながら、すべてに通ずる普遍性もあるように感じられる。しかし、なかなか言語化できない貴重な経験も含まれているように思われる。その貴重な経験とこれまでの研究の結果を保育者養成という営みの専門性確立の試みとして結晶させたいとしたものである。この書を通じて、今後、保育者の専門性が広く認知され、幼児の健全な発達が保障されることを願って本書を執筆した。

　　　2013年3月

小川　博久

もくじ

はじめに──私の職歴と保育者養成とのかかわり *1*

序章
保育者養成の現代的意義 *9*

1. 本書執筆の動機──問題の所在 *10*
2. 「保育」の専門性が語られる社会的背景 *15*
3. 専門性を要請する社会システムの特質 *17*
4. 「専門家」としての認知の遅れた背景は何か *20*

第1章
保育とは、「保育」の専門性とは *27*

1. 保育という言葉の定義について *28*
2. 子育ての知恵としての保育 *29*
3. ヒトの発達の特色と子育て *32*
4. 「保育」という仕事の専門性 *35*

第2章
現代社会と「保育者」の存在意義 *41*

1. 少子化の中での待機児童の増加に潜む問題 *42*

2．最近の保育政策をめぐって 45

3．子どもの養育の親密圏としての
　　　　家庭や地域の存在は不要か 51

4．子育て支援と「保育者」養成 54

5．「保育のニーズの多様化」という考え方は正しいか 57

6．親と子の関係性としての親と子のカップリング 60

第3章
近代社会の新たな専門職としての学校教員の誕生──幼稚園教員の魁として 71

1．専門性をもつ人（専門家）とは 72

2．専門家養成と大学の誕生 72

3．近代の大学の成立と専門性の変貌 75

4．20世紀における人文科学と
　　　　対立する意味での「専門性」の概念 78

5．高等教育機関は、職業上の問題解決に
　　　　役立ってきたか──医学部の場合 80

6．専門家養成としての教員養成教育 84

　（1）保育者養成の基盤としての小学校の教員養成 84
　（2）「専門家」としての保育者養成に至る
　　　　　前段階としての短期大学カリキュラムの実態 91

7．新制大学における教職の
　　　　「専門家」養成の理念と現実 95

第4章
小学校教育教員養成カリキュラムの課題の変遷を振り返って ... 103

1. 「保育者」養成カリキュラムの変遷と問題点をどう明らかにするか 104
2. 教員養成の中核をなすものは何か 105
3. 教職専門科目の中核としての教育学と心理学各々の研究分野の問題性 107
4. 教職科目の中での教育学と教育心理学の関連性 112
5. 教職専門科目と教科専門科目を結ぶ教科教育学の役割とは何か 114
6. 「教科教育」の役割の不透明性の背景は何か
   ──「教科教育学」の不透明性 118
7. 「教科専門」「教科教育」「教育方法」の相互性をどう考えていくか 122
   （1）三者の関連づけの具体化とは何か 122
   （2）教科専門と教科教育学の関係性への方法論的模索
      ──学問方法論と教科教育学的探究 128
   （3）教員養成カリキュラムの学際的研究と大学の一般教育のあり方との関連性 129
   （4）教科教育学における媒介性の不在 133
8. 教員養成カリキュラムの中での「教育実習」の位置と役割 138
   （1）「教育実習」とは何か 138
   （2）「教育実習」と他の学科目との関係 142

第5章
21世紀の教員養成の方向と課題 ……… 155

1．現状の問題点とは何か ……………………………………… 156

2．21世紀における教員養成課程の
　　　　　　　新たなモデルをどう評価するか ………… 160
　（1）福島大学教育学部の場合 ………………………………… 160
　（2）弘前大学教育学部の場合 ………………………………… 168
　（3）鳴門教育大学の場合 ……………………………………… 173

第6章
「保育者」養成カリキュラムの
　　　　　　　　現状と問題点 ……… 185

1．現状を分析する視点を歴史的経緯から ………………… 186

2．「保育者」の専門性の確立のための養成とは …………… 193

3．現行「保育者」養成カリキュラムの二元性 ……………… 195
　（1）免許取得の資格科目における総合的視点の不在 ………… 195
　（2）両免許取得科目の現状と問題点 ………………………… 197

4．「保育者」養成カリキュラムの課題 ……………………… 203
　（1）主要学科目としての「福祉」概念の見直しの必要性 …… 203
　（2）「福祉」と「保育」の両概念を関係づける理論の不在 …… 205
　（3）「保育」関連科目の相互関係性の不在 …………………… 207
　（4）「保育者」養成カリキュラムの総合性を求めて ………… 208
　（5）実践主体とかかわる研究アプローチの必要性 ………… 210

5．「保育」実践につらなるカリキュラム構成 ……………… 212
　（1）生活世界の全体像を実習につなぐ ……………………… 212

（2）実践主体である親、子育て支援者、
　　　　　　　　　保育者を貫く視点の必要性........................ 214
（3）生活世界における「生活文化」をどうとらえるか
　　　　　　──保育内容演習の5領域のとらえ方............ 218

第7章
保育者養成の課題と未来的展望........ 229

1．幼児と「保育者」の関係理解の特色........ 230
（1）学科内容理解と現場体験の乖離........................ 230
（2）幼児とはどんな存在か.. 231
（3）「子ども」という概念.. 234
（4）「ケア」の対象としての幼児............................ 236
（5）「ノリ」を共有する相手としての幼児............ 237
（6）養育者と乳幼児のリズム（ノリ）の共有........ 239
（7）他者存在としての「子ども」＝主体的生命体.... 241

2．「ケア」としての保育から教育としての保育へ........244
（1）非対称な関係の中での動的相互性.................... 244
（2）「ケア」と教育を通しての生命維持のための共生的関係.... 246
（3）「福祉（ケア）」と「教育」の両義性............ 250
（4）施設「保育」の「ケア」と「教育」の関係性.... 252

3．「保育者」の専門性の基盤としての知とは........254
（1）「保育者」の専門性から家庭保育をどう理解するか.... 254
（2）家庭保育や地域保育を助成する専門性とは.... 258
（3）「ケア」としての子育てに対する臨床研究の必要性.... 260
（4）施設「保育」の専門性確立の場としての集団臨床研究.... 262
（5）集団臨床としての「保育」に対する「保育」実践の特色.... 265
（6）臨床研究と保育実践学とのかかわり................ 272

4．保育者養成カリキュラムの改革への提案 279
（1）幼児を取り巻く生活世界を基盤とした総合的視点の確立 279
（2）「保育者」養成カリキュラムの基本的枠組み 282
（3）「保育者」養成カリキュラムへの
入門としての「体験プログラム」として 284

さくいん 292

著者紹介 302

序章

保育者養成の現代的意義

1．本書執筆の動機 ──問題の所在

　本書を出版するにあたって本書執筆の動機を述べることにしよう。
　この年齢（70代後半）に至るまで、研究者の一人としてかつ教師としての筆者の半生は保育者の養成と現場における現職教育（保育実践の研究）に向けられてきた。今、その半生を省察するとき、筆者個人の想いとしては上述の課題に対し、思索的にまた実践的に怠惰であったとは思わない。それなりに一生懸命であったと思うし、部分的にも達成感を感じたこともある。たとえば、幼稚園の2年間の園内研修で公開研究に向け、実践報告書を書くことに協力し、保育者自身の保育を向上させようと努め、保育者共々その公開での成功を喜び合ったこともしばしばであった。都の公立幼稚園を中心に公開研究会の指導園も70園に及んでいる。また、養成課程の卒業生が幼稚園に就職したのち、私が園内研修の講師として招かれたとき、彼女がよき保育者となっている姿に出会うこともある。そんなとき、よく育ってくれたという実感を感ずることもしばしばであった。しかし、今そうした過去を振り返るとき、現実はいささかも変わっていないと思うことも少なくない。
　まず、保育者養成の実践でいえば、自分の研究成果はともかく、制度の一スタッフとして、保育者養成のシステムや内容を運用する責任者の一人として自分がなし得たことの少なさを今さらながら痛感せざるを得ない。保育者養成や教員養成制度のモデルとしてあげられるのは、医師養成制度である。M. フーコー（Michel Foucault　外国者氏名の英名は初出のみで以下略す）が『臨床医学の誕生』[1]という著書で語っているように、「臨床医学」という学問体系の確立が近代的医師養成のための総合的カリキュラムの構成を可能にし、インターン制度という理論と実践を連結する制度を確立した。

現在、教員養成制度や保育者養成制度は、この医師養成制度をモデルにしながら、はたしてそうした総合的性格をどこまで確立し得ているか。

残念ながらその答えは否である。一例をあげると、保育者養成科目（教員養成の場合も事情はまったく同じである）の内容を構成する各科目、教育内容や教授者の専門性の欠如がある。たとえば、保育学（原理）、保育の教育心理学や、領域科目を担当する教師の研究上の出自は、各々、教育学や教育心理学であったり、表現領域であれば、音楽であったり、美術であったりする。そしてそのため講義担当者の専門は当然のことながら、自らのアカデミックな出身学歴の分野であるために、そこに主な関心があって、保育者養成の科目として総合性への関心は薄い。

それゆえ、養成課程のカリキュラムは、保育者養成のために構成されているにもかかわらず、各々の講義科目は各々まったく独立的であるかのように行われている。しかし、幼児の人間形成のためのカリキュラム内容である以上、科目相互の内容は各々まったく無関係ではあり得ないはずの「領域」は、「音楽」も「美術」も表現の領域の分野として関係性をもつものとして設定されていない。それゆえ、音楽の専門分野であることは否定すべくもないにしても、領域の分野として人間形成上の相互関係性を考えていくことが講義担当者の規範として求められているはずである。言い換えればどんな講義科目の担当者であろうと、保育者養成の担当者として、講義をする以上、自らのアカデミックな研究上の出自はそれはそれとして自らその分野を極める自由を保持しつつ、保育者養成のカリキュラムの担当者としては、人間形成という点で他の担当科目に開かれた関心をもち、それらの相互関係を模索する責任をもつべきなのである。しかし、現実にはこうした形での学科目担当教師の相互コミュニケーションは確立していない。こうしたコミュニケーションの必要性を感じていない人のほうが多いのである。

一例をあげよう。筆者が所属した児童学科では、所属教員が各々、「児童学入門」という講義科目を1コマ分担当し、各々の専門の立場から講義し、レポートを書かせ、評価をする。学生は数人の教師から1コマ分のレ

クチャーを受けてレポートを書く。各々の講義内容をオムニバス方式で聞いて書いたレポート評価を各々点数化し、その総点で学生の評価を序列化する。こうした方式は、その学年学科が児童学というアカデミックな看板を掲げながら、児童学の体系性について教師全員が何ら責任のある情報提供ができないという実態をさらけ出したものである。日本ではこうした児童学科は少なくない。各々の学科目担当教師が自らのアカデミックな学問的出自を主張することと、他の分野との相互コミュニケーションを図ることはまったく矛盾しないはずであるにもかかわらず、このことが十全に行われていない現実がある。しかも、教員養成や保育者養成では、教師であり、保育者であるという職業上の専門性は本来、有機的総合性（holistic）であるからには、当然要請されるはずである。しかしそれにもかかわらず実現していない。

　とくに、教員養成、保育者養成の専門性の中核ともいうべき、教職科目の二本柱である教育学と心理学において両者の対話が確立していない[2]。

　筆者は、この点について自ら何ら努力をしなかったといえばそうだとはいえない。しかし、結果として実ある成果を生み出したかといわれれば、そうした実感はない。一般論として、教員養成・保育者養成を建て前にする高等教育機関におけるカリキュラム構成は、臨床医学とインターン制度によって構成されている医師養成カリキュラムに比べて、総合的性格を確立しえていないし、したがって、実践とのかかわりにおいて実習との連携にも問題を残しているといわざるを得ない。

　それゆえ、本書の課題は、教員養成課程を土台として、現在の保育者養成課程の問題点を克明にし、それを今後どう総合すればよいかについての議論を展開することである。それは教員養成ないしは保育者養成を目的とする養成機関において、その教育内容を構成している諸々の専門科目をどう総合的に把握するかという途方もない試みに挑戦するということでもある。おそらく、こうした養成機関に職を得、その学科目を担当している研究者の中には、本来人文学部でその科目を担当したいにもかかわらず、自分の望む学部に職が得られなかったために、教育学部ないし、児童学部

で、教科目として、国語科教育を担当するとか、「領域」言語をもつという場合、その担当科目の意義にあまりアイデンティティを感じないまま、内容的には、文学あるいは言語学を講ずるという点ではどこでも同じだという信念をもつことになるといったケースも少なくない。とくに教育学部や児童学科、保育学科という組織に所属する場合、アカデミックな学問という立場から、高い評価を与えられない職場であるという世間一般の評価があることも、そうした学科目を担当する意識や意義が軽視されやすいことになる。

近年、国策として、幼保一体化による新システムが2011（平成23）年、民主党政権によって企画されたが実現されていない。しかしこの施策において、就学前期の幼児の発達の特色を尊重する形での教育（保育）のシステムが構築されるかについては多くの疑問があった。言い換えれば、こうした幼児の教育を担当する専門性をどう確立するかという点については十分な制度的保障が確立されるかどうか疑われる。

しかし、世界的に見ると、OECD（経済協力開発機構）などは、知的早教育という狭い意味ではなく、もっと根本的な視点から見て幼児期の教育を真摯に取り上げることがその社会の未来像を確かなものにすると考えるようになってきている。その点で、幼児期の人間形成に取り組む専門家養成が求められるのである。それには、「保育者」養成の専門性を大学教育において確立する必要性がある。

そこで問題になるのが、養成機関における学科目の編成をどう総合的に把握するかということである。そして中でも学科目を相互に無関係な煙突型とするのではなく、その相互関係性をどう確立するかであり、その総合性があってはじめて、教育実習との関係が確立するのである。少なくとも現在そのことは実現していない。そればかりか学科目への学びがかならずしも、学びへの知的好奇心を育てることに成功していないばかりか、そこでの学びが教育実習、保育実習との十分な連携を達成しておらず、さらに教育実習や保育実習の体験が、もっぱら体験重視で、中には反知性的信念を植えつけられるため、将来、保育者を目指す若者たちに、保育を知的に

理解しようとする動機を育てず、逆に、大学で学ぶことなどは役に立たないという信念を与えかねない。しかし、保育の専門性は、自らの実践に対し知的な計画性と意図性に基づき、かかわることであり、実践の結果を反省的に省察し、次の実践に生かすという点にあるのである。こうした視点なしには、保育の専門性は確立しない。こうした状況を克服しなければ、保育者養成の専門性を問題とすることはできない。

　家庭の育児能力の低下は、核家族化のみならず、生命の再生システムの場として、ますます貧困化している。省力化された家庭は乳幼児の成育環境としてふさわしくない。また、育児経験が伝承されなくなった現在、育児不安も加わっている。そうした現代家族の親に代わって、その多くの部分の役割を代替せざるを得なくなった現代の保育者にとって、当然のことであるが、母親や父親の役割を単純に引き受けるということで、保育者の専門性が成立するという訳にはいかない。なぜなら、親であるがゆえに、わが子に愛情をもつという常識はかならずしも一般ではないとしても、比較論的にみれば、家庭での子育てが精神的にももっとも安定しているといえるのであって、公的施設のほうがよりよい成育環境であるとはいえない。それゆえ、子どもにとって他人である保育者が簡単に行えるとは限らないからである。保育者は公的施設における幼児の養育を引き受ける職業上のプロとしての役割を果たさなければならない場合、幼児とのかかわり方については、今のところ家庭での養育の仕方が情緒的には一つのモデルでなければならないのである。といはえ、「保育」の仕事は、前近代社会の子守と同じ感覚でとらえられるべきではない。もちろん、伝統的な子育ての知恵から学ぶ点は少なくないとしても、この保育という仕事はすぐれて近代社会が生み出した新たな役割なのである。

2.「保育」の専門性が語られる社会的背景

　現在、保育者養成は多くの問題を抱えている。専門職の基本的条件である養成機関に関していえば、いまだ短期大学、あるいは専門学校が多い。四年制大学の養成校は現在、増加傾向にあるが、前述のようにその内容や条件において養成のカリキュラムは多くの問題を抱えている。しかしそれにもかかわらず、保育者の専門性を求める社会的要請は現在ますます強い。そこで、保育者養成の専門性の中身を語るまえに、現在、なぜこの専門性が求められているのかにふれておかなければならない。その理由は次のようなことである。

　現代家族における消費文化への依存の増大とともに、家族の人間関係の希薄化、家事の省力化によって家族の育児能力の自立性が失われ、かつ、かつての地域がもっていた地縁的人間関係も薄くなっていくことから、公的育児施設への子育て依存度がますます増大していく可能性が大きい。幼児期の養育は高度経済成長期以前は幼稚園教育を例外として私事性に任されていて、養育者が不在の場合にのみ保育所に預けるか、あるいは緊急の場合以外（例：出産、子どもの疾病時に医師に依頼する）は公共機関の関与するところではなかった。しかし、近年、ジェンダーフリーの考え方が一般化し、男女共同参画社会というスローガンにもあるごとく、子育てという営みは、家庭の責任でもあるとともに、公共機関がそれを共有していく責任をもつこととなった。そしてこの営みの共有は、世界的にも現代の民族国家にとって教育問題であるばかりでなく、将来の労働力の確保、社会福祉政策遂行のための財政的基盤（納税者の確保）の保障という経済的政治的対策でもある[3]。こうした子育て支援の公共施設の運営と実践を担当する専門家の養成こそ保育の専門性の中身をなすのである。

　しかし、近代社会制度のもとで、現代家族の生活形態が変貌し、新たな

社会的要請として保育の専門性が誕生したとはいえ、その専門性は閉ざされたものではない。なぜなら子育ては親の権利だからである。私有財産制のもとで、子どもの養育権は親にあり、その意味で子育てのベースは家庭保育にあることは否定できない。しかしその前提の上で公的施設が親に代わってその養育の役割の多くの部分を代替することは、時代の要請である。そしてこの公的施設としての保育所や幼稚園の保育担当者（保育者）は家庭保育と施設保育との連携を欠かすことはできない。この連携において専門性を発揮する課題が保育者にある。なぜなら、公的施設の保育実践の当事者としての保育者は、賃金労働としてこの仕事を遂行するのであり、自らの仕事の遂行に対し、職業的責任と一定の能力を保持していなければならない。ここに保育者の専門性を明らかにしなければならない今日的課題がある。しかし、この仕事はそれほど容易なことではない。なぜなら、この専門性への宣言は、われわれ保育に携わる人間が自己主張するだけですむものではないからである。少なくとも、多くの他の専門家集団の人々から、あるいは一般市民の人々からその専門性の承認を得る必要がある。現在のところ、医学や法学が市井からその専門性を承認されているようには認められてはおらず、むしろ、軽視されているとさえいえる。保育の専門性を承認する免許制度やその専門性を養成する高等教育機関も、やっと最近になって制度的に整備されてきたが、保育者養成のカリキュラムの中核となるべき保育学が、隣接する心理学や教育学から学問として承認されているとはいいがたい。確かに、そこには、こうした考え方がコモンセンスという名の偏見が介在していることは否定しがたい。しかし、保育学研究者が誇りと自負をもって自らの学問を定立しているかといわれれば、明確にそうだとはいえないかもしれない。

　本書はその意味で、保育者養成の現状と課題を語ることは、将来、保育者を目指す人々に対し、保育とは何かを語ることなしには、保育の専門性は成立し得ない。保育という営みを体系的かつ総合的に語るということは、保育学を語ることである。保育という営みを実践しつつ、その営みを省察し、この営みが幼児にとってどういう意義があるのかを語る

ことそれはすなわち保育学とは何かを語ることである[4]。この書を通じて保育学の確立を試みるとともに、保育者の専門性確立の今後の方向性を示唆したいのである[5]。

3. 専門性を要請する社会システムの特質

　前述のように、保育の専門性は今、形式的にも、実質的にも求められている。そこで、まず保育の専門性がなぜ、今社会システムとして求められているかという点から考えていくことにしよう。

　20世紀に入り、この近代社会システムは、さまざまな機能を分化させることによって、分業化、多様化することになり、公的システムの肥大化とともに、さまざまな職業を輩出することになった。それに伴い、この社会制度の分節化・細分化とともに、専門家養成の高等教育機関も分節化し、多様な専門性が生まれることになった。たとえば、医療分野を一つとっても、医学自体の細分化に限らず、看護師、理学療法士、カウンセラー、栄養士、薬剤師等、多くの専門分野が生まれた。そして各々の分野で免許制度が法律上成立している。それゆえ、専門性はこの社会制度の分節化・細分化の必然的結果として生まれているのである。保育の専門性もその例外ではない。

　N. ルーマン（Niklas Luhmann）[6]は、社会が高度に複雑化した場合、より合理的に振る舞うためには、＜プロフェッション化＞と＜組織化＞という分化システムが選ばれると述べている[7]。この組織化のもとで生まれたプロフェッション（専門家）志向では、理念と実践とが分離され、各々のコミュニケーションを介して、この組織のもとで前者が後者を制御しようとする。つまり、教育制度という組織のもとで理念が語られ、それに従って新たなコミュニケーションと行為による実践を展開するのである。

そして、この理念と実践は他の組織（たとえば、行政組織）とは独立した制度として特殊化され、自己組織化することで理論と実践を一致させようとする。しかし、それは完全に実現することはあり得ない。つまり、それで問題が解決するわけではない（たとえば、家庭の問題で学校の秩序から逸脱する児童を教育制度の中で教授することで秩序に馴致することはきわめて困難である）。にもかかわらず、いやそうであるがゆえに、自己の領域を成功する領域として囲い込む働きとしてプロフェッションという概念が作用する。そこにプロとしての威信と定型が成立する。逆にいえば、そこに専門性としての責任意識や役割感も生まれるというメリットもある。しかし、上述のようにその領域内で理論と実践が一致しないこともしばしば生ずる。すると、そこで解決できない場合、組織を再特殊化して、たとえば学校カウンセラーといった新たなプロフェッションが誕生する[8]。

　このようにして近代社会は、一つの組織で実践のプロフェッション化を進めながら、他方で、組織化とプロフェッション化のレベルで新しいシステムを分離し、問題解決のできない課題を新たな専門家集団に委託して再特殊化を図ることで対処する。これが専門家養成機関として保育という専門家を養成する高等教育機関を生み出す近代社会制度のシステムのあり方である。このように、専門性は上述のように社会制度を分節化・細分化したことによる社会の必然的要求としてとらえることができる。しかし、そのことによってすべての問題が解決したわけではないし、新たな問題も成立させる。したがって保育の専門性をこうした文脈だけでとらえるわけにはいかない。

　学校教育を例にとって考えてみよう。現在、学校は多くの問題を抱え、いじめや不登校児の存在がない学校はない。そこでクラスの中での問題児問題を解決するために学校カウンセラーという専門職が設置され、担任では解決できない問題を解決するという目的でこの役割が導入されている。しかし学校生活の中で問題をもつ児童が存在するという場合、その問題は

毎日の授業活動と無関係ではないだろうし、クラスの人間とも無関係ではないかもしれない。ともすれば、日常的なその子どもとのかかわりの少ないカウンセラーの登場が、クラス担任や学校のあり方とのかかわりといった問題を不問にしていってしまうことで、問題解決を困難にしてしまうことも起こり得る。

　保育の専門性を考える場合も同じことがいえる。これまで専門性は、先述のように、科学的合理性と実証性として確立した分野においてその専門性が認められてきた。医学や法学や自然科学技術の分野である。それに対し、現代社会の制度上の必要性から公共施設において担当しなければならない分野が教育や保育という分野で登場してきた。したがって、公的施設で実践する業務であるがゆえに、公共性としての信用を証明するためにもその専門性が公示されている。しかし、結果としては、その専門性に対する社会的評価は依然として低いままにあることも多い。そしてそれが、医学や法学のような既存の専門職に対しては「メジャーな専門性」とされ、教育職や保育職に対しては「マイナーな専門性」とされ、給与面にも格差をつくられてきた[9]。

　そうした社会的評価の低い理由としては、まず第1に、近代合理主義精神と実証主義による自然科学技術で解決される問題領域をメジャーとし、そうした考えでは処理できない問題領域を専門性が十分育っていない分野と見なす世間の一般常識と官僚主義的論理にある。第2に、この保育分野は、親が無自覚に行う子育てと連携するという形で開かれた専門性であり、その点で保育の専門性を確立する高等教育機関のカリキュラムを整備することがいまだ困難であり、テクノロジカルな学問体系になりにくいという評価があるのである。

4.「専門家」としての認知の遅れた背景は何か

　近年になり、男女共同参画社会ということが謳われ、看護婦が看護師になり、保母が保育士に名称変更がなされ、法律上でいえば、保育士の専門性が法的に平等なものと認知されるようになった。しかし、保育士としての職能がいまだ、社会的に高く評価されるには至っていない。今もその専門性が社会的に十分評価される状況にはない。その最大の理由は歴史の浅さにある。

　明治時代までは、子育ては家庭教育の領分であり、子どもの養育権は家制度のもとで家長にあった。嫁として他家に嫁ぎ、子を産み、育てても、その子どもは嫁いだ家の家長に権限があり、実の母であっても、離縁されると、わが子と引き離されてしまうこともあった[10]。当時、多くの母親は専業主婦として家事労働や生産労働の担い手であったので、生活に余裕のあった家庭では子育てを将来の修業の意味を含めて若い娘に子守として預けることも行われた。

　明治時代になって政府が子守学校を開設し、1876（明治9）年には日本で初めての公設の幼児教育施設が生まれた[11]。しかしこうした施設は、母親の子育てを補完するといった思想性に貫かれており、保育の専門性を確立するという考え方からすれば、そうした伝統を確立する前段階の性格をもつものでしかなかった。このように、保育という仕事が、これまで母親になれば誰でも自然にやれる仕事であるとみなされてきた子育てと類似するというイメージは、保育の専門性を社会に認知させにくいものにしてきた。

　そして現在、保育者の専門性は外的条件としては、確立する方向に向かいつつあることは確かである。なぜなら、家庭の育児力が低下し、育児不安が偏在化する中で、社会的に親以外の存在による育児の支援を欠かすこ

とはできなくなっている。北欧諸国のように、男性の育児休暇が法的に保障され男性の育児参加が当然視されている状況においてさえも、家庭のみでの幼児の発達保障は不可能な時代に入ってきた（少子化が進行する中では、幼児が親と個としてかかわるだけでなく、幼児集団が出会う機会が必要だという点で集団保育が必要とされる）。ここに公的保育施設の必要とともに、近代的職能としての保育者の創出が必要となってきた。

しかし、日本の場合、いまだ保育者を専門職として確立する制度的条件が整っていない。その最大の要因は、近代的職能としての専門性を確立するためには、四年制の高等教育機関の整備が求められる。現在、いまだ保育者養成機関の中核は、保育者養成のための短期大学である。

現在、新システムの名のもとに、幼保の一体化が進行している。しかしこれまで、3歳～5歳の保育を担当する幼稚園教育は文部科学省が管轄する教育機関として、福祉行政を管轄する厚生労働省所管の保育所とは区別されてきた。前者の場合、義務教育期間に所属する小、中の教師の資質向上への社会的要請に基づいて、四年制大学卒業をベースにして、専修免許状を所持する教員を養成すべく、教職大学院を創設し、教員の専門性の確立を図ってきた[12]。その結果、幼稚園教諭も公立幼稚園を中心に四年制大学卒業生の数が増加し、さらにこの傾向は私立幼稚園にも波及しつつあるが保育所にはかならずしも及んでいない。

ここには、近代社会における専門職を認可（authorize）するものとして免許状があるように、小学校以上の教師職は義務教育であり、近代学校は国家というシステムの一環であるのに対し、幼稚園は義務教育でないという区別も歴然としている。それゆえ、義務教育より下の段階では、家庭の子育ての私事性の延長であるという考え方が反映される。一方、保育所は幼保の二元化においては、幼児教育のルートでいえば幼稚園教育を補完する役割しか考えられていなかった[13]。エンゼルプラン以降の一体化の中で保育所と幼稚園の区別が解消される方向に向かっているが、専門性の確立という点では、むしろ逆行しているといえるかもしれない。保育士の不足や施設制度上の法制上の不整備や保育士資格の統一性のなさから、緊急

の需要に応えて、保育ママ制度やベビーシッター制度、あるいは無資格者を非常勤職員に採用するという形がとられている。これは、保育士の資格条件をあいまいにしたまま、習俗としての母親の役割の延長線上に保育士の役割を位置づけることで、保育士の専門性の確立を遅らせていることになる。このことは専門性が教師職ほど評価されていないという事情を反映している。

　2011（平成23）年の新システムによる保育政策は、保育政策の主管を内閣府に移管しようとしている。その中で、幼保一体化の名のもとに、従来の文部科学省管轄の幼稚園、厚生労働省管轄の保育所の区別を残しながら、一般的には一体化のもとで、各々の職能の資格を名目上一本化しようというきわめて妥協的な提案をしている。その際、OECDのデータを見ても保育に充当する教育（福祉）予算は最低の水準にとどまっていた[14]。この新システムによって保育者の給与水準の向上や、専門性の向上のために、保育者養成のための予算措置と政策立案という方向性はまったく見えてこない。一方文部科学省は教員の資質向上を目指して、義務教育以上の教育の専門性と大学における4年の学業＋α年（例：教職大学院の2年）の学業による資質形成のシステムを構築しようとしているが、幼児教育担当者には、この提案を含ませようとする意図は今のところうかがわれない。

　なぜなら、新システムにおいては、幼児期の福祉と教育の監督官庁が他の監督官庁に移行する可能性が大きいからである。いずれにせよ、現代の家庭では子育てを自力で充足できない状況にあるにもかかわらず、育児に始まって幼児期の教育は、家庭の私事性であって公共が担う仕事ではない、あるいは、家庭の子育てを補完する仕事でしかないという先入観が、保育の専門性の確立をはばんでいるのである。

　もちろん、ここで筆者は家庭の子育てを完全に公的任務に移行すべきだと主張しているわけではない。子育てが親の養育権の行使である限り、親が子育ての責任を分担することは、今後も変えられない事柄である。

　しかし親が自らの養育権の行使にわたっては専門家の支援が必然であ

る。それは子どもの出産をめぐって助産師や小児科医や保健師の専門性が不可欠なのと同等である。この子育て支援の専門性は今や認知されるべき時点にある。しかし、この専門性の社会的承認は得られていない。その理由は、専門性という考え方の中に、そうした職能の占有性が高ければ高いほどその専門性は認知されやすい。たとえば、小さな島に一つの診療所しかなく、一人の医者しか在駐していないといえば、その医者の専門性は高く評価される。しかし、台湾のように、漢方医も含めて多種類の医療関係者が並存する社会では、西洋医学の医師の専門性はさほど高く評価されない[15]。他種の医療行為者によって代替されるからである。さらに、台湾の場合、わが国と比べて西洋医学に対する国家的承認度は高くない。日本は西洋医学に比して漢方医学への承認度は低いので、それが漢方医への権威性が遅れた理由となる。

　前述の子育て支援という役割は、現代社会というシステム全体から見れば、今や不可欠の役割であるからして、その専門性は社会的に認知されるべきものである。しかし、現行においては、そうした専門性を確立するための制度としての高等教育機関が整備されず、政治的経済的理由から、待機児童対策といった緊急事態に対処するために、厳しい専門性の条件を設定せず次善の対応として、たとえば保育ママ制度やベビーシッター制度を利用しようとする。これは前述の職能の占有性に反することになり、専門家をわざわざ雇わなくとも母親の経験があれば、いやむしろそういう経験のほうが実際に役に立つといった印象を一般に振りまくことになり、保育の専門性への社会的要請は遅れるのである。確かにケースバイケースで見れば、四年制大学を卒業し、保育士資格をもっている新人よりも、子育て経験の豊かな一母親のほうが幼児や親への対応ははるかにすぐれているケースはあるだろう。

　しかし問題にすべきは、システムとして現代社会が育児不安の親たちの支援をする専門職を養成し、スタッフとして保育者がそのふさわしい理論を身につけ、かつ技能を発揮する体制をつくらなければならない時代にあるということなのである。もし、新しい専門性を資格としてもつスタッフ

が、経験豊かな母親ほど適切な援助ができないとすれば、そうした母親の豊かな子育ての知恵を保育者養成の理論として、養成のプログラムや実習に生かし切れていないということであり、それは、保育者養成の内容やカリキュラムを充実したものにできていない保育者養成の担当者の課題なのである。

　保育者養成のカリキュラムの内容を充実するためには、保育者養成に携わる保育学が学問として確立することが必要となる。後に第3章で述べるように、近代の高等教育機関の中で形成された専門職の概念の中身が近代合理主義＋実証主義、つまり自然科学技術の考え方であり、阿部勤也がいうように[16]、観察や実験の方法によって、データを獲得しようとする態度にとって、家政学とか保育学といった分野は、日常生活の身近でありすぎて、データを獲得して、研究の証拠を得るという実証主義になじまないという考え方が支配的であったのである。

　子育ては母親の領分であり、もっとも主観的な分野とされてきた「保育」をどう新たな学問として確立するかが今問われており、それは、現実の子育てや集団保育と向き合い、どう実践していくかという実践学の方向であり、それを基盤として保育者養成カリキュラムの根幹が確立しなければならないのである。

　しかし、N. ルーマンがいうように、専門性の確立によってすべての問題点が解決するわけではないことにも注目する必要がある。とはいえ、それは近代社会の歴史的必然でもある。そしてこの専門性の内実をつくり上げる責務はわれわれ「保育学」者にある[17]。

［注］
1）M. フーコー／神谷恵美子訳『臨床医学の誕生──医学的まなざしの考古学』みすず書房、2002年
2）小川博久「教員養成カリキュラムの構成原理における教育哲学的思考の欠落──教職科目としての『教育心理学』と『教育学』の関係をめぐって」東京学芸大学紀要、第一部門、教育科学、第51集、2000年、p.157〜164

3）小川博久「保育政策のディレンマを克服する道はあるか──長期的展望を求めて」福島県私立幼稚園振興会研究紀要、第22号、2011年、p.41〜44
4）Miho Taguma(2009) Overview country responses on "Internation of Early Childhood Education and Care" The Meeting of the OECD Network in ECEC 7 December 2009.
5）小川博久「保育学の学問的性格をめぐって──学会活動のあり方を考える手がかりとして」聖徳大学研究紀要、人文学部、第17号、2006年、p.63〜70。同じく、「保育学の将来と保育学会の関係について──学会の今後の展望から考える」聖徳大学研究紀要、児童学部、人文学部、音楽学部、第19号、2009年、p.33〜40
6）N. ルーマン／村上淳一訳『社会の教育システム』東京大学出版会、2004年
7）同上書、p.152
8）同上書、p.152
9）D. ショーン／佐藤学・秋田喜代美訳『専門家の知恵──反省的実践家は行為しながら考える』ゆみる出版、2003年、p.6（佐藤学の前がき）
10）金城清子『家族という関係』岩波新書、1985年、p.1〜57
11）長田三男『子守学校の実証的研究』早稲田大学出版部、1995年
12）臼井嘉一『開放制目的教員養成論の探究』学文社、2010年、p.15
13）注3）前掲論文、p.35〜54
14）注4）参照
15）アーサー・クライマン／大橋英寿・作道信介・遠山宣哉・川村邦光訳『臨床人類学──文化のなかの病者と治療者』弘文堂、1992年
16）阿部勤也「家政学の将来」日本女子大学家政学部講演会資料、2000年、p.11〜29。または阿部謹也『学問と「世間」』岩波新書、2001年、p.1〜2
17）小川博久「『保育』の専門性（展望）」日本保育学会「保育学研究」第49巻第1号、2001年、p.100〜110

第1章

保育とは、「保育」の専門性とは

1．保育という言葉の定義について

　保育という言葉が専門用語として成立した経緯を辞典類で調べてみると、決して古くからある言葉ではない。言い換えると、近代学校における学校教育を一般的な教育行為と考えると、幼児教育の場合、小学校教育と対比される意味での教育活動と幼児期であるがゆえの特色に照らして保護的な働きかけがこれに加わるので、保育という名前が幼児教育に与えられたといわれている。一方、保育所における保育は、3〜5歳を対象にした幼稚園と違って0〜3歳を対象にする関係から、保護という言葉よりも、食事や睡眠、休息等の生存にかかわる世話が中心になるので、保育という言葉に養護というニュアンスを含ませて保育とよんでいるという解釈が一般的である。

　幼稚園と保育所において保育という言葉にニュアンスの相違があるにせよ、今日、保育という言葉は、幼児の発達を保障するための広い意味での、言い換えれば、人間形成のための援助行為を指すために学術的用語として定着している。そして制度的な幼保の一体化が進行する中で、幼稚園・保育所における幼児への意図的計画的援助を総称して保育という言葉が定着していると考えることができる。それゆえこの用語は、幼稚園にしろ、保育所にしろ、近代社会制度の一つとして公共の保育施設が生まれ、この施設における職種として幼稚園教諭なり、保育士が誕生したことによって生まれた概念だということができる。

　しかし、序章で述べたように、家庭における子育てが幼児教育の拠点であり、親と子の関係は依然として幼児の発達の基礎であるにもかかわらず、家庭の養育力が低下し、公共機関が子育ての支援をしなければならない状況が生まれてきた。そこにファミリーサポートセンターとか、子育て広場といった家庭の子育てと幼稚園や保育所の間の媒介ともいうべき施設

も生まれ、そうした施設にも子育て支援の職員を配置する必要が生まれてきた。

しかもこうした職種の専門性はN．ルーマンがいうように制度的には生まれる必然性ができたが、その職種の内容は、新しく生まれたものであり、そうした職場でどう振る舞うべきかの課題は親と子の子育て行為を支援するという点で明らかであっても、具体的振る舞い方が予知されているわけではない。こうした点の知見はこれまでの伝統的な子育ての知見を振り返って新たに知見と振る舞い方をつくり出さなければならない。そしてこうした新しい職種にふさわしい専門性の養成は改めて課題として保育者養成にかかってくるのである。

そこで、保育の意味を保育所の保育士や幼稚園の教諭に限定することなく、家庭における保育まで拡大する必要が生まれるのである。そしてそこから近代的公共施設の保育の仕事を子育て支援センターの職員の仕事にまで拡大し、以下の叙述においてこれを「保育」（括弧つき）とよび、その背景となる子育ての知恵までを保育（括弧抜き）とよぶことにしたい。そして「保育」者養成においてはその専門性に必要な思考を「保育」の営みにおいて確立することが求められる。そしてこの後者が後述する保育学の確立である。しかし、保育学について語る前に子育て＝保育について語る必要がある。

2．子育ての知恵としての保育

人間が言語をもつ動物として他種の動物から区別され、自らを独自な存在として自覚するに至ってからも、長い歴史を経過している。もちろん、生物の誕生から比較すれば、その期間ははるかに短い。人間が言語を有した存在になってから、文明が時代とともに発展し、原始社会、古代社会、

封建社会までは多くの親は自分の生き方を次世代にそのまま、引き渡せばよかったが、近代社会になると、とくに近代的都市社会においては、新しい世代になればなるほど、それ以前とは異なった新しい時代に適応しなければならなくなった。そこで人間の子育ては、次世代を現代の世代と同等に、また潜在的にはそれ以上の力をもつ存在として育て上げるという役割を担うようになった。つまり、意図的に育て上げる＝教育（人間形成）という課題をもつに至った。

しかし、この働きかけは、その前提にチンパンジーの親が子どものチンパンジーを育てるのと類似して何世代にもわたって繰り返し行ってきた子育ての習俗と共通な部分をも含んでいる。それゆえ、幼児の育ちを保障する保育という営みは、類としての人間が長きにわたって伝承してきた習俗と、より文明化された時代にふさわしい形で教育しなければならないという意図的計画的営みの両面を含んで展開される。そしてこのことは、保育という営みを第三者の立場で客観的に把握し、合理的に設計し、実践する（「保育」）ことの困難さをも伴うことになる。逆にいえば、子育ての習俗を繰り返し体験してきた人の知恵の働く余地を無視できないということにもなる。そして上述の困難さの理由は現代人の特色として計画的教育に関心を寄せるあまり、通常の保育が習俗として半ば無自覚的に実践されることを忘れがちになるからである。

しかし、またその逆の動きもある。筆者が東京学芸大学で幼稚園教育教員養成課程に奉職し、教育実習担当教員として、埼玉県のある私立幼稚園に、教育実習中の学生の訪問指導で訪れたとき、その幼稚園園長は当時、幼稚園教育の世界で大変実力のある知名度の高い方であった。彼女の一言は、まさに筆者にとって衝撃的なものであった。「小川先生、この人たち（実習生）が一人前の保育者になるには、大学での勉強を一切忘れてもらわなければならないのよね」。彼女は、実習生が一人前の保育者になるには、大学での勉強は、少なくとも実習中は一切、無駄であり、百害あって一利なしというわけなのである。彼女の体験者としての発言は、今も保育界において強力であり、この経験重視の伝統は消滅していない[1]。

しかし、一方、皮肉なことに、現在、家庭の教育力は日々低下しており、多くの若い親たちは、子育てに不安を抱えており、とくに専業主婦の育児不安は大きく、早くから施設保育に子どもを預けたいと考える親も多い。この傾向は大都市に見られ、東京、神奈川の都市部では待機児童の数が増加しており、施設条件が現行の設置基準を下まわった施設でも増設すべきだとする声も大きい。また、一応、専業主婦として子育てに専念する親たちの中にも、都市住宅の孤立した空間で子育てにかかわることの不安から、近年、子育て支援センターを来訪して、子育て不安を少しでも解消したいとする親も少なくない。長い間、子育てを女性任せにしてきた男親が子育てを担当する場合はなおさらである。

　そしてこうした事態は、保育者養成に新たな課題を突きつけることでもある。それは、家庭の子育て（家庭保育）と施設保育の関係の見直しということである。なぜなら、前述のように、明治初期の子守学校の創設以来これまでの保育者養成の方法に関して多かれ少なかれこれまでの子育ての習俗を前提に組み立てられてきたのである。ところが現在、その子育ての習俗の歴史的積み重ねが失われつつあるからである。かといって、保育者養成の新たな仕組みを過去の子育ての習俗との関係を断ち切って新たに組み直すといったことができるであろうか、それは不可能なのである。なぜなら、これまでの科学や諸学問の成果は、新たな人間育成の仕組みをつくり上げるほどの総合的な力はいまだなく、保育学もそうした知見を現場に提供しえていない。

　むしろ、従来の子育ての習俗との関係を断つのではなく、また、そうした過去の習俗に無自覚に便乗するのでもなく、今こそ過去の子育ての習俗を見直し、そこへの反省的思考を介入させ、新たに「保育者」養成の理論をつくり出さなければならないのである。たとえば、子守は乳幼児を背負って面倒をみることが通例であった。こうした子育て習俗がもっていた知見や方法の幼児にとっての意味は、今、十分に考察されているとはいえない。たとえば、親が乳幼児を連れて外出する際、"おんぶする"という伝統的な背負う形ではなく、近年は欧米系の影響で、胸の下に吊して抱え

ることも多い。どちらの習俗がどんな意味で望ましいかはいまだ不明である。今後、考えるべき課題であろう。

　保育者養成を考えるときに、子育ての習俗との関係を無視できないのは、単にこうした乳幼児の抱え方、背負い方といった個別の具体的な事柄だけのことではない。新生児の誕生から、学齢期に義務教育期間に通学するまでを見通した場合、家庭における子育てをまったく無視して、保育者の役割を考えるわけにはいかない。仮に0歳児から施設保育に子どもを預けるにしても、家庭の子育てをまったく無視することはできない。それと施設保育との連携は欠かすことのできない課題なのである。また仮に、何らかの都合で、子育ての責任を負う家族が不在で、施設の中で育つ子どもを保育する場合でさえも、その施設の保育はどうあるべきかを考える際には、家庭における子育ての望ましさが一つのモデルとならざるを得ない。なぜなら、胎生動物であるヒトの新生児は、誕生するまで母体に庇護され、生命維持という点でもっとも安全性の高い母体という環境に置かれているのであり[2]、誕生後も胎児の状況といくつかの点で連続性を保ちつつ、新しい状況へと適応させるべきだからである。しかしこのことはかならずしも、母性が育児を担当しなければならないということを意味していない。この連続性において幼児の安全性とその発達は確保されなければならないからである。

3．ヒトの発達の特色と子育て

　ヒトの子は、他の動物種と比べてもっとも高度な知性を発揮する発達可能性を潜めて誕生するが、誕生時から成人期までは、他のどの種の霊長類と比べてもひ弱で、養育する大人のケアを必要とするのである。このことは、動物種の中でもっともすぐれた知性を発揮するという人間のもつ根本

的矛盾を示唆しているのではないだろうか。言い換えれば、この地球という環境に生まれ、もっともすぐれた能力をもつヒトが、これまでこの地球環境を改造し高度な文明を構築したが、それと同時にこの地球環境に対し、環境破壊という、もっとも愚かなかかわりをしてしまっている。つまり、この地球環境に対して反自然的かかわり（環境破壊）を起こしてしまっているのである。ヒト以外の動植物は生命活動を展開することを通して、この地球環境に順応し、この循環系を壊すことなく過ごしてきた。人間だけがすぐれた知性をもつがゆえに文明を発展させ、科学技術を生み出し、地球環境に変革を試み、循環システムとしてのこの地球の持続可能性（sustanability）を危機に追い込んでいる。人間という存在自身がこの地球環境において、反自然をもつ存在であるということなのである。

　筆者は人の成育というものを考えるときに、まずこのことの自覚が必要であると主張したい。人間が誕生し、ヒトとして成育するプロセスは、ヒト以外の動物のように、オスとメスの交尾という生殖行為を介して、胎内で精子と卵子が結合し、やがて分娩を介して、メスの胎内から誕生し、母体の乳をもらって成育するという他の胎生動物と同様に成育する側面と、好むと好まざるとにかかわらず、ヒトは知能を使って道具を使用し、言語を使って成長する側面とをもち、この後の側面については、その新生児が所属する家族や社会や国などの集団によって意図的、計画的に教育されるということにつながっている。

　それゆえ、保育という営みは、成育し、発達し、かつ教育されるという側面が相互にどうかかわり合っているのかが問われるのである。その際、乳幼児が人間のもつ文化や文明を担う人間として育っていくための教育のプロセスが、動物種としてのヒトの生き方と本来矛盾する側面をもつ生き方であることの自覚に立つ必要がある。言い換えれば、人間は動物種の一つであるヒトとして生まれながら、地球という循環する世界を利用して文明という反自然の側面をもつ世界を構築してきた。そしてそれが地球という環境の持続可能性を危機に追い込む状況をつくり出してしまった。それゆえ今や地球環境の持続可能性とどう折り合いをつけていくべきなのかと

いう問題意識は、保育の原点になければならないのである。それは生物多様性の中でヒトが多種多様な諸生物と共存する存在であることの自覚をどう乳幼児期から育てていくかということでもある[3]。

　この理念を実現する方途を探すことが保育者養成の根本目標であることを本書で明らかにしたいのである。それは、保育者養成という専門職養成の理念の中に、一見、相対立するかに見える2つの要素を確認する必要があるということである。1つは、人間の誕生、否、生命の誕生以来、悠久の歴史の中で継承されてきた生命の誕生を受け継ぐ歴史の遺産が、霊長類や人間においては、子育ての文化の継承であり、それは地球環境の持続可能性につながる知恵の伝承である。一方、ヒトという動物種は、文明を創造し、人間の文化という反自然を生み出した、この高度な文明社会を維持、発展させるために、現代の先進的な民族諸国家は、より多くの富の獲得を求めて競合し、そのための将来的準備として教育制度を拡充させ、こうした時代要請を次世代の養成の内容、方法として低年齢層にまで影響を及ぼしてきた。いわゆる知的早教育の動きである。そして今や、人間の文明が地球環境の持続可能性を脅かしているように、保育の分野でも、この2つは葛藤する課題とさえなっている。現代文明を生み出した科学技術の発展を今さら阻止するということは事実上不可能に近い。とはいえ、地球環境の面から考えると、2011（平成23）年3月11日に発生した福島原発の被害をそのまま放置してよいわけではない。持続可能な社会に向けた地球環境づくりという課題と科学技術の発展との折り合いをつけることでしか持続可能な社会の展望はない。

　このことを、保育の世界でいえば、長い歴史の上で形成されてきた子育ての知恵を振り返り、そこを起点に保育という営みの本質を明らかにする仕事と、現在の公教育で展開されている教育の営みとを連続的にとらえること、言い換えれば、幼児教育（保育）の営みと、公教育制度における教育の論理とどう連続させるか、つまり幼小の一貫性をどう確立するかは、「保育」の専門性にとっても無視できない課題なのである。

4.「保育」という仕事の専門性

　すでに述べたように、現代社会における公的保育施設の専門職としての「保育」の特質を語るにあたって、子育てつまり保育という営みの由来と現状が語られるべきなのである。だとすれば、保育の営みはむろん、人類誕生以来、いや、さまざまな動物種まで辿れば、世代を超えて繰り返しつづけられてきた旧世代が新世代の誕生に対してかかわる営みである。

　近代社会における専門職が乳幼児に対して行う「保育」の営みの背景には、動物種からつづけられた保育の営みをを背景として「保育」が成立しているのである。したがって専門性としての「保育」は、長い長い子育ての歴史における習慣と知恵の集積の上に成立しているといえる。しかし同時に近代的職業としてのその歴史的な伝統の保育とどのような質的相違があるのかも語られなければならないのである。とすれば、「保育」については2つの方向からの考察が必要となる。1つは、近代社会のシステムとしての福祉・教育制度における専門職としての「保育」職としての専門性を語ることであり、もう1つは、そうした専門職としての「保育」者の仕事の内容が、これまでの伝統的な子育ての「知恵」とどのように連続しているかを語ることである。

　そして前者は現代における「保育」者の専門性を形成する「保育」者養成制度のあり方（養成機関としての専門学校・短期大学・四年制大学・大学院のあり方）とかかわっている。また、後者は日本の家庭や地域における子育ての文化、さらには、現状の施設保育（保育所・幼稚園）、また近年、実施されている「子育て支援」のためのさまざまな制度（子育て支援センター、ファミリーサポートセンター）、あるいはその狭間にある保育ママ制度や、ベビーシッター制度、また幼児期の先にある児童クラブや児童館などの制度のあり方に至るまで、かかわりをもっている。このように、現在、乳幼児

の養育にかかわる職種は、前述のように、家庭の習俗としての子育てと連続した職種（保育ママ制度）と併存する形で「保育」が職業化されている。

　しかし、近代的職能としての「保育」の専門職を確立するためには、子育ての習俗とは、制度的に分離することが必要である。しかし内容的には、保育（親の行為）との連携のところにしか「保育」の専門性はあり得ない。それゆえ、近代社会におけるゲゼルシャフト（機能社会）における職種のように、職業の機能を合理的に分割し、その役割を相互に分割可能な形で分有するというわけにはいかない。そしてその点において専門性の確立の仕方が目的―手段関係として分離する形だけでは語れない。

　言い換えれば、保育者（ここでは、保育士と幼稚園教諭の両者を含む）の専門性は、動物種の一つとしてのヒトという生物でありつつ、将来、人類種として高度な文明を担うであろう存在を「ケア」（care）するという点にある。別の表現をすれば、動物種としてのヒトが人間になっていく過程を助成する役割である。この助成を乳幼児に親権をもつ父母と共同で行うという場合の共同の形は、専門性をもつ保育者が近代社会制度の担い手として、自らの専門性を発揮しつつ、父母は父母として、乳幼児の発達を助成する役割を負うという形での共同なのである。

　この関係は乳幼児の立場から見れば、各々が分業的機能的なものでなく、幼児の発達にとって有機的総合性（holistic[4)]＝幼児にとって外的状況が有機的に総合された世界として受け止められるような関係）でなければならない。とはいえ、現代社会は高度に発展した機能的分業の社会であり、教育機能一つとってみても、社会の発展に伴って、時代とともに始めは大学教育が、次に中等教育、そして初等教育、最後に幼児教育という順序で家庭から分離する形で、教育制度が公共化されてきた。逆にいえば、すべての人間形成を家庭や地域社会が担う形から、公共の制度による教育へと変化を遂げてきた。そして今や幼児期の早い時期から公共施設が乳幼児の成育を担う時代へと変貌している。そしてその点において、公共施設の専門職の役割は重要性を増している。逆にいえば、家庭において子育ての習俗として伝承された子育ての知恵が世代から世代へと伝承されなくなってい

る。にもかかわらず、子を生み育てるという責任とそれに伴う親権は婚姻制度とともに、家庭の領分となっている。こうした家庭教育（保育）の領分を限りなく、公共施設に譲り渡すシステムは、イスラエルのキブツ（言い換えれば、集団的共同社会。あるいは、拡大家族＝ extended family ともいう）の一部に残存しているが[5]、先進資本主義国はもちろん、グローバリズムの発展とともに発展途上国の多くは家庭保育を認めつつ、施設保育の領分を拡大普及させるという形をとっている。

　このように、親の養育権を保障しつつ、施設保育への依存度を拡大させるという現代の世界的保育事情は、保育の質において専門職である保育者の責任が養育権をもつ親との共同性連携を保ちつつ、その上で保育者が専門性を発揮するという点で重大であることを意味している。それゆえにこそ、専門職としての保育者がトップダウンで子育ての責任をコントロールするということではあり得ない。父母が自らの養育権を行使し、乳幼児の成育に対し、ふさわしい保育を行使しなければならないということはいうまでもない。しかし、子育ての習俗の伝承を欠いている現代の若い父母にとって子育ての責任を両者の協力のもとに行使するにしても、子育て不安はまぬがれない。それゆえ、乳幼児を預ける形で子育てを行うにしろ、子育ての知識や知恵について、施設保育の専門家である「保育者」から多くを学ぶ必要があるのである。

　父母と施設保育者の連携という場合に、専門家である「保育者」は、親の役割を行使する父母へのスーパーバイズ（supervise）をしなければならない。スーパーバイズという語の由来は、カウンセリングの指導者が新人のカウンセラーの相談過程のテープを聴取しつつ、カウンセリングのあり方を反省し、自らのカウンセリング能力を向上させる手助けをする役から来ている[6]。このスーパーバイズという点に「保育者」の専門性の新たな役割がある。しかし現在、保育者養成においてそうした役割が十分に認識されているとはいえないし、「保育者」の専門性の内容が保育者養成カリキュラムに含まれているとはかならずしもいえない。本書はその点も追求してみたいのである。

ちなみに、ここで「保育者」の専門性という概念について考えてみるとき、その内容は、医師や弁護士という近代社会制度における専門性において、共通する知性（反省する知）をもってはいるものの、具体的内容に関しては、医師や弁護士とは著しく異なっている。同様に、「保育者」の専門性は、乳幼児の「ケア」（援助する）をすることでその発達を保障するという営みであり、それは幼児の発達特性に規定されるとともに、その乳幼児と向き合い「ケア」をする「保育者」のかかわり方に規定される。そしてこの後者の側面はチンパンジーの母子関係とも連続する側面であるが、人間の社会に誕生したヒトの子は、言語を使用する社会に誕生するがゆえに、親と子の関係性はそれぞれの文化や生活の様式に規定されざるを得ない。

　乳幼児の言語獲得は学校社会に参加する以前に、乳幼児の誕生した家庭という小さなコミュニティーの中で習得されるように家庭をめぐる人間関係や生活の仕方を通じて学習が成立してきたのである。言い換えればここでの学習は学校での学びと異なり、み・て・ま・ね・る・（ミメーシス）ことを中心に成立する。しかし、近年若くて親となる新しい世代ほどこの事実がおろそかにされがちである。たとえば、育児不安に悩む親の場合、子どもと親が親密にかかわり合う機会が失われると、乳幼児が親にあこがれてみてまねる機会が失われやすい。そこでこの関係を修復する援助とともに、親に代わってそれを代替する役割も、「保育」の専門性の課題となるべきである。しかし、現状においてはそうした「保育」者の専門性はいまだ確立しているとはいえない。本書において、その点での専門性をどう構築できるかを追求する必要がある。

　それゆえ、第2章以下の論考において、まず、近代社会の職能として「保育」という専門職をどう確立するかを、現在確立している専門職である法律職や医師、とくに医師職を中心に「専門性」について考察していく。次にそうした既存の専門職をモデルにして、「保育」の専門性をどう確立するか、そしてその際「保育」の専門性を確立するにあたって、その先例になってきた小学校教育教員養成について考え、その後、「保育」と

いう専門性における特殊性は何かを考える。その場合、この「保育」の専門性は、保育という文化・習俗の歴史が反映していることを考慮する必要がある。そしてその保育という営みが「保育」の特殊性を構成する場合、それは保育者養成の内容やプロセスにどう反映されるのかが考慮されるべきである。こうした点を考察する枠組みとして保育学が構想されるであろう。

[注]
1）筆者はこれをM.フーコー神話として次の論文で論考した。小川博久「臨床教育学をめぐる諸理論への批判的考察──M.フーコーの『臨床医学の誕生』の視点を手がかりに」日本女子大学大学院紀要、10号、2004年3月
2）小川博久『21世紀の保育原理』（第3版）、同文書院、2008年、p.10〜25
3）浅野由子「日本とスウェーデンの『持続可能な社会』を目指す幼児期の『環境教育』の意義──＜5つの視点の環境認識論的モデル＞を通して」日本女子大学博士学士論文、2009年、p.20〜31
4）holisticの意味に関しては、小川博久「『環境教育』における多様性とどう統合するか──エコ・ミュージアムの実践の検討を通して」東京学芸大学環境教育実践施設研究報告「環境教育研究」第5号、1994年、p.15
5）小川博久「キブツの生活と幼児教育」全国乳幼児福祉協議会編『乳幼児保育』40の6、1976年、8月
6）「スーパーバイザー」「スーパービジョン」用語解説、小川博久。岡田正章他編『現代保育用語辞典』フレーベル館、1997年、p.249

第2章

現代社会と「保育者」の存在意義

1. 少子化の中での
待機児童の増加に潜む問題

　現在、わが国では少子化が進行しており、一時、その進行が停滞しているが、少子化が逆転する見通しは見られない。その理由の一つとして、親の育児不安が、今や日常的な事柄になっているだけでなく、親の虐待も日常化しており、このことからも親の育児能力が著しく低下していることは明らかだからである。2010（平成22）年12月16日の朝日新聞の一面のトップ記事は、虐待する親の親権を最長で2年間「停止」できるようにする児童虐待防止策の要綱案が15日、法相の諮問機関「法制審議会」の専門部会で決まったということであった。このところ虐待は増加の一途を辿り、児童相談所がその防止に親と子の間に入ろうとしても、親の権利を楯にそれができなかったのである。2009（平成21）年の虐待件数44,000件の中で、親権を喪失した件数が20件くらいしかなく、虐待防止として機能していないという声が大きかったことから、「子どもの利益を害する」ような事例の場合、親権を停止して、子どもを保護する目的でこの案が決定されたのである。1996（平成8）年度では、虐待による死亡例は107件あり、128人が死亡している。2011（平成23）年度の児童虐待の件数は産経新聞7月26日によると、59,862件であった。この事実は、家庭の育児能力が低下していることを物語っている。そしてそれは、少子化が進行していることとも無関係ではあり得ない。
　一方、家庭の共働きはますます増加傾向にあり、経済的には、共働きが家庭の維持に不可欠であるという家庭も増加傾向にあり、とくに大都市圏では、消費経済への依存度が地域よりもはるかに高いので、この待機児童対策は、公共施設の喫緊の課題であり、緊急の対応を迫られている。
　しかし、このことは、日本の場合、企業サイドの共働きに対する育児休

暇条件が不十分なことから、待機児童の増加を加速させるとともに家族が子育てを責任をもって分担する条件を悪化させており、少子化傾向を増大させる条件ともなっている。こうした緊急な待機児童の増加に対する対策が対処療法的であるために、公的施設の環境条件を悪化させている（設置基準を緩和させる）だけでなく、とくに乳幼児保育の専門性の乏しい保育者に対応させざるを得なくなるという状況を生み、幼児の健全な発達を保障するという保育の理念を実質的に放棄せざるを得ない状況を生み出す可能性が大きい。

　一方、待機児童を抱える親にとっても、家庭の消費経済を支えるために、乳幼児期における大切な親と子の相互関係性に学ぶという経験を十分に体験できないことは、わが子との間の豊かなコミュニケーションを確立する上でも決して得策ではない。筆者自身の体験からしても、妻と乳幼児期の子育てを十分に経験したことは、現在、成人したわが娘たちとの相互理解の上で大いに得るところが大きかったといえる。このことからも、待機児童問題を親と子の子育ての文脈から切り離して経済的にのみ解決することはできない。とはいえ、女性の就労条件を保障することは、家庭の経済の面でも、男女共同参画社会の実現という建て前からも無視できることではない。また、2009（平成21）年には、25,384人に達した待機児童対策は、地域自治体にとっても放置できる事態ではない。厚生労働省による待機児童数についての2011（平成23）年4月1日時点でのデータによると、25,556人となっている。とくに大都市圏では子どもを預ける施設の増設の要望が大きくなっている。それゆえそうした緊急の要望には対処していかなくてはならない。

　しかし、こうした緊急の要望の基底には、親の側に自らの子育てに対する不安や圧力から、子育てから解放されたいという意識が増大している可能性は十分に考えられる。年々入所を希望する年齢層が低年齢化しているからである。そしてこの底流はやがては少子化を増幅させる動きになるだろうことは疑う余地はない。また、男性が育児に参加する条件を遅らせることにもなっていく。それゆえ政策としては、緊急の対策に対応すること

と同時に、この緊急対応が長期的に子育てに家庭が責任をもって対応する力を確立するということと調和させることが求められる。しかしそうした緊急対策への要望は少子化への長期対策との調和を無視して進行している。

　1996（平成8）年、中央教育審議会がその当時の家庭教育の現状に対し、警鐘を鳴らした答申を行ったときとは著しく変わっている。この答申「21世紀を展望した我が国の教育の在り方について」の中で[1]、「核家族化や少子化の進行、父親の単身赴任や仕事中心のライフ・スタイルに伴う家庭での存在感の希薄化、女性の社会進出にもかかわらず遅れている家庭と職業生活を両立する条件の整備、家庭教育に対する親の自覚の不足、親の過保護や放任などから、その教育力は低下する傾向にある」と述べ、また、地域社会については、「都市化、過疎化の進行や地域社会の連帯感の希薄化などから、地縁的な地域の教育力は低下する傾向にある」と述べている。そして、同じく、1998（平成10）年6月の答申「新しい時代を拓く心を育てるために――次世代を育てる心を失う危機」[2]の中では、父も母も子育てに参加し、家庭教育の学習の機会に参加しようと訴えている。

　そしてこの時点では、わが国の教育体制は保育の二元化が原則であり、家庭保育から幼稚園教育、そして義務教育というルートが国民の平均的な成長・発達の路線だと考えられ、保育所は、例外的に保育に欠ける幼児のための施設だと考えられて、保育所を働く女性のための保育機関としてきちんと対応することが先送りにされてきたのである。ちなみに、1998（平成10）年、当時、幼稚園児数は減少傾向（1990年以来）にあり、一方保育園児は前者とは逆に増大傾向で、2001（平成13）年には、幼稚園児数を上まわることになる[3]。そして2011（平成23）年には、2,122,961人となっており、保育所23,385か所で保育所利用率は33.1％、3歳未満の利用率は24.0％となっている。定員充足率は96.3％となっている。この時点で、保育所入所児は、共働き夫婦の保育を支える施設となる傾向は予知されていたにもかかわらず、多くの国民の常識や、国家指導者の見識も、家庭教育を啓蒙的に強調することで事足れると考えていたようである。ちなみ

に、1998（平成10）年前後、筆者は青少年健全育成の会や、家庭教育学校などの講習会の講師を依頼された。しかし、こうした啓蒙的活動を通じて家庭の教育力の向上や育児不安の解消ということにはならなかった。

そして、2010（平成22）年、待機児童の急増、虐待に歯止めがかからない状況は、高齢者の孤独死を含めて、無縁社会ともよばれるようになった。こうした親世代の子育て能力の喪失とわが子への日常的かかわりの放棄現象に対し、政府はどのように対応しているのであろうか。はたして1998（平成10）年の中教審答申の警告はどうなったか。

少なくとも、1996（平成8）年の警告は、予測としては、正しく的中したのである。1998（平成10）年の答申の中で予告された「次世代を育てる心を失う危機」が虐待やいじめという現象の中に今や顕在化している。

2．最近の保育政策をめぐって

この状況に政府はどう対応しているか。

2010（平成22）年1月29日、少子化社会対策会議は内閣府の主催による子ども・子育て新システムの基本制度案要綱を策定するため、子ども・子育て新システム検討会議を立ち上げ、9月24日に第1回会議を開いた。この会議は民主党内閣が一体になって各省庁連携のもとに組織され、基本制度、幼保一体化、子ども指針（仮称）の3つのワーキングチームを作成し、2011（平成23）年の3月までに法律案の大綱をまとめ、3月上旬に法律案を提出するというスケジュールであった。しかし、3.11などの震災の関係もあり、このシステム案は2012（平成24）年8月10日、社会保障制度改革法案および子ども子育て関連法案、消費増税関連法案として参議院本会議で可決された（一部修正される）。ただし、これには附帯決議がつけられている。その1つは、施設給付について各施設の状況に配慮して

公平性に努めること、2つめに施設型給付や地域型給付の設定にあたっては、認可外施設や既存の認可施設の給付、小規模家庭的保育、居宅訪問保育、事業所保育の普及に努めること、3つめは3歳児保育を中心として、職員配置に配慮し、0～2歳保育への参入の促進など、幼保連携型認定こども園への移行が進むよう配慮することとある。

すでに法案化し、2015（平成27）年度に施行される予定である。すでに成案となったものを見ることも重要であるが、そもそもの出発点における基本制度案に立ちもどって見ることも大切であると考える。なぜなら法案の基本理念が見えるからである。

そこで、子ども・子育て新システム基本制度案要綱（抄）の基本設計の文言を検討してみよう。引用が少し長いが基本方針なので全文引用する（傍点──引用者）[4]。

○子どもの育ち・子育て家庭を社会全体で支えるため、市町村（基礎自治体）が制度を実施し、国・都道府県が制度の実施を重層的に支える仕組みを構築する。
○事業ごとに所管や制度、財源が様々に分かれている現在の子ども・子育て支援対策を再編成し、幼保一体化を含め、制度・財源・給付について、包括的・一元的な制度を構築する。
○実施主体は市町村（基礎自治体）とし、新システムに関するすべての子ども・子育て関連の国庫補助負担金、労使拠出等からなる財源を一本化し、市町村に対して包括的に交付される仕組み（子ども・子育て包括交付金（仮称））を導入する。
○給付の内容は、以下の2種類とし、すべての子どもと子育て家庭のニーズに応じて必要な給付を保障する。
　（1）すべての子ども・子育て家庭を対象とした基礎的な給付
　（2）両立支援・保育・幼児教育のための給付
1．国・都道府県の役割
　○国は、新システムの制度設計を担うとともに、市町村への子ども・子

育て包括交付金（仮称）の交付等、制度の円滑な運営のための支援を行う。
　○都道府県は、広域自治体として、市町村の業務に関する広域調整や市町村に対する情報提供など、市町村における制度の円滑な運営のための必要な支援を行うとともに、子ども・子育て支援施策のうち、都道府県が主体となって行う業務を行う。
2．市町村の権限と責務
　○市町村は、国・都道府県等と連携し、新システムの下で、現金給付と現物給付の組合せ（配分）や給付メニューの設定（選択）など、自由度を持って地域の実情に応じた給付を設計し、以下の責務の下で、当該市町村の住民に新システムのサービス・給付を提供・確保する。
　① 必要な子どもにサービス・給付を保障する責務
　② 質の確保されたサービスの提供責務
　③ 適切なサービスの確実な利用を支援する責務
　④ サービスの費用・給付の支払い責務
　⑤ 計画的なサービス提供体制の確保、基盤の整備責務

　この資料で筆者が着目する必要があるという点はまず第1にこの基本方針が少子化対策会議の決定であるということである。言い換えれば、この方針はこれから10年先、20年先に少子化に歯止めがかかり、子を生み育てる若い世代が育ってほしいという願いを込めた提案であるはずだということである。そしてこの基本方針は、この提案でそうした世代が育つかどうかという点である。したがってこの方針で着目すべき第2の点は子育ての家庭を社会全体で支えるという文言の中身である。そしてそのために、経済的支援の新システムをつくろうという提案である。経済的に支援することは基本的に必要とされるだろう。しかし、それだけでよいのか、ここで1996（平成8）年と1998（平成10）年の中央教育審議会の答申を改めて振り返ってみよう。そこでは、家庭の教育力が低下し、現代家族において次世代を育てる心を育てる危機が忍び寄っていることを警告していた。

そして現在、事態はいささかも改善されたとはいえないことは、最近の虐待の例でも明らかである。

こうした状況に対し、新システムは何を考えているのだろうか。確かに、2011（平成23）年5月18日発表された基本制度ワーキングチーム（第11回）の資料によれば重点的に対応すべき課題の中に、Ⅰ 潜在的需要（待機児童）解消にむけた対応、Ⅱ 子どもの発達支援、Ⅲ 総合的な子育て支援、Ⅳ 小1の壁の解消、Ⅴ 社会的養護とあり、当面の保育課題をあげている。そしてⅡの発達支援のところの基本的考え方としては、

1. 次世代を担う子どもたちの健全な育ちを「未来への投資」と考え、社会全体で支えることが新しい制度の目指す姿。
2. OECD諸国においても、近年、質の高い幼児期の教育・保育は、将来、社会政策費用を抑制し、潜在成長力を高めるもっとも効果的な戦略であるとの認識の下、小学校就学前教育への公的支出を増大している。
3. このため、新しい制度においては、保育を必要とする世帯（主に共働き世帯）の支援や主に3歳未満の子どもが中心の待機児童解消の取組にとどまらず、小学校就学前の時期におけるすべての子どもの健やかな育ちを保障するため、幼児期の教育・保育の質の改善を図っていくことが必要。

とある。こうした言葉の上ではきわめて健全な提案の具体化としては、
1．幼保一体化──こども園（仮称）における学校教育・保育の質の向上をはかるため、（1）よりきめ細やかな対応を可能にするための職員配置、（2）3歳以上児（標準時間利用）のクラス編成単位の改善、（3）職員の定着・確保の仕組み（研修会の確保とキャリアアップの仕組み）等きわめて望ましい提案がなされているが、この中に（4）として利用者負担とあり、財政的基盤を運営主体が負うものではないことが明らかにされている。すなわち、上述のような保育諸提案と財政給付のシステムとの結び付きがないので、これらの諸提案がいかなる財政的裏付けによって、誰がどのように推進するかがまったく不明なのである。結局のところ、現実的に残るの

は、市町村に給付される財政的支援のみである。したがって、それらの政策はスローガンに終わる可能性が大きい。

　また、総合的子育て支援では、就学前の乳幼児期の発達を社会全体の共通認識としてもつこと、子育て不安の家庭が増加していること、子育てに自信のない親の増加への支援が必要なこと、子育てを通じて親が成長することを社会全体で支援することなどを基本的な考え方として述べ、地域支援の立場で「子育て支援コーディネーター」を配置すること、「こども園」において地域支援のスタッフを用意すること、家庭に対する一時支援を考えていくことなどが提言されている。しかし、これらの提案に対する財政的支援の具体案をどう具体化していくかが問われることになる。これらの提案と保育に対する給付システムとをどう照合させていくかが課題となる。もし上述の内容を本気で政府がやろうとする場合、もっとも重要なことはこの施策を現場で実践する保育者の養成である。そしてこの点についてはどのように考慮されていくか、現職職員の研修こそ必要とされるか、その点に対する財政上保障はどうかが問われる。今回このシステム会議は、幼保の一体化、基本制度改革等、総合的な面にわたって会合がもたれ、論議されたが、村山祐一が述べているように、こうした諸論議が結局のところ、明確になっているのは、こども園（幼保一体）への個人給付システムであり、現行制度がもつ責任体制（国による児童福祉法）とそれを運用する政令、省令システムが廃止され、それゆえ少なくともこのシステム案のもっとも中心のモチーフは給付問題であることが明白になったのである[5]。中曽根内閣以来、日本の教育福祉政策は、高度経済成長に対応した大きな政府による福祉政策・教育政策の財政負担が莫大な財政赤字を発生させたため、これを解消するため、国家政策を民間に依託することで財政赤字を縮小する方向をとってきた。

　しかし、少子高齢化の進行は、年々福祉予算を膨大化させてきた。それゆえ、地方分権化の叫び声は大きくなる一方でやむを得ざる少子化対策は一方で財政縮小の要請と抱き合わせで、少子化対策が仕組まれ、民間依託によって市場経済の競争原理を導入してきた。その結果、福祉の質を誰が

どのように確保するかが問われることになる。それは、競争原理はイコール、質を担保にするという考え方であり、国家責任による福祉行政の質の担保はスローガンにならざるを得ない。行政主体は福祉の質に関して原則として直接タッチしないということだからである。

これまで、幼保の二元化政策は、家庭保育から幼稚園教育へ、さらに義務教育へと進むということが、発達コースの中心で、保育所は保育に欠ける幼児のための避難施設と見なすという考えであった。これに対し、幼保の一体化は、働く女性、男女共同参画社会のために、保育所機能を充実させ、家庭をもった男女が子を育て、かつ働けるようにできるだけ多くの幼児が保育施設を利用すべく改善することであるはずであった。ただし、現在、政府も家庭の保育機能を0にして考えるということではないはずである。したがって将来の日本の子どもは、家庭保育、保育所保育＝幼稚園保育（保育の一体化）、義務教育というルートをすべての子どもに確保すること、これが現在の建て前である。それゆえ、家庭との連携という概念は保育の一体化の中でもっとも重要な概念として残っていかなければならない。言い換えれば家庭保育をどう確立するかは、ここでも重要なテーゼとして残ることになる。なぜなら、保育の本質としてすでに述べたように「保育」の専門性はこれまで伝承された家庭の保育と不可分な関係にあって、家庭保育の歴史と無関係に制度の「保育」はないからである。しかし、この新システムには家庭保育と施設保育を連携するための具体的プランとその担い手（保育者）をどう養成していくかという具体的なプランが見えてこないのである。見えているのは、家庭保育を支援するための財政援助ということである。支援の質への議論や連携のための具体的施策は見えていないのである。

冒頭で紹介した、現代社会における家族は多くの問題を抱えており、中央教育審議会の1998（平成10）年の答申のように、政府の警告や啓蒙運動だけで、親の子育て能力が向上したり、子育て不安が解消する可能性は薄い。家庭の営みが全面的に消費行為や省力化に依存しており、家族の人間関係が相互行為や共同作業によって深まったり、家族が共通の目的に向

かつて協力し合う関係も今や失われており、かつて共同体としての家族関係の中で培われてきた人間形成作用も希薄化し、子育て行為や教育活動を消費行為として塾や家庭教師に依嘱するという形になってしまっている。だから、自分たちの結婚生活によって誕生したわが子であっても、日常的にどう育ててよいかわからないという世代も登場しているのである。待機児童の低年齢化は子育て回避とは無関係だといえるだろうか。

いずれにせよ公的保育施設がそれをサポートする現実も当然生まれてくる。しかし、そのサポートが単に経済的支援という形で終わることは、かえって家庭の育児力を弱めることにしかならない。新システムへの不信はそこにあるのである。では果たして公的施設は乳幼児の健全な発達保障という点で、家庭の機能をどういう形でどこまで代替できるのであろうか。その役割の重要な部分を当然、果たさなければならないとしてもである。

3. 子どもの養育の親密圏としての家庭や地域の存在は不要か

ただ問題は次の点である。新しい世代は、子を生むだけで、全面的に公的施設に依存すればよいのだろうか。しかし、このことは、子どもの教育問題として重大な結果をもたらすのである。

子どもは個人的婚姻関係の中で生まれた存在であり、親には、憲法上、親権が存在する。だから古代スパルタやナチスドイツのように子どもの誕生の権利を優生学的に選別したりする権限を国家に与えてはならない。また逆に冒頭の新聞記事のように、虐待のために、親権を2年間停止するという法律を施行しなければならないということは親権を聖域視することによって、結果的に現代家族において子どもの人権が剥奪されているというまさに由々しい事態が起きているという現実がある。そして、それを放置

するわけにもいくまい。では、もはや、家族の保育する権利を認める必要はないのか。いやそれでも家庭における児童虐待の増加という現実を容認するわけにはいくまい。

　少なくとも、多くの市民において、家族はもっとも親しい親密圏になる可能性をもつ集団であることには変わりはない[6]。もちろんかつての家族共同体のように、血のつながりがイコール親密な関係をつくるという幻想を最早もつことはできない。森林に住むチンパンジーの母と娘たちの集団は、娘が母親になったときに、子育てを伝承するが、動物園の檻の中で育ったメスのチンパンジーは、わが子を分娩した後子育てを放棄する例が少なくないという。しかし、ヒトの親の場合、モデルを提示し、教育によって親が親としての役割を果たすことはいまだ可能性があり、そしてそのことは、母子相互作用あるいは父子によって幼児の側に親への愛着行動を介して、よき人間関係の基礎を形成することは可能であるということだ。もちろん、血の繋りのない他者であっても、親業として学び取ることは可能である。言い換えれば、乳幼児と分娩した親との関係性は、今後も、子育てにおける大人――子ども関係のモデルとしての役割は失われていないだろう。ただ、血の繋りのある親（生みの母）だからこそ、子どもとのよき関係性が生まれるという母性への無条件の信頼は明らかに神話にすぎない。

　このことは、子育てと地域とのつながりにしても同じである。かつての農村における家族共同体や地域とのつながりは、今や失われていると、1996（平成8）年の中央教育審議会の答申は述べていた。確かに、給与所得者の給与に依存して消費生活を維持している現代家族は、血縁や地縁（たとえば、氏神信仰の氏子とのつながり）といったものがない限り、隣人や親族と交流する必要性を感じない。近隣とも日常的にかかわらなくとも生きていける。それゆえ大都市圏では、お互いに他人であり、家屋を隣接していても、隣人に対しまったく無知であることが許される。現代の家庭は、世帯主の給料で消費生活が成立すれば、物質的にも精神的にも近隣との交流を必要としない孤立した島のような存在として存立している。

しかし、幼児や子育てで子どもと向き合う親は、経験不足から乳幼児の行動を予測する予知能力がとても低いので、絶えず不安につきまとわれる。不眠で悩まされる親が、近隣の老夫人から、泣く子はよく育つという諺を聞かされただけで自分の子育て不安が解消されたという話もある。つまり、経験上先例があるよといわれただけでも、子育ての未来不安は、そんなこともあるのだという既知事例に変わることで、安心するのである。これを事例認識と、われわれは名づけ、その重要性を指摘した[7]。また最近の朝日新聞の夕刊で子育てNPOの紹介記事の中で、老人介護と子育て支援とを混在させ、さまざまな世代の住むNPOの介護施設（富山県の施設「このゆびとーまれ」）の成功例が紹介されたが、これなどは、新たな地域づくりの実践といえるであろう。

　そして、こうした環境の中で、幼児の側にとっても、学びの基本が「みてまねる」行為であるとすれば、幼児に親しい大人や異年齢集団の親密圏の中でくらしが展開することが望ましいことは明らかである。

　こう考えたとき、少子化対策として、何を家族というべきか、あるいは地域とよぶべきかはともかく、子育てにおける親密圏の構築は避けて通るわけにはいかない。ただし、現代社会の家族はすでに崩壊しているという議論もある。最近の児童虐待の激増はその一つの証左かもしれない。しかし一夫一婦制が常識としてあり、子どもを養育する権利が親権として存在し、家庭で養育することを求める夫婦が大多数だとすれば、それを公的施設が代替することが100％望ましいという議論はできない。今のところ公的施設のケアを豊かにすることで、親の養育が親密圏として機能する関係を構築していくことがもっとも必要なことであろう。

　しかし、この新システム案では、そうした将来ビジョンがいささかも見られないのである。むしろ、新システムは、基本的に財政的な支援をするという基本的方向しか見えてこない。その方向性は、その手続きを市町村に一任していくということである。しかも市町村の役割に関してもっとも危惧すべき姿勢は「サービス」という概念に見られるのである。サービス（service）という概念は、ある者が他者に奉仕するという意味で類似語

に従者 (servant) があるように、ここには働きかける側に明確に他者の望ましい変化を期待し、最終的にはかかわる対象者の自立を願うという教育 (educate) という意味は含まれていない。たとえば、従者は、王様の理不尽なわがままにも従わなければならないように、サービスというのは、AからBへの外面的な助成行為を示す言葉であり、サービスの語意では、この行為に見合う対価を期待すること以外に何も要求しない。この概念は現代社会ではサービスの対価として金銭が考えられるのである。しかし、親密圏の中での相互行為のように、母の授乳は、対価を要求する等価交換ではない。あたえることが自足的であり、内発的動機に基づく相互行為をサービスとはよばない。子育てを担う親が子育てを嫌わなくなるようにサポートするのが子育て支援である。もし、子育て支援策として新システムが有効性を発揮するならば、若い世代の夫婦に対する市町村の援助は経済的支援であれ、その他の支援であれ、新システムの働きかけによって、自らも自立的に子どもを育ててみようと決意を新たにするものでなければならない。そうした願いと構想をもつものでなければならない。今のところ、このサービスという言葉が市場価値との等価交換という意味である限り、相互的な方向性をこのサービスという言葉に見出すことも、込めることもできないのである。

4. 子育て支援と「保育者」養成

　これまでの論述から、今後、少子化が進行するにせよ、しないにせよ、待機児童が増加する状況の中では、子育てを家庭任せにはできないこと、公的施設を整備することで、社会全体が次世代の誕生と育成をサポートしていかなければならないであろう。とすれば、保育という営みは家庭での子育て行為、また、地域での子育て支援活動、さらには、家庭における保

育を担当する親が賃金労働に参加する間、保育を代替する保育所機能、幼児が集団生活による人間形成を必要とされる点から、家庭外で保育される幼稚園の機能、さらには、義務教育機関での学業生活以外での(放課後)子どもの家庭生活機能を代替する学童クラブの職員なども含まれることになる。

こう考えてくると、「保育」という営みを改めて点検し直す必要が生じてくるだろう。辞典で「保育」の意味を調べてみよう[8]。

「保育」(early childhood education and care)。

大別して3通りに定義される。「第1は、乳児・幼児に対する教育で、幼児教育と同義語。第2は、乳児・幼児に対して、生存上必要とする衣食住の世話と心理的欲求の充足を図る養護と心身の発達を助長する教育とが一体となって働く営み、第3は、小学校児童のうち、親が共働きなどの理由で放課後鍵っ子となっている者に対し、放課後夕刻まで生活・遊びを指導する営み」とある。この岡田正章の定義は、第1が幼稚園、第2が保育所、第3が学童クラブなどの施設保育と対応した定義となっている。したがって、後半の説明で、1876(明治9)年の幼稚園の発足で、第1の定義が生まれ、第二次大戦後、共働きの増加によって保育所の機能が託児から第2の意味が付加されたとしている。そしてこの第1と第2の意味の相違を本質的とするか相対的とするかについては、両論併記の形をとっている。

しかし、この岡田の定義では、もし、幼保の一体化が実現したとき問題が生じざるを得ない。なぜならこの定義が制度の二元化を前提にして立てられるからである。また、民秋言の「保育者」の項目の記述中に保育者の定義を幼稚園教諭と保育士免許取得者として規定した後に、「都市化、核家族化、少子化さらに女性の社会進出の増大といった社会の動きがはげしい今日では、幼稚園、保育所いずれの保育者にも、それより生ずる多様なニーズに対応することが求められており、その専門性がより厳しく問われている」とある。確かに、エンゼルプランの後、乳幼児健康支援デイサービス事業や地域子育て支援センター等が設立され、そこに、職員を配置す

ることになると、「保育者」の概念を上述のような免許資格者のみに限定することは、保育者の規定として現状に適合しなくなることも考えられ、改めて「保育者」の規定をしなおす必要が生じてくると思われる。とはいえ、民秋の次のような「保育者」の論述は、「保育者」の今後のあり方を考えていく上では問題である[9]。なぜなら、「保育者」の専門性を確立する上でマイナスでしかないからである。先の民秋の文言に続く部分でこういう。「近年はベビーシッターや無認可保育施設などの民間保育サービスに従事する者も『保育者』とよぶようになり、したがって（幼稚園や保育所の）保育者との間の職務内容との調整、両者の連携をはかるべきときに来ている」としているからである。

　現在、待機児童の激増の中で、乳児や幼児の入所施設の増設が求められている点から、一時的避難の点から、一定の認可条件でベビーシッター制度、保育ママ（家庭福祉員）制度を導入しようとする動きがあり、そうした現実をまず前提として、専門的に認知された保育者との職務内容との調整、連携を主張することは、「保育者」の専門性を厳しく問うべきだと主張している民秋の文言そのものと矛盾しているし、その連携調整の対象として無認可保育所を想定していることは、保育者の専門性それ自体を裏切ることでしかない。

　とはいえ、幼稚園教諭と保育所保育士の資格条件のみに「保育者」の専門性を制度的に限定すればよいというものではない。民秋のいうように、「保育のニーズの多様化」ということが理由としてあげられているからである。そこでこの言葉の中身の検討が求められる。

5.「保育のニーズの多様化」という考え方は正しいか

　では、この「保育のニーズの多様化」をどうとらえるかである。この点については筆者は他の論文で次のように述べた。少し長いが再録する[10]。

　現在、わが国は子育て問題に悩んでいる。政府は、子育て支援にさまざまな政策を打ち出してきている[11]。その理由は少子化により将来雇用人口が減少し、老齢化社会を促進し、国の財政危機を迎えるという予測があるからである。専業主婦の労働市場への参加がもっと容易になるように、子育て条件を改善し、少子化に歯止めをかけるために、子育て支援センターや保育所設置条件や措置制度を緩和し、保育ママ制度も強化する動きを見せている[12]。そしてそうした諸政策はひとえに、父母の保育のニーズにこたえるという文言に集約される。
　しかし、筆者はこの「保育のニーズ」の多様化という言葉そのものが幼児の「生活の危機」を象徴していると考えるのである。その理由はこうである。保育という営みは、それぞれ責任をもつ大人が、幼児の健全な発達を保障するということである。幼児は誕生直後から、他の動物のように、自力では生きられない、幼児がより自立できるように援助する仕事が保育である。たとえば、ミルクを与えること、排泄の世話をすること、幼児が生命を維持していけるように援助すること、それこそが保育のニーズに応えることである。保育のニーズは、まず、幼児の生命活動を保障するという点にあるといえるだろう。たとえば、母乳や離乳食は幼児の発達にとってもっとも大切な食材、言い換えると保育のニーズを満たす素材ということになる。そして、母乳や離乳食は万国共通であって、国や幼児の違いによって味が異なる

とか、中身の栄養素が異なるということはあり得ない。同様に、この乳幼児の発達を援助する保育の質も共通だといえるであろう。保育のニーズは基本的に幼児の側にそれを規定する主要な要因があるとすれば、幼児の発達を保障する大人の役割こそもう一つの保育のニーズでなければならない。仮にこれを親のニーズと置き換えても同じである。親という言葉は子どもという言葉と対語において成立するものであるとすれば、親のニーズは基本的に幼児のニーズに合致したところにあるというべきである。しかし、幼児は自らのニーズを直接に言語として表出はできない。われわれ養育する者が幼児の健全な発達を願い、幼児とのかかわりを通して、間接的に構想するしかない。たとえば乳幼児は、空腹時、睡眠欲求のあるとき、不快なとき、不安なとき等に泣くといわれる。親のかかわり方がよければ、幼児のそれぞれの状況に応じた泣き方の相違を聞き分けることができ、その応答が的確であれば、幼児もそれぞれの状況に応じて、泣き分けるという。まさに幼児のニーズを聞き分けるという。それにもかかわらず、そうした幼児の立場を離れて親のニーズの多様化という言葉が一人歩きしている状況があり、それを行政当局が追認しているという事実があるのである。

　大人の男女が結婚をして子どもが誕生する。そして子どもは、婚姻届を提出し、法的に夫婦として承認されている男女の嫡子として戸籍に入れられるというのが一般的である（無論、庶子として登録されるケースもある。ここでは、この区別をすべきではない）。法的にその男女は、その子どもに対して親として養育する責任を負うことになる。しかし、この男女が結婚生活を維持するために行うさまざまな役割は、親としての役割を超えている。夫婦生活を維持するために収入を獲得する、性生活を伴う愛情を維持する、基本的な家庭の経営を維持する、各々がまた一緒に生活をエンジョイする等々のさまざまな営みがある。そしてその中に親として自分たちの子どもとかかわり、養育するという営みがある。こうした営みの中で、いったい「保育のニーズ」の多様

化とは具体的に何を指すのか。

　現代の若い世代の夫婦にとって子育てだけが生きがいではない。とくに女性の場合、結婚しても、男性とともに結婚後も、自分の生き方、自分の仕事を持続させたいと思っている人が増えている。また結婚生活も消費文化の複雑化に伴って多様化し、夫婦の生活の仕方も、個としての生活の仕方、夫婦の過ごし方もそれぞれ多様化している。このことは、親が子どものために果たすべき役割に影響を与えずにはおかない。しかし、子育てのために果たすべき役割は、幼児の年齢が幼ければ幼いほど、先延ばしはきかない。一定の時間に、適時に幼児の要求に応えなければならない。このことが若い夫婦にとっては、強迫感として作用する可能性も大きい。若い夫婦にとって、少なくともより自由な意思で行動決定をしたいと思っている状況の中で、子育てがもっとも拘束的なものと感ずる可能性が大きい。しかも、子育てに対処しなければならないという義務感と対子どもとの関係だけが夫婦生活ではないという実感はまさに葛藤問題ですらある。「保育ニーズ」の多様化というスローガンは、子育てに対応するという緊急性と夫婦生活へのさまざまなニーズがからまり合っている状況に対し、政府などの公的助成がこれに応えようとする立場から生まれた用語であると認識することができる。すなわち親たちが、子育てを脅迫された受動的行為と受け止めることなしに、子育てに取り組むことで、少子化傾向に歯止めをしたいという思惑によって生じた用語であろう。子育ては「しんどい」と考えがちな親たちの子育て意識を緩和させたいという子育て支援策を象徴するスローガンとして「親のニーズの多様化」、あるいは「保育のニーズの多様化」に応えるという表現は一応了解できるとしても、子育ての本来の役割を考えるとき、このスローガンは重大な疑惑を招きかねない。理由は、子育ての望ましいあり方は、親の子育て条件を公的施設が代替したり、家庭保育に経済的支援をするだけでは解決しないからである。親に子どもの養育権があり、それは何人も侵害してはならないとされる法的根拠がある限り、親の家庭に

おける子育てに対する責任や親の子育てに対する実践的な関与のあり方を考えざるを得ないのである。

こう考えるとき、親と子の関係の中で成立する乳幼児期の生存のために必要な幼児のニーズとそれに対応する親の側からの応答における親のニーズを保育における基本的ニーズと考えることができる。そしてこの基本的ニーズを条件づける親や家族の側のニーズとを区別する必要がある。それは「保育のニーズ」ではなく、夫や妻の「ニーズ」である。ミルクをあげることと、母親が「おしゃれ」をしたいという「ニーズ」を一緒くたにすべきではない。それらの区別をあいまいにして一緒くたにして保育ニーズの多様化という表現は、今後、保育の「専門性」を構築していく上でマイナスでしかない。すでに述べたように保育の「専門性」は、子育ての習俗の基盤である家庭保育と施設保育の双方にかかわって考えられなければならない。そしてその専門性の前提には、現実の問題として家庭保育、地域保育はその構成要素として含まれざるを得ない。それらとの連携なしには施設保育は成立しない。

6．親と子の関係性としての親と子のカップリング

そしてそのためには、家庭保育における親と子の関係を起点として考えざるを得ない。なぜなら、胎児期と誕生後は連続しているからである。筆者は家庭保育の現状を分析するために親と子のカップリングという概念を使って以下のように述べた。それを引用する[13]。

「生活」は英語でいえば、Life。この Life という語は「生命」とい

う意味もある。そこで、幼児の「生活」を幼児が「生命」を維持する活動であると、まず規定しよう。しかし、幼児は自力では生命維持活動はできない。そこで、幼児の生命維持活動を助成する大人（親や保護者）の役割が一対になった状況（これを両者のカップリングと規定しよう）を幼児の「生活」と規定しよう。このカップリングが幼児が生育するには必要である。このカップリングは時代を超えて不変であるはずであると考えるとき、それを幼児の「生活」ということができる。ただしこの「カップリング」は、親と子の関係を親である大人が夫婦としてあるいは社会人として他者とさまざまな関係をもつことを隔絶していることを意味してはいない。関係の独自性を示すために設定した用語である。もし、近代の保育史を振り返るとき、大きな変貌を生みだしたものがあるとすれば、それは、この幼児の生命活動とそれを助成する保育者ないし、このカップリングに影響を与えている周辺的条件である。まず第1にあげられるのは、養育者と幼児のカップリングを大きく規定している家族構成の変化であろう。第2にあげられるのは、そうした家族の経済を支えている生産活動と消費活動の関係であろう。第3の条件は、そうした家庭生活を支えている運営手段の変化（手作業からの省力化）であろう。言い換えれば、より自給自足的生活から消費生活へという変化であろう。こうした変化は、わが国が近代社会へと変化して以来、起こってきたことである。この変化の中で親と子のカップリングにもっとも影響を与えたのは、生物としての生命維持活動に与えた文明社会の影響の仕方である。乳幼児であればあるほど、その影響は小さい。大人の歩行という行為一つとっても、明治初頭の人々は、毎日歩いて生活していたのに比べて、現代人は、歩く代わりに車や電車、飛行機などを利用して移動する。したがって1日の時間意識も大きく変化する。幼児や子どもの時間意識も、子どもが成長するにつれて現代の大人の時間意識に近づいていくけれども、大人と乳幼児の時間意識の時代的へだたりは昔に比べてはるかに大きいことだけは確かである。ということは一般論として、養育者と幼児

のカップリングが共同的に営まれる場合、両者の間に同調と応答の関係がスムースに展開することが必要になる[14]。その場合、上述の時間意識のズレの拡大はその関係を悪化させる状況を生むことは否定できない。

このように考えていくと、近代史上における幼児と養育者の「生活」のカップリングは歴史的な変遷の中で次のように変化してきていることが仮説として設定できる。すなわち、家庭における保育をめぐる生活状況の変化は、幼児と養育者の「生活」上におけるカップリングのプロセスと大人たちやその他の成員の生活プロセスとの乖離の拡大の歴史ととらえられるのではないだろうか。少なくとも、高度成長経済の発生する以前までは、家族構成の家庭生活を運営するスタイルは、手作業を中心とする労働に依存しており、家庭における消費生活も、生産生活も（都市サラリーマンの生活や、知的労働者の生活は別として）、肉体労働に支えられていたといえよう。それゆえに、とくに子育てをめぐる「生活」スタイルと家事スタイルは、生活過程において連続性が高く、大人たちの時間意識も連続性が高かったといえたであろう。食事を支度するペース、子どもの世話をするペースは連続的であったと思われる。それゆえ、そこから育児も家事も一連の仕事としてとらえられたと思われる。しかし、高度経済成長後の家庭生活は、賃金労働に参加するための時間、家事労働に参加する時間、家族のメンバーが各自、自らの活動に参加する時間・空間が分割され、家族の成員が一緒に共有する時間さえも消失しつつある現実となっている。

こうした中で、子育てのための時間、言い換えれば、養育者と幼児の相互関係において成立する「生活」は、とくにその担い手である大人の側に特化された時間・空間として意識されるようになり、家庭生活の機能が個別化されるにつれて（例：ショッピングに行く、スポーツジムに行く、子どものことで塾や学校に行く、仕事に行くなど）、こうした多様化された生活機能の充足のために、時空間が分割され、細分化されるようになる。そうした大人の生活時間の多様化に合わせて保育の

「生活」のカップリングを行わざるを得ず、「保育のニーズ」あるいは「親のニーズ」の多様化という文言が生まれる結果になったと思われる。

　こうした状況の中で、幼児の「生活」は親と子のカップリングを強いられる過程として、家庭を運営する大人にとって、省力化、合理化が不可避な現実として浮上してくるのである。明治時代、大家族の生活の中で嫁として農家に嫁ぎ、子を生み育てるという母親の意識は（女性が人間としての自立した権利を奪われていたという現実はあったにせよ）家族の生活過程と連続的であったといえる。しかし、現代の核家族で省力化された消費生活においては、子育ての「生活」というカップリング過程は、両親が協力的に展開するにしても、家庭生活の多様化の中で、ますます特化されたものとして意識されるがゆえに負担感を増大化させる要因となっている。そして、この家庭生活の多様化が消費経済への依存度が増大するにつれて、自由度のきかないものとして意識されることになる。

　上述のことをこのカップリングの過程に参加する養育者と幼児の関係でいえば、生活のリズムの相違の拡大ということができよう。岩田遵子は、「ノリ」という言葉で説明している[15]。一例をあげると、かつてはどこの家庭でも、暮れの餅つきは、家族の恒例であった。夫婦の一人が、あるいは親子のどちらかが杵で餅をつくと、片方の人は餅を裏返してこね直し、手を離す。すると相方が杵をつき直す。このやりとりがスムーズにいくには餅をつく人、こねる人の応答関係の「ノリ」が合わないと、うまくいかない。この「ノリ」は、農作業や家事のメンバー同士で「ノリ」を共有する経験は蓄積されたはずである。この作業共有の体験は、親と子の養育過程におけるカップリングの過程に、連続性を与えていたと考えられる。たとえば、サーフィンにおける身体運動の習熟度は、そのままではないにしても、はじめてスキーで回転を習熟する場合にも転位度は高いというのが特殊的転位の法則である[16]。したがって、農作業や家事などにおける道具操作

の手順や連携の習熟は子育てのカップリング過程における応答、連携の「ノリ」においても連続性は高いと思われる。このように、養育における親と子のカップリング過程への参加は、みてまねる形でスムーズに新しい親との関係へと移行していったと考えられる。そして参加し、経験することが深まれば深まるほど、この「ノリ」に「ノル」ことができ、無自覚的になっていくと思われる。

　こうした幼児の「生活」は高度経済成長の進展とともに大きく変わってしまってきたといえよう。一つは少子化であり、加えて前述のように、消費中心の生活による現代人の暮らしのテンポは、賃金労働のために使われる時間性を中心に規定される。会社やその他の職場に通勤する時間や会社で過ごす時間は自律的には使えず他律的に規定されている。そして、その時間の支配に従うことなしには、消費中心の家庭生活の時間も過ごし得ない。収入が得られなければ、いかなる消費生活も成立し得ないからである。また、給与所得者でない家庭の成員も、家庭生活の中で、公共の施設を利用することがあるとすれば（例：学校に通学する、文化施設の教室を利用する、塾に行く、病院に行く等々）、そこに選択の余地があるとしても（予約する）、また家庭生活において、テレビを見るといったことも、そこに選択の自由があるとしても、そうした行為の断片を選択し、切り替え、日々の生活の流れをやりくりするという生活スタイルは、分断的であり、「ノリ」という点でいえば、気忙しさをまぬがれるわけにはいかない。こうした大人たちの生活のテンポは、明らかに、幼児の「生活」、つまり、養育者と幼児のカップリングにとっては、異質な時間の流れが周囲を取り巻いているということである。しかも、養育者＝親が家庭の日常において、親以外の多様な役割や意図をもっている限りにおいて、育児行動へのストレスになる可能性は大きいのである。大人の「生活」の過ごし方から対幼児との「生活」の仕方への変換がしばしばなければならないからである。

　やがて、多くの若い世代の親たちは、できる限り、このカップリン

グから逃れたいと思う。それに応えるのが、保育施設である。現在の家庭生活は、市場経済に支配される割合が多くなっている。家庭を運営するための耐久消費財のハードウェアはもとより、娯楽や教育というソフトウェアも消費行為として処理される。確かに、テレビやCDといったものは、家庭内で使用されるものであっても、その中身は外で生産されたものを家で消費しているにすぎない。家族の成員がメンバー相互でつくり出したりすることによって生まれる行為ではない。同様に、家庭の中での幼児との出会いも、養育者と幼児のカップリングにおける相互作用の中で、自前でつくり出すというよりも、外在的条件に制約されることも多く、そのためこのカップリングから逃避したいという気持ちのほうが大きくなり、このカップリングを拘束的に考える傾向を生み、できるならば、他の消費行為と同様に必要経費を負担し、外部の保育施設に預けてこの責任から解放されたいと思うのである。もちろん、幼児との出会いに喜びを感じることがあったとしても、幼児との日常的な過程を持続させていく習慣性が獲得されていない時には、保育施設に預けるほうが開放されるという気持ちになってしまう。そして、消費生活中心の家庭生活が行き着く最終局面の姿、つまり他人まかせの状態が現出するのである。

　まず、ハードウェア、つまり耐久消費財の購入にはじまって、衣食住の面での材料を消費財として購入することへと進み、日常の食事も外食にする方向に発展する。この拡大は、住から衣へ、衣から食へと進む。耐久消費財の修復（再生産）の中で、住居面では、日用大工道具、衣では針と糸が、高度経済成長期を境に次第に使われなくなり、最後に残っていた食も家庭における消費財の加工的再生産過程が減少し、惣菜屋からの購入によって食事が展開され、食事を用意することが行われなくなるにつれて、家族が同時に食事をとるという習慣も分断化され、個食を生み出していく。家族が食卓を囲む、家族の団欒を楽しむという家族の人間関係構築の最大の機会も失われがちになり、各人の賃金労働のための生活時間の外在化は、家庭内の成員の精神生

活保持のための共通時間を奪い、外在化させてしまう。

　こうした現代家族の現象は、各個人個人の生活時間の多様化とともに、子育てのカップリング過程に影響を与えずにはおかない。親たちの中には乳幼児の立場に立って考えることが困難になる者も現われる。養育者と乳幼児のカップリングの過程は、大人の側が、一方的に生活のプロセスを子どもに強要したり、言語コミュニケーション中心の生活の中で、対人関係に存在するノン・バーバル（非言語）な身体的関係性の重要性に関心を向ける余裕を失ってしまうと、大人は養育の過程で幼児の生命活動を助成する立場にあっても、幼児との相互関係性に無自覚になりがちになる。たとえば、ミルクを与える行為一つとっても、乳幼児の吸引過程に一定のリズムがあり、授乳行為との相互関係性があることに気づかなくなることも多い。

　まして、大人が自らの生活過程の多様化の中で、幼児とのカップリングに入る時間を特化して考えれば考えるほど、大人としての時間配分の中での時間の過ごし方のペースと乳幼児との関係性の創出との間に時間的ペース配分の切り換えが求められる。頭の中ではそうしたチェンジ・オブ・ペースが必要だと意識していたとしても、実際の身体の対応が上手にいくとは限らない。身体的知である「ノリ」の感覚は、知的判断でコントロールされるとは限らないからである。「ノル」ためには、一定の習慣的知恵（ハビトゥス）が求められるからである[17]。

　筆者がこの論文で明らかにしたかったことは、現在の消費文化中心の家庭生活において家庭保育を放棄し、施設保育にもっぱら依存しようという傾向の中で、「保育」の専門性内容が施設保育を引き受けるだけの専門性であってはならないということである。かといって、家庭保育は親の責任であると述べ、旧来の家庭保育責任論に回帰したとしても、事態はますます施設依存に拍車をかけるだけであろう。

　現在の消費文化にもっぱら依存する家庭生活の中で親と子のカップリングを構築するのは、母親だけに任せるわけにはいかない。妊婦の健康の保

持と安全な出産を迎えるということは、胎児と母親とのよき関係性を維持するということであり、母子関係だけではなく、この関係を支える父親、その他の家族のサポートが必要である。さらには医療の専門家である産科医、助産師、保健師などのサポートも必要であろう。また出生後は、かつての地域社会において母乳の出のよくない母親のために近隣の女性による母乳の提供があったように、その役割を小児科医や育児相談施設、子育て支援センターや保育所の「保育者」のサポートが必要となろう。そのことによって、母と子のカップリングの維持と、親の役割とは異なった側面での家庭生活の送り方（消費文化を享受する生活者）の側面との葛藤から生ずるストレスを解消し、親と子の関係性（カップリング）を享受する（エンジョイする）ことができるようになることが期待されるのである。近年、父親の育児参加も少しずつ増加しつつあり、企業側にもイクメン（育児に参加する父親）を承認する動きも生まれつつある。もちろんまだ不十分でしかない。しかし、イクメンを行う父親たちの中に、企業との仕事とは異なった人間的生活を取りもどしそこに癒しを実感する人も現れている。これはイクメンたちが幼児との間に豊かなカップリングを獲得したことを意味している。逆の言い方をすれば、親と子のカップリングにおいて子どもを主体としたゆったりとした「ノリ」と、消費文化生活の「ノリ」（どんどんスピードアップされる生活のペース）の葛藤を克服し、前者の応答的な関係の楽しさに気づき、幼児の笑顔に癒されることが可能になるような関係をつくり出すことを意味している。親たちがこのことを子育て支援センターの親と子の集いから、また「保育者」の援助から学べるようにすること、そこに専門性を確立することが求められる。

　こうした専門性の確立と、家庭保育を再構築するビジョンを冒頭のシステム案はもっていない。もし、システム案が家庭への経済的助成のみを考えるだけのプランであるとすれば、経済生活の変貌による消費文化中心の家庭生活の現状からして、子育てのカップリングから逃避し、もっぱら子育てを施設保育に依存するだけの結果になることは子どもの虐待という現象にすでに兆候として現れているといえよう。

したがって、「保育者」養成を考えるにあたっては、改めて、子育て支援対策や制度を含めた上で、保育の一体化の動きの中で、「保育者」の役割を規定しなければならない。言い換えれば、「保育者」の専門家としての役割は、保育所にしろ幼稚園にしろ、その公的施設での乳幼児、幼児に対するケアであり、かつ教育的働きかけである。そしてそれだけでなく、家庭保育の責任者が自立した子育てができるように、専門家として支援する役割を含まざるを得ない。またさらに、家庭内での親の役割が現在、女性が担うにせよ、男性が担うにせよ、孤立しがちであり、それが育児不安の大きな原因にもなりうるとすれば、その親たちが自己責任を果たすためにも、親たちのつながりやそのつながりを助成するためのシステムが必要とされるのである。そしてその一例が公園デビューに見られる親たちのグループであり、あるいは子育て支援センターであり得るとすれば、そうしたシステムを助成するスタッフとして「保育者」の専門性による支援が求められるはずである。こうした点から、「保育者」の専門性は、家庭のサポートから、親と子の集いとして構築されていく必要のある子育て支援センターにも及ぶはずである。つまり、「保育者」の専門性としてケアということが確立されることなのである。このケアについては後述するつもりであるが、上野が指摘するように、ケアされる者に対するケアする者の非対称の関係を前提として相互性を確立することなのである[18]。

この、新しい「保育者」像を確立するためには、「保育」の専門性の中身を枠組みとしてあらかじめ設定しておく必要がある。冒頭で述べたように、家庭における子育て行為が、ヒトが人間として言語をもち、人間社会を築いてきたときから、連綿としてその知恵を無自覚に累積してきたとすれば、その知恵の系譜は文字通り、括弧なしの保育という営みであり、その知恵を近代社会の学問的視点からとらえ直しその近代的知によって、高等教育機関で武装し、それによって「保育者」としての資格を獲得した存在を「保育者」とよぶことにしよう。それゆえ、「保育者」を近代的職能としての専門性を設えた存在としてとらえよう。

以上のことから、「保育者」養成論を次のように展開したい。保育という知恵をふまえ、近代社会の人間としての知性（反省知）に基づいて、その知恵をとらえ直し、そうした知によって武装された専門家が、子育て支援の施設において「保育」の実践を行い、家庭や地域の親や大人たちの幼児や児童の保育を支援することができるようにする。そうした専門性をもった実践者の育成の理論を展開したいと思う。

 そこで次章では「保育者」の専門性を考えていく前に、これまでそもそも専門性が歴史的にどのように成立してきたのかを辿ってみることにしよう。

［注］
1）中央教育審議会「21世紀を展望した我が国の教育の在り方について（第一次答申）」1996年（7月）、p. 6
2）中央教育審議会（答申）「新しい時代を拓く心を育てるために──次世代を育てる心を失う危機」（要旨）1998年（6月）、p. 2
3）小川博久『21世紀の保育原理』同文書院、2008年、p.110 ～ 116
4）内閣府資料「子ども・子育て新システム基本制度案要綱」（抄）、または「子ども・子育て新システム検討会議作業グループ基本制度ワーキングチーム」（第11回）資料1、2011年（5月18日）
5）村山祐一「保育新システム改革（案）と保育の危機──現行保育制度の拡充改革こそ必要」『教育と医療』慶應義塾大学出版会、2011年8月64巻、p.64 ～ 71
6）見田宗介『社会学入門──人間と社会の未来』岩波新書、2006年、p.172 ～ 282
7）小川清実「『ことわざ』の育児意識に及ぼす影響について」お茶の水女子大学家政学部児童学科児童文化研究室編『舞々』第10号、p.116 ～ 111
8）「保育」用語解説、岡田正章。岡田正章他編『現代保育用語辞典』フレーベル館、1997年、p.385

9）「保育者」用語解説、民秋言。同上書、p.393
10）小川博久「幼児教育の歴史を振り返る──日本保育学会創立60周年に寄せて」日本保育学会編『戦後の子どもの生活と保育』日本保育学会60周年記念出版、相川書房、2009年、p.1〜2
11）注3）前掲書、p.109〜138
12）「新待機児童ゼロ作戦について」厚生労働省、2008年、2月27日
13）小川博久「今日の乳幼児の危機と保育の課題」日本保育学会共同研究委員会基本問題検討委員会報告書、2002年、p.160〜165
14）岡本夏木『子どもとことば』岩波書店、1998年、p.29〜30
15）岩田遵子『現代社会における「子ども文化」成立の可能性──ノリを媒介とするコミュニケーションを通して』風間書房、2007年、p.13〜14
16）注3）前掲書、p.160〜165
17）P.ブルデュー／今村仁司・港道隆訳『実践感覚（上）』みすず書房、2001年、p.82〜100
18）上野千鶴子「当事者主権の福祉社会」『ケアの社会学』太田出版、2011年、p.7

第3章

近代社会の新たな専門職としての学校教員の誕生——幼稚園教員の魁として

1. 専門性をもつ人（専門家）とは

「専門家」とは国語大辞典には、学問・職業などで、その人がもっぱら研究したり、従事したりしているものとある。英語では profession の語が当てられており、それは神の宣託（profess）を受けた者であり[1]、profess の語源は、公言するとか明言するという意味で、職業をもつ立場としてその人の発言や行動は公的に認められることを意味している。言い換えれば、当該の職業人として振る舞うことが公に承認されていることを意味している。

つまり、当初は最高権力者の言葉、言い換えれば神の信託を受けた者の言葉を語る人ということになる。もちろん、ソクラテス（Socrates）のように権力者とは別に、自らデルフォイの神の信託を信ずる人もいた。そして職業的にその公共性が承認される証しは、たとえば、牧師、医師、法律に携わる人々（弁護士、裁判官、検事、教職に就く人）に与えられる免許制度である。そしてこの免許制度を支えるのが、高等教育機関である。それゆえ、専門職の歴史を辿るとすれば、ヨーロッパにおける大学の歴史を遡ることが必要となる。

2. 専門家養成と大学の誕生

大学の成立は 12 世紀イタリアのボローニャにあったといわれる。そもそもはじめに大学という組織が生まれたというわけではなく、中世ヨーロッパ社会では社会秩序を維持していく法律の手がかりにローマ法が手本

とされ、中世社会ではラテン語によるローマ法を学ぶために、ヨーロッパ各地の若者たちがボローニャの法学者のところに学びにやってきていたのである。そしてその学者の住んでいるところが学習塾（studium）[2]になった。

　ボローニャの場合、他国からやってきた学生たちは、この土地の教会権力や都市施政者の庇護のもとにないので、ボローニャ市民としての権利ももたなかった。そのため下宿代に高額を要求されたり、不当に逮捕されたりする可能性があった。そこで、アルプスの山の北側から来た学生とアルプスの南側から来た学生は各々団結して組織＝ギルド（職人組合）＜これをユニベルジタス、つまり university の起源となる＞をつくり、1158年、神聖ローマ皇帝フリードリヒ1世（Friedrich, I）、通称バルバロッサ（Barbarossa）から、この学徒たちの宗教的、世俗的特権を認めてもらう皇帝特許状をもらっている[3]。一方、学生たちはこうした法的・精神的「自由」を保持したことで立場を逆転させ、教授たちに、ときに学費節減要求をしたり、他市に集団移住することで、受講生が不在になるぞとおどし、学費節減などの圧力をかけたために、これに対抗したボローニャの教授群と対立し、そこで教授群が団結し、テストの仕方や卒業資格などを教授者側が統制することで学生に対抗し、学寮（collegium）を1か所に統合することにした。そこから大学（universitas）の中にカレッジ（college）という名称が残り、現在のオックスフォード大学（university）のように、大学とは各カレッジ（college＝大学教授と学生の学寮）からなる総合組織になったといわれている。

　いずれにせよ、中世大学の成立時から大学は精神的・宗教的自由な学問研究の場として法皇庁から認められる一方、学位称号を出すことによって、医学部、法学部、神学部を中心に専門家養成の場となったのである[4]。ローマ法皇ホノリウス3世（Honorius, III）は、法学と医学を「黄金の実る学問」とよんだといわれるくらい、大学からこの学位称号を受けることは学生の出自に関係なく、その学生にとって出世の手段であった[5]。

　このように専門家（profession）という言葉は、ヨーロッパの歴史におい

ては、法学と医学、神学を中心に、大学教育の学位と不可分のものとして成立した。ヨーロッパの場合、技能上の職人養成の場としては、ギルド（guild）があった。ドイツの場合、パン屋のギルドとか、鍛治屋のギルドとか、煙突掃除屋のギルドなどがあり、そこでは、親方（meister）が職人の最上位であり、ユニベルジタス（universitas）も、その意味では、元々大学という意味はなく、学生たちの権利擁護のための一種のギルド（職人組合）といってもよいものであった。

　しかし、中世大学における専門家養成は、前述のように、神聖ローマ皇帝から学問研究の自由という特権を与えられたという由来にもあるように、世俗権力や宗教権力から相対的自由を与えられたという伝統から、中世大学は中世社会の厳格な身分的制約を打破し、学生として一様に受け入れられ、そしてそれがゆえに、職業教育を通して、より高い身分に登る機会をも提供した。そしてその条件として、ギルドのような職人的技能訓練をする前に、一般教養（studium generale）として文法学（ラテン語）、論理学、修辞学、算術、幾何学、天文、音楽（自由七科）が重視された。この自由七科の中で、前半の三科目は人間についての学であり、後半は世界（宇宙）についての学であるというギリシャ・ローマ的知識の伝統が旧約聖書箴言（9の1）「知恵はその家を建て、その七つの柱をきり成し……」に依拠したものである。聖書理解のためにラテン語文法が、教会教義を守るために論理学が、教会暦を算定するために算術と天文学が、教会の勤行（教会の宗教行事を遂行するための仕事を仏教では勤行というが、同じことをキリスト教の行事遂行にもあてはめて使う）に音楽が重視された[6]。

　専門家養成と高等教育の結びつきは、専門家のイメージとして、社会的地位の約束された人というニュアンスをつくり上げてきた。そしてそれはよい意味であれば、専門家というのは、単に専門分野の技能だけでなく高い教養をもつものだというように、専門性の中に「教養」の考え方が含まれていた。また問題点をいえば、この伝統が高等教育を受けない人は専門家とはいえないという常識をも形成してきた。その結果、高等教育を卒業しなくても就職できる職種を専門職とは見なさないという社会常識をも形

成してきたのである。

3．近代の大学の成立と専門性の変貌

　中世大学はラテン語が共通言語であり、学生たちは自国に限らず、ヨーロッパ各地に設置された大学を渡り歩いて自由に学ぶことができた。それは自由教育の発展と結びついていた。この中世大学のおかげで、ギリシャ哲学（アリストテレス）がキリスト教学と結びつくきっかけにもなった。しかし、17世紀絶対主義王政のもとで大学は次第に国家に従属することになっていった。しかし近代社会に入り、自然科学技術の発展が近代の社会制度の基礎となるにつれて、当初はそうした科学技術の発展に背を向けていた諸大学がそうした科学技術研究の役割を担うに至った。そしてそうした役割を担ったのがベルリン大学であった。しかしベルリン大学創設の理念は、中世大学における専門家養成の近代的再規定として発足したといってもよいだろう[7]。なぜなら、そこでは、自然諸科学技術の知識が、哲学的理念によって総合されることを求めたからである（「総合」という用語と「統合」という言葉は厳密に意味を区別することは困難である。そこで本書では総合という用語にしたい。ただし引用箇所は「統合」のままとしたい。研究方法上の区別の明確なものの総合は「統合」とする。それゆえ、総合と統合の意味の区別はしない）。しかし、この理念は結果的には、自然諸科学技術の細分化をますます促進しただけだった。結果的に、中世的伝統の専門性の喪失を生むことになるのである。

　先の節で、「専門性」の概念の成立が中世大学にあることを指摘した。すなわち、中世社会のギルド（職人組合）における親方は専門家ではなく、マイスターはあくまでも、技能の達人であった。それに対し、専門家は、大学の医学部や法学部、神学部で専門の知識技能を身につけるだけでな

く、上述のように大学の一般教育科目（自由七科）を学んでなければならなかった。一般教育科目は、人間と世界についての知を学ぶという意味で、教養（culture）を身につけることであった。だから近代の大学であるベルリン大学が創設される前のオックスフォード大学やケンブリッジ大学、ニューイングランドのIVYリーグの名門大学は、社会的地位を得るための紳士教育の場と考えられ、中世大学における教養の意味を継承した教養人であることが求められたのである[8]。専門家養成は、その教養人としての資質の上で身につけることであるという建て前があったのである。これが研究大学としてベルリン大学が誕生する以前のオックスブリッジ（オックスフォード大学とケンブリッジ大学の2つを略称していう）やニューイングランドのIVYリーグのリベラル・アーツ（幅広い高度な一般教養。教養学的な要素を導入しようとする精神で名づけられた）カレッジの自由教育の理念である。

　それに対し、ベルリン大学を創設したフンボルト（Karl Wilhelm Humboldt）らの教育理念は新興の近代諸科学の発展を前提とし、それらを新たな理念で総合しようとした点で学問的教養というべきものであった。

　この学問的教養の理念こそ近代社会の専門家の専門性を支える理念となるはずのものであった。それはカント（Immanuel Kant）、フィヒテ（Johann Gottlieb Fichte）、シュライアマハー（Friedrich Daniel Ernst Schleiermacher）、フンボルトらのベルリン大学創設の理念となる人文主義哲学であった。人間性の普遍的理念を追求するのは、諸科を総合する形而上学的哲学であり、それは新しく発展する諸科学を総合する「形而上学的かすがい」であった[9]。この哲学を「悟性使用の術」（Kunst）として諸学問を学ぶことによってこそ、特殊な分野の分析的諸科学は一般理念を獲得し、学（Wissenschaft）の根本理念を身につけることで、人間としての全面的形成が可能なのだと考えたのである。学問の人間形成的機能はまさに、この哲学、シュライアマハーの語を借りれば、「Das lernen des lernens」（学ぶことについて学ぶ）ということだからである[10]。

しかし、19世紀の後半以降、近代科学技術のいっそうの発展は、完全体系としての形而上学の枠組みとはまったく関係なく分析的思考が実証主義と結びつき、技術学的変革をも生み出すことで、「形而上学的かすがい」の無効性を明らかにした。その結果、科学技術面での研究業績の蓄積（学術論文）と実用可能性の拡大（とくに、工業化学、応用物理学、医学など）に対する社会的評価は大学研究室の権威を高め、ベルリン大学は講座制という教授──助教授（現：准教授）──講師──助手（現：助教）といった階層制ヒエラルヒーが総合大学のモデルになっていったのである。皮肉なことに、フンボルト等の理念的試みを裏切って、ベルリン大学のこの体制はシェルスキー（Helmut Schelsky）が指摘するように、諸科学の分析的方法をますます細分化させつつ発展し、後に、さまざまに分化された科学分野の講座を独立させ、現代の大学に象徴される世界の先端を行く大学のモデルになっていくのである[11]。ちなみに、ベルリン大学をモデルにロンドン大学やアメリカではジョンホプキンス大学が研究中心の大学になり、20世紀に入ってオックスブリッジもハーバードやイェールも研究大学へと変身するのである。このもっとも観念的理念のもとで発達したベルリン大学の科学分野の諸座から多くのノーベル賞学者が輩出し、ベルリン大学創設の哲学的総合の理念は形骸化していったのである。それとともに「専門性」という概念もまた、より「専門化」されたとか、「専門性」が高いという現代における表現の仕方に潜む常識の中に、人文主義的な「学的教養」概念を剥奪された意味が担われるようになっていく。このことは、大学における専門家養成の理念から、一般教育的要素が欠落し、やがて、「専門科目」と「一般教育科目」は対立的に考えられるようになる。そして、一般教育課程においても、近代社会におけるデカルト（René Descartes）以来の主客二分の二元論的立場は、自然科学的認識を擁護する哲学として保持されたが、学問論としては、自然科学対人文科学という二項対立という思考法を残存させることになった。

　以上のように20世紀における大学の専門家養成は、科学的認識に基づいて構想されるというのが一般的常識として残存していくことになる。

4. 20世紀における人文科学と対立する意味での「専門性」の概念

　20世紀に入って、自然科学を中心とする科学的知は、デカルトの主客対立の二元論的な立場に立って、対象に対する分析知を功利主義的実証主義と結びつけることで、さまざまな分野で知の確かさを証明し、さらにその知が因果論的思考によって多くの技術知を産出し、現代文明を生み出すことに成功した。近代社会における専門性の追求のされ方は、高等教育制度と深く結びついて展開してきたことを考えれば、上述の大学における教養＝一般教育の理念の衰退と諸科学技術の研究講座の細分化を考えれば、20世紀に入って「専門性」の観念から、教養的要素が欠落していくことは当然のことであり、専門家とはむしろ、そうした一般教育的教養や人格性とは無縁の存在への名辞であるというニュアンスさえもつようになっていくのである。

　D. ショーン（Donald A. Shön）は、著書の中で、20世紀における「専門」の定義をいくつか紹介している。1930年代に現われた定義は次のようなものである[12]。

　　新しい専門職の出現を一般的に説明することはむずかしいことではない。大規模な組織では専門分化が好都合である。新しい科学的知識の周辺に専門分化した職業が生まれてきた。

としており、1970年代のW. ムーア（W.Moore）の定義を紹介している。それは、「慣習的な活動に基づいて、個々の実践の試行錯誤によって修正される一般の職業（vocation）と区別され、個別具体的な問題に対する一般的原理の適用を伴っており、この一般的な原理が豊かに発展させる」[13]ものであり、近代社会はそうした専門職からなっているとしている。そし

てこの一般的な原理からなる専門知識の3つの要素をE.シェイン（Edgar Henry Schein）の言葉を引用して次にあげている。
1．実践が依拠し発展する基盤となる学問や基礎科学
2．日々の診断の手続きや問題解決の多くが導かれる応用科学や技術学
3．基盤となる基礎的知識や応用知識を使って、クライエントへのサービスを現実に行うことにかかわる技能や態度[14]

ここには、近代社会において著しい発展を遂げた自然科学と、それを支える合理主義精神と実証主義の接合が存在し、近代社会の物質的発展を支える技術的合理性の論理が「専門性」の概念を支えていることは明らかである。そしてこうした専門性を養成する機関としての大学において、専門性の基準に適合する場は、工学系か医学部系くらいのものでしかなかったのである。しかし、それにもかかわらず、大衆の向学心と高等教育志向を受けて、大学教育はとくにアメリカにおいて拡大し、大学の機能も研究と教育と地域サービスといった多角的機能をもつに至り、専門家養成機関としての役割を拡大させていったのである。

前述のように、「専門性」の概念はきわめて狭く、技術的合理性に限定されていたにもかかわらず、専門家の幅は、大学の専門講座の拡大とともに広がったのである。ここには、プラグマティズムの影響のもとに、実証主義的精神のみが専門分化を実現していったという傾きがある。その結果、N.グレイザー（N.Glazer）の言葉に示されるような、「メジャー」な専門性と「マイナー」な専門性という区別が生まれ[15]、工学や医学のような前者と、社会福祉、図書業務、教育、神学、都市計画のようにマイナーな専門性が区別されるに至るのである。その結果、専門家養成のための高等教育機関は生まれても、技術的合理性に支えられていないという批判が生まれた。わが国の新制大学における専門家養成としての教員養成も、同様の批判と評価を受けつづけることになるのである。その質量を語るために医師養成における専門性について語ることにする。なぜなら現代における専門性に適合している一つの例だからであり、教員養成もこの医師養成を

モデルに展開されたからである。

5．高等教育機関は、職業上の問題解決に役立ってきたか——医学部の場合

　医師養成においても、ヨーロッパの中世大学がすでに「専門家」養成の機関として古くから成立したことは、すでに見てきたが、いったい、どこまで専門家として有効な働きをし得たかという点になるとかならずしもそんなに古い時代まで遡るわけにはいかない。たとえば、臨床医学の場合、医師という専門職が大学卒業という権威だけでなく、実際の患者の治療において役に立つようになったのは、少なくとも、臨床医学の誕生を18世紀以降に求められるとすれば、19世紀に入ってからではないだろうか。なぜならM.フーコーがいうように、「18世紀の医師には、自分の見ているものが見えなかったのだ。しかし数十年のうちに、幻想的形象は消えうせ、そこに開けた空間が事実のありのままの輪郭を視覚にまでもたらしていったのである」[16]。その学問的土台は、解剖学と生理学の統合であった。

　解剖学の発達は、大学医学部で古くから行われたことは確かなことである。筆者は2006（平成18）年8月スウェーデンのウプサラ大学を訪問し、現在博物館になっている旧医学部の解剖学教室を見学した。この教室は15世紀に創設されて以来そのままに残っている。中央に解剖台（横約2m、縦4m弱の楕円形）を取り囲み急勾配で約十数段ある円形の階段教室が設置されており、椅子の間隔は狭く、身長が高く体格の良いスウェーデン人が立って観察するしかない教室である。一時に200人前後の人が見学できる（筆者の目算）スペースであった。驚いたことは、入口に、「Seeing is believing（百聞は一見にしかず）」という諺のプレートと、解剖

劇場（anatomical theater）という名前があり、解剖時には、一般人の見学も許されていたということが書かれていたことである。つまり、専門家養成の場としての医学部の解剖学教室での死体解剖の過程を一般人にも見学させることは、視察することを通して、庶民の間に、医学の専門性を啓蒙する場となっていったのである。そして、それは近代における科学的世界観を支える一つの柱である。実証主義的精神がヨーロッパ人の常識として成立する場でもあった。

　この教室名にもあるように、死体解剖の経験は、見たこと（観察すること）を分類し記述することで近代医学が始った点では、大学は臨床医学の出発点であったことは確かである[17]。またこうした伝統はスウェーデンの場合、医学のみならずリンネ（Carl von Linné）などの植物分類学を発展させることになる。しかし、18世紀まで、大学の医学部は、分類医学理論に傾斜し、実際の臨床教育的実践とはかけ離れた存在であった。やがて大学の医学部には附属病院が付設され、医学理論と臨床教育実践が結びつくことによって、臨床医学実践と医学教育が連結することになる。つまり臨床医学的観察は病院と教育の2つの領域にまたがって展開する。具体的には、病院の臨床講義においては、教師と学生は連帯関係を形成し、共に医学的体験をする。（1）患者の様子を見る、（2）質問をする、（3）症状の発展、治療の結果を見る、（4）回復期のための長生法を言葉で指示する[18]。これはまなざしと言葉の相関関係を規定しようとする努力であり、可視的症状と言語的分析とを一つの表の中で関係づけようとする試みである。こうした努力が臨床医学という学問を実践に結びつけていくのであり、その営みの過程が大学教育の理論的学びと病院における臨床実践を通して、学生にも伝承されていくようになり、医学部が文字通り、医学的問題解決能力をもつ医師（profession）の養成機関となっていったのである。この実践は、18世紀の末から20世紀にかけて本格化したのである。

　とはいえ、近代臨床医学の誕生によって人間の疾病のすべてが解決したわけではない。しかし、近代臨床医学の構造が学問的に明らかにされることによって、大学医学部における理論的学習が附属病院における患者に対

する臨床的診断と結びつき、かつその治療過程に参加することで学生はインターン（実習期間）を通じて、患者の疾病の回復を理論の実証として知ることができ、実際の臨床にも立ち会えるのである。ここに教員養成校において教育実習を必要とするシステムの起源がある。

これも、病気の症状が病理解剖学の発展によって、解剖学的部分の損傷が徴候として語られるようになり、やがて視覚による徴候の発見だけでなく、聴覚（聴診器の発明）や触診によって、不可視とされていた身体の闇の部分が「感覚的三角測量」[19]という方法で多感覚的構造によって可視化されるようになっていった。

さらに、熱病の研究から臨床医学はブルッセ（François Joseph Victor Broussais）によって、新たな発展に至る[20]。つまり「病の座は、外部からの刺激的原因の単なる付着点に過ぎない。この付着点は、組織の刺激性と同時に、作因の刺激能力によって決定される。病の局所的空間は、同時に、しかも直接的に原因的空間でもある」[21]。つまり病気とは、外的刺激によってもたらされた生体の反応なのだというのである。病理現象は解剖学的かつ生理学的なものだとされ、「1．病んでいる器官がどれであるかを決定すること、2．ある器官がどうして病むに至ったかを説明すること、3．その器官が病むのを止めるには、何をなすべきかを示すこと。このようにして病理反応の医学が始まるのである」[22]。

こうした考え方はやがて死という事実を可視的かつ記述的な言葉で語ることになる。それは、個々人の死について科学的陳述が可能になったということでもある。言い換えれば人間の死ということについて西欧人は、解剖を通して屍体を対象化することで、それを科学的認識の対象として眼前に据え、言語によって、また言語において語ることができたのである（病的症状を言語という手段を使って、言語表象として認識できるということ）。このことこそ医学が科学になるということである。医師という専門家養成において、科学としての医学が科学的実証性を保持しつつ、専門家養成の府として大学における医学部を今日たらしめている大きな要因の一つは、この科学としての臨床医学の成立にある。かくして医学は、人間科学の基本と

して、医師養成を目的とする大学における基本的内容となることができたのである。

　医科大学における専門家養成が正当化されるもう一つの要因は、これまで述べてきたように、前述の病理に関する生理学的解剖学の臨床性にある。解剖の場における医師の行為は、個体識別をより詳細に行うように進行する。この過程で認知される死の認識は常に個別的である。死の経験のもたらす個別性は、病いにおいて特定の器官が病むのを止めるのには何をなすべきかということの答えに対しても臨床的にならざるを得ない。このことは、医師養成における病院におけるインターン課程の必要性を医学理論との結びつきにおいて可能にした。かくして臨床医学は、大学における医学理論の実証性と附属病院におけるインターン制度との結びつきにおいて実践的有効性を保障するものとなった。

　上述のように、臨床医学が科学として確立され、そのことによって19世紀から20世紀にかけて専門職としての医師養成が大学において確立したのである。しかしそのことは、人間の疾病が西洋医学によって完全に快癒されることになったというわけではない。西洋医学によって解決できない問題は山積している。それゆえ、専門職としての医師養成教育の課題も残されている[23]。この医師養成教育がモデルとなり教員養成教育の専門化が始まるのであるが、そこには、多くの問題が成立することになる。その大きな要因は理論を実践へと結びつける臨床医学といった理論が確立しなかったということにある。もちろん、臨床医学と基礎医学との連携に問題があり、臨床医学への差別もなかったわけではない。しかし、その両者には連携のテクノロジーが存在していた。しかし、教員養成教育にはそれが不在であるばかりか、以下、述べるように学問観の対立がもち込まれたのである。

　それは、教員養成教育の内容として盛り込まれる諸学問の社会的評価や学問観の対立であり、N. ルーマンがいうように教育実践がテクノロジー不在であるにもかかわらず、擬似テクノロジーが長い間、この実証主義的擬装によって教育養成カリキュラムが構成されてきた。しかしその問題点

は、いまだ克服されていない。

6．専門家養成としての教員養成教育

（1）保育者養成の基盤としての小学校の教員養成

　1876（明治9）年にわが国に初めて幼稚園が東京女子師範学校附属として出現した。その後全国的に幼稚園が開設された。そこではじめに問題になるのは幼稚園教諭の養成ということである。当時、幼稚園の教師は保母とよばれており、彼女たちは、その名前が示すように母親の代用という扱いであり[24]全体の3分の1は無資格者であった。1926（大正15）年「幼稚園令」で、保母資格として保母免許が必要とされるまでは幼稚園教諭としての有資格者は女子師範学校卒業であった。のちに、保母養成所ができるようになって、その卒業生が職員の主流を占めることになった。それゆえ、保育者養成問題を語るためにはその土台となった小学校教育教員養成にふれておく必要があるだろう。なぜなら、国公立幼稚園の場合、幼稚園教諭としての有資格条件として小学校教諭に準ずるという発想があったからである。一方、大正期に入って私立幼稚園の開設が教会系によって増加すると、アメリカのプロテスタント系のシスターによって保育者養成の専門学校が開校されていった。戦後において幼稚園教諭には、小学校の二級免許状に相当するものが幼稚園教諭の有資格者とされることとなった。戦前の師範学校が新制大学として新たに発足した国立大学教育学部や学芸大学においてこの免許状が二年課程の学生に付与された。またこの課程が四年制大学に改革されてからも、幼稚園教育課程のカリキュラム内容は、小学校課程カリキュラムの影響下にありそれを土台にカリキュラムが構成された。そこでまず小学校教師の養成の歴史を振り返ってみることにしよう。

1886（明治19）年の「師範学校令」によって発足した戦前の師範学校の原型は、戦後の新制大学における専門職養成とは異質のものである。西谷成慧によれば、「師範教育は初代文部大臣森有礼の教員養成政策によって学問から分離され、教師は、『教育の僧侶』『教育の奴隷』として『善良なる臣民』の育成の任をもつ国家の道具であり、自己犠牲的聖職者的献身が要求された。師範学校は学校系統の上で傍系的位置に置かれ、教員の経済的地位も当時の中学校卒業生より低位の存在として待遇されるなど専門学校以下の位置づけとされた[25]。教育実習の実地授業は、1886（明治19）年の「学科及其程度」によって学科目の一つとして「教育の枠の中に置かれ」た[26]。

　1946（昭和21）年6月第一次アメリカ教育使節団の勧告によって、同年8月教育刷新委員会が組織され、教員養成改革として師範教育が廃止され、「教員養成は総合大学および単科大学に教育学科を置いて行う」という建議が採択された。戦前の師範教育を批判し、教員養成を大学で行うということは、義務教育の教職が専門職として認知される第一歩ということで戦後教育の歴史において画期的なことであった[27]。

　しかし、それからの大学の教員養成は多くの現実的諸問題を抱えることになった。まず、第1は、教員養成を専門とする大学で行うか、それとも、総合大学において行うかという問題である。つまり、教員養成の目的の機関で行うか、それとも開放制で行うかという問題である。

　この点に関しては、1947（昭和22）年、教育者の養成を主とする「学芸大学」の構想が教員養成制度改革案として、戦前の師範教育批判を背景に学芸の名前が示すごとく、リベラル・アーツを身につけることを前提に、教員養成を培うという主旨の提案がなされた[28]。

　しかし、この「学芸大学」構想には、上述のように、師範教育の非専門性を排し、新制大学の新たな学問的理念を高く謳い上げる発想があったものの、反面では、戦前の師範教育の軍国主義的偏向を批判するあまり、教職の「専門性」とは異質なアカデミックな立場を強調し、専門性を主張し、教職の「専門性」への無理解や派閥的思惑も影響していた。当時、教

育刷新委員会の城戸幡太郎はいう。この委員会で学芸大学の名称に反対し、師範大学という名称にすべきだといった意見が見られたことに対し、「ここにも、茗溪派と赤門派（旧東京教育大学系と東京大学系のこと）の対立が認められた。私も師範臭は嫌いであったが、教員を養成する大学は、医師や法律家を養成する大学と同様にそれに必要な学問の教育をするために、教育を科学的に研究する大学であると考え、名称を教育大学のほうが妥当であることを主張した。（──中略──）しかし総会では否定され、名称は学芸大学とし、その目的を教員の養成を主たる目的とする大学ということにした。（──中略──）学芸大学の名称は、天野貞佑委員が強調され、教育大学の名称にも強く反対された。天野委員はとくに私に、教育を科学的に研究するというが、教育科学とはどういう学問であるのか、参考書があれば教えてもらいたいともいわれた」[29]。

　城戸のこうした発言からうかがわれるのは、この「学芸大学」構想には、アカデミズムの側からの教育諸科学への蔑視と偏見が内在しており、今後の教員養成課程におけるアカデミズム対教育諸科学の対立を内在するものであった。そしてその後、このアカデミズム派の師範教育へのイデオロギー批判は、戦後は教職専門科目を担当する教育科学系への反発として再現されていくということになる。これがいわゆるアカデミシャンとエデュケイショニストの対立であり、今後、この対立が教員養成カリキュラムの総合を困難にしていくものとして残っていくのである。現象としては、教育実習に対する消極的評価と参加、である。ちなみにアカデミズム系の教官は教員免許状をもたない人も少なくなく、また仮にもっていたとしても、多くは中高教育の免許状であり、自分の研究に類似した特定の教科を教えたという経験をもつ者が多く、そこには、教師の専門性の内容に関して現れた天野と城戸の学問観の対立が初等教育と中等教育の教員養成の理念の対立にまでもち込まれている。前述の天野は当時、著名なカント哲学の研究者であり、天野の頭の中には大学における教師という専門家養成は、中世以来の、そしてフンボルトがベルリン大学の創設にかけた教養概念を含んだ専門家養成だったのである。戦前の旧制中学や旧制高等学校

には、こうした教養主義的伝統が残っており、近代の新興の自然科学・技術系の専門家養成の合理主義＋実証主義的な専門家養成とは対立していたのである。一方、城戸は心理学研究のプロパーであり、教員養成系の専門内容、とくに教育科学系がいまだ確立していないとしても教育のテクノロジーとして確立すべきだと考えたのである。城戸は戦後、教育科学運動を提唱した一人である。ちなみに、中等教育は教科担任制であり、彼らは、特定教科を教えることが自分の専門だと感じており、教育技術や方法に関する大学の講義内容については軽視する傾向が強かったし、今も強い。

しかし、現実には、専門の教員養成を目的とする大学だけでは、当時、4万〜5万人の教師不足を充足することは不可能であり、一般大学の卒業生も公私立の区別なく、必要な課程を履修すれば教員に採用されるという開放制を採用せざるを得なかった。そのため、その後、目的制か開放制かは長く論争の的になっていった。開放制ということは一般大学の文科系の学部や理科系の学部卒であっても教職課程で指定される教育学系の授業で単位を取得し、免許を都道府県教育委員会に申請すれば免許が公布されるということであった。しかし多くの場合、その開放制は、中等教育の教員免許状であり、小学校教員の免許の場合、開設科が広領域にまたがるので、教員養成大学で免許をとる学生のほうがはるかに多かった。

1949（昭和24）年、「国立学校設置法」に基づき、7学芸大学、19の学芸学部（旧制高等学校が包摂されない場合に一般教育を担当しながら教員養成にもあたる学部）、26の教育学部（旧制高校がその大学に包摂された場合に教員養成を目的とした学部）が発足した。そして同年、「教育職員免許法」が制定された。これによって教職の専門性が四年制高等教育機関である大学によって、また免許状制度によって制定された。このように、制度的には、教師の専門性を確立する体制は整ったが、その内容に関しては多くの問題を抱えていた。西谷はそのことをこう述べている[30]。

　それら（新制の教員養成大学）の多くは戦前の旧師範系諸学校を母体としたものであり、物的条件において校地の狭小、校舎の老朽、専門

図書の不足、実験研究設備の不備な状況で、教官組織面においても新制大学の教官として申請した旧師範学校・青年師範学校の教官のうち大学設置審議会で適格と判定された者は6割にも達していない状況であった。一方、一般大学においては、開放制の理念によって専門職としての高度な資質や能力を備えた教員の育成を図るとされたが、その実情は免許法の規定単位を修得するための最小限の施策をとる大学が多く、一般的に不十分な養成内容であった。このように戦後の教員養成制度の理念と、現実の養成機関の貧弱な物的・人的状況との間に隔りがあり、それらは学芸大学・学芸学部、教育学部の弱体不備や教員需給の混乱、そして開放制の欠陥などと批判・論議されることとなった。

こうした問題点をはらみつつ、教員養成制度は1958（昭和33）年「教員養成制度の改善について」（中央教育審議会答申）において、教員の資質向上を名目に教員養成制度の開放制をより統制する方向を打ち出し、1964（昭和39）年には、「学科目省令」によって、教員系大学・学部を「課程──学科目制」とし、「教員養成を目的とする大学」とし、講座制、学科目制の大学と予算、定員、施設等を区別することにした。これは、戦後、旧師範学校系の大学は、新制大学においては、法制上、区別なく同等とされてきたが、予算、施設等で格差をつけられ、研究より教育に力点を置くというように研究面で格差が正当化されることになった。これは、学術研究上教員養成系の大学を低く評価する戦前からある社会的常識上の評価する一般の常識を制度的に公然化するものとなった。

さらに、1972（昭和47）年、教員養成審議会は「教員養成の改善方針について」を建議し、現職教員の研修を主な目的とする新構想の教員養成大学の創設、上級免許状の投与等が提案され、1978（昭和53）年には、兵庫教育大学、上越教育大学、1981（昭和56）年には鳴門教育大学が創設された。ここでは、現職教育の研究や、これまでの教育学部で軽視されがちであった小学校教育教員養成、教育実習の重視などが強調され、実践されて

いった。さらに、1983（昭和58）年の教員養成審議会の答申「教員養成及び免許制度の改善について」では、免許基準を特修（修士課程修了程度を基礎資格）と標準（学部卒業を基礎資格）とに種別化し、教職専門科目の免許基準を引き上げたのである。すなわち、小学校標準（一級）は32単位から44単位に、中学校標準（一級）と高等学校標準（二級）は14単位から22単位に引き上げられた。また教育実習は、初等教育では4単位から8単位に引き上げられた。

　このように、教員養成大学としての独自性を明確にし、一般の大学とは研究上の格差はあるものの、教育系大学としての体裁は整っているかのように見えた。しかし、前述の天野と城戸の対立は、養成課程の内部の組織やコース編成に反映されていくのである。たとえば、東京学芸大学の場合、筆者が奉職した1973（昭和48）年の時点においては、小学校教育教員養成課程と中学校教育教員養成課程、高等学校教育教員養成課程等と区別され（各々、A類、B類、D類と名称される）、教員組織も、教職専門科目と社会科学系、自然科学系、人文科学系、スポーツ・芸術系、職業系に分かれ、教官もアカデミックフィールドは、自然、人文、芸術スポーツ系と各々研究室棟が分かれ、教職系の学問分野とは峻別されていた。こうした職員組織の中では同じ教職科目でも教育哲学（教育原理）系、教育史系はアカデミックな研究方法にアイデンティティをもちたがり、教育方法（教授法）や教科教育と教育実践に対するスタンスが異なり、教職科目の心理学系においても発達心理学は実験科学に傾斜し、臨床心理学系よりアカデミックな名目を誇ろうとする。こうした状況の中では教職科目が一つの視点から教科専門科目との関係を構想することなど空論に等しくなってしまうのである。言い換えれば、医師養成教育において臨床医学が総合的な視点において教授され、インターン制度と連結するように、かくして教育面においても各科目が煙突型を並べた学科目になっていくのである。そしてアカデミックな学問分野の教官と教職系の学問とは本来そこに明確な分離意識が働き、D類の学生（高等学校教育教員養成課程）は、特定教科（たとえば、理科物理領域学生は3、4年でゼミナールを選択する場合、各々の専門の学問

領域、たとえば、物理学専攻の教授のゼミ所属となる。A類小学校教育教員養成課程の学生も一応、そのゼミ所属になるけれども、A類学生は全教科が取得単位になるので、所属するゼミについては広く浅いというイメージにならざるを得ない。一方、B、D類の場合のほうが取得する単位が狭くなるので、教員のほうも、自分の専門に所属する学生というイメージが強い）への関心が強く、教員養成大学のカリキュラムといっても、アカデミックな学科と教職系の学科との対立という図式がこうした形で、教員養成大学の組織と内容にもち込まれてくるのである。当時、東京学芸大学では、教育実習が徒弟的であることを嫌い、教育実地研究という名前を付与していた。このこともまた、教員数でアカデミック系の学科目のほうが多かったので、教職系の学科やカリキュラム内容が増加すること、教員養成系の大学であることへの否定的態度がB、D類の学生には浸透していったのである。ちなみに、筆者は1980年代私立大学の非常勤講師として大学院における教育方法学特論という授業をもっていた。そこでは、私立の中学校・高等学校の教員が大学卒業時の二級免許状を一級に更新するために受講していた。学生数はゼミナールなので10人前後であったが、受講生は、中等教育において、各々担当教科をもつ現職の教員であった。筆者が担当した授業内容については、これまでほとんど関心がなく無知であり、大学時代の教職課程で受講したはずであるのにほとんど授業のことは記憶になかった。

　この事情は、1990年代の後半、東京学芸大学で現職教員のための夜間大学院が開設され、生活科教育関連の大学院の講義をもったことがあったが、現職教員たちの教育学関連科目に対するモチベーションの低さはレポートの記述の中でも目に余るものがあった。上級免許状の取得が給与ベースの上昇のためとはいえ、大学院での学びの課題の多くがアカデミックな課題の追求でしかないという事情は、この大学院のあり方に問題を感じざるを得なかったのである。たとえば、中学校の現職の教員であれば、教科が理科の場合、網羅する教科内容の範囲は物理・化学・生物・地学の各分野に及んでいる。しかし、その院生たちの修士論文のテーマは学生時代と同様に、有機化学の狭い分野だったりするケースも少なくなかった。

こうした制度的な変革は表面的には、教員の専門性の充実に見られるが、はたしてそこに教員の専門性を構成するいかなる観念が形成されてきたのだろうか。本章5節（p.80）で論じた医学教育の場合と比較したとき、その基本的相違は明らかである。臨床医学に基づく医師養成の場合、学科内容の総合性によって、症状の診断の方法は実証科学的に確立しており、その病状を回復する処置手段もテクノロジーとして確立している。もちろん精神医学的な症状やウイルスや癌などによる症状など、回復手段が解明できない部分があるとしても、解決可能な領域においては理論的学習は実習過程における臨床体験と結びつき一定の能力をもった医師を養成できる。一方、教員養成課程においては、必要だとされている学科目は制度的に規定されている。しかし、各々の学科目を総合的に把握する枠組みは一応立てられているがそれぞれの学科内容を構成する学問観が認識論的に総合されていない（たとえば、物理学と教育方法学）。したがって実習との結合点もあいまいなままである。

（2）「専門家」としての保育者養成に至る前段階としての短期大学カリキュラムの実態

　前述のように、保育者養成は、これまで所管が保育士は福祉に所属することから厚生労働省に、幼稚園教諭は文部科学省に所管されてきた関係から、現在、新システムの導入によって一元化されたといっても、これまでの伝統に引きづられて、専門家養成としての四年制大学が主流になりつつあっても、保育者養成としての独自性が確立していない。また、医師養成のように、総合されたカリキュラムの独自性を確立していない。

　久保いとは、1968（昭和43）年の「教育学研究」に「保育者養成のカリキュラム問題」という論文の中で[31]、当時、一般的であった短期大学における保育者養成カリキュラムの問題点について、保育士と幼稚園教諭の両免許を取得するためのカリキュラムであるために、規定より多くの単位を取得しなければならず、学習の自由がないこと、過密カリキュラムになること、教科が総合されていないことを指摘している[32]。こうした短期

大学における保育者養成の問題点の背景について、まず第1に幼稚園教諭の場合、現場との関係にあるという。この論文の書かれた1968（昭和43）年は1963（昭和38）年に始った「幼稚園教育振興7か年計画」によって、私立幼稚園が急増しつつあった時期であり、それに伴って私立短期大学の養成校も急増しつつある時期である[33]。「保育者」を求める側は、現場ですぐ使える教員を求め、しかも、勤務年限も短く、回転が早い人員配置を考えることから、現場適応的技術を要求することが多く、養成側のカリキュラムも確立した保育理論を中核とする編成をもち得ず、多くの科目を並列したものが多かったのである。

他方、児童福祉施設としての保育所保母の場合も同様で、職務体制の不備のために、さまざまな知識や技能を求めることが多く、職務の煩雑さと重労働に対応するオールラウンドの能力が求められたという。それは一口に母親のように献身することへの要求であり、保母の場合、高校卒業で保母試験を経て就職する道もあったために、それは、保育士としての専門性を求める志向性とは逆行するものであった。

久保によれば、このような現場の要求のほかに、1954（昭和29）年に決定された「短期大学教育課程の標準」にあるように、専門科目24単位と科目数の縛りがきつく、しかも「家庭管理学」「家庭経済学」「家庭看護学」など周辺教科が多く、「幼児教育学」（必修2、選択2）など、中心教科が欠けていて、「全体の論理構造性と中核を欠き、多くの学科の寄せ集めからなる、主体性と指導理念を欠いたものになって」いたのである[34]。

一方、保母養成の資格取得のための教科目の「旧告示」（1952（昭和27）年）も、必修37単位、選択13単位と非常に多く、保健・家政関係と、社会福祉とその方法関係の学科が多く、幼稚園教諭の免許科目の同時取得は不可能であった。しかし、1962（昭和37）年度の「新告示」では、児童福祉施設施行規則による保母養成機関の修業教科目および履修方法が幼稚園教諭二級免許の単位取得条件を同時取得することが可能になり、ほとんどの養成校が同時取得を実施することになった。この背景には、深刻な保母不足があったのである。とはいえ、「新告示」により、養成校のカリキュ

ラム問題が改善されたとはいえない。

　たとえば、並列的なカリキュラムとか、養成校において創立の理念に基づき、傾ったカリキュラムを実施しているところも少なくなかった。すでに述べたように、わが国の保育者養成は戦前、アメリカのプロテスタントの宗教色の濃い保育専門学校を出発点とするところが少なくなかった。1973（昭和48）年から1975（昭和50）年代の前半、筆者が出講していた保育専門学校がその一例である。当時、東京学芸大学が専門学校のカリキュラムの適切性についての指導監督校となっており、筆者がその監督指導を行う立場であるとともに、非常勤講師として保育原理を担当していた。この養成校は、アメリカの養成カリキュラムの授業科目の一つ「律動」（これが、戦後の養成カリキュラムの一つである「音楽リズム」となった）を導入した学校として知られており、この授業科目を創設者の授業を受けた卒業生が担当していた。しかし、この科目は基本的には、「音楽リズム」の授業科目に振り替えられるべきものであった。筆者は養成校の責任者に授業科目の重複を解消するように再三勧告した。しかし、決して聞き入れられることはなかった。筆者は養成校を監督指導する立場にあったとはいえ、この勧告には、法的強制力はなかったのである。この科目は、この学校の創設の理念を代表するものだとして、「音楽リズム」の単位のほかにこの学科目の履修義務を変更することはなかった。東京学芸大学からの指導監督には、法的強制力はなく、私の勧告を聞くか否かは責任者の意志次第であった。また、音楽リズムの授業の中でも実技としてのピアノは、就職時に求められる技能として重視していた。ピアノの実技は事実上、個人レッスンが必要であり、非常に多くの非常勤講師を採用していた。学生たちは、ピアノの未経験な学生も多く、テストで落され、それをクリアするために、毎回レッスン料を払って講師の自宅に通うという事態も多く、その状態の改善を要求する勧告をしたところ、非常勤講師たち集団から吊し上げを食った経験があり、久保も指摘するように実技重視という点から、学生の専攻別にコース制を取り入れるという形も見られたのである[35]。

　こうした短期大学カリキュラムの現状に対して養成校を母体とする上部

組織からカリキュラム改革への新しい動きが現われたのである。その一つは、短期大学協会保育研究委員会（1961（昭和36）年度発足）や全国保母養成施設連絡協議会（次の年、全国保母養成協議会に改称）の動きである。前者では、幼稚園教育教員養成としての一般教育のあり方、専門教育のあり方、前者と後者の関連性、「保育理論」の確立、各教科の内容と指導法、教育実習のあり方等、後者では、短期大学設置基準に基づいて、福祉・教育保育・心理・保健医学・家政学・保育内容に系列化したカリキュラム試案の作成などである。

こうした機運は、幼稚園教諭の場合、1949（昭和24）年に制定された教育職員免許法における幼稚園一級免許状取得者を増やすことへの方向であり、四年制大学における「専門家」養成を志向するものであった。その点では、保母養成におけるカリキュラム改革も同じ方向を目指していた。とくにここで注目しておきたいのは、これまでの短期大学における養成が技術者養成を主眼として、すぐ現場で使える人間を求める要請に応えようとする傾向に対し、職業養成において一般教育の必要性を求めた点にある[36]。すでに述べたように、ヨーロッパにおける「専門性」の養成の原点は大学における一般教育を受けるという点にあった。短期大学養成に携わる教員たちの要望として、技術者養成において一般教育の必要性を強調したことは、幼稚園教諭や保母養成が大学における「専門家」養成を志向したことを示すものであった。この背景には、短期大学において養成に携わる教員たちが、戦後早々に1946（昭和21）年、日本保育学会を立ち上げ、自らの学問の独自性を志向してきたこともかかわっている。

しかし、実際には、これらのカリキュラムの構造化は容易には実現しなかったのである。

1955（昭和30）年には、東京学芸大学の幼稚園教育教員養成課程はそれまでの2年課程を4年課程に変更し、四年制大学における幼稚園教諭の養成に乗り出した。しかし、そこでの専任教員は4人（幼児教育学、幼児心理学、領域教育学（音楽リズム）と健康）で、その他の領域教育学は、小学校課程の教科教育学の教師に兼務してもらうという形で、専門領域の

教員全員を確保することはできず、小学校教育教員養成課程に寄生しているという状況にあった。これに対し、小学校教育教員養成課程の学生が幼稚園教諭の免許（二級）を同時に取得するのは、2週間の実習と8単位を取得すれば、可能になるということから、小学校教諭の資格条件のほうが幼稚園教諭よりも上位にあるという認識が一般的であり、幼稚園教育教員養成は国立大学において小学校教育教員養成カリキュラムに寄生するといった性格を与えられていたことは確かであった。この状態は、筆者が東京学芸大学に在籍していた1980年代～90年代においても大きな変化はなかった。そのため、1960（昭和35）年度の四年生卒業生（一級免許取得者）は、全国約5万人の幼稚園教諭の中で約1割程度に過ぎなかった。専門家としての保育者はまだ端緒についたばかりだったのである[37]。

7．新制大学における教職の「専門家」養成の理念と現実

　前述のように、旧制中学校が比較的恵まれた家庭の優秀な子弟の進学コースだとすれば、旧制師範学校は、学費のいらない学校として階層的区別だけでなく、旧制中学のほうが教養的で学問的であるという一般的イメージがあった。ここに次のようなケースがある。旧師範学校が戦後一挙に新制大学に移行したとき、師範学校教師から新制大学教師に移職できた人は6割であったとある。このとき旧制大学出身者の中には旧制中学の教師から新制大学に移職した人も多かった。しかし、旧師範学校は旧制中学校よりランクが低いと考えていた人の中には、旧制中学から旧師範の新制大学に移職するくらいなら、旧制中学から新制高校に移ったほうがまだましであると考える人もいたのである。ちなみに筆者は1969（昭和44）年に北海道教育大学釧路分校に教育学専攻の常勤講師として採用された。釧

路分校は、旧北海道札幌師範、旭川師範、函館師範の三師範学校のほかに、昭和期に入ってから設立された青年師範学校をその出自としている。はじめ岩見沢青年師範が誕生し、さらにこの分室として網走と釧路にその分校が誕生し、戦後この２つの分校が新制大学の北海道教育大学の釧路分校となった。とくに戦時下につくられた青年師範学校は伝統が浅かったので、新制大学に格上げされてからも、旧制のランクづけが残存していた。それゆえ、新制大学としても地元の評価は低く、伝統のある新制高校の道立釧路湖陵高校のほうが進学校として有名であった。それゆえ、新制大学の教官職としても決して知名度の高い職場ではなかった。つまり、アカデミックな研究の場としては、評価の高い職場ではなかったのである。

　教員養成大学のカリキュラムは、教職専門科目と教科専門科目、その両者を結ぶ教科教育科目、さらに教育実習の４つの柱で構成されている。この教員養成カリキュラムの基本構造を提案したのは教育大学協会であるが、この提案には望ましい教師像として、専門諸科学の学識を児童の教育にかかわる専門知と総合した上で教育実習を媒介にして実践と結びつけることが望ましい教師の全体像になるという考え方があった。しかし現実には、教科専門科目の教官はアカデミックな学問領域の出身者であり、教員免許状を取得していない人も多く、アカデミックな研究者としての自負があればあるほど、教員養成大学に就職していることにコンプレックスと不満をもつことが多かった。ちなみに筆者の奉職していた北海道教育大学釧路分校にいた若手研究者の多くは本州の大学への転出を希望していた。たとえば、社会科の教科専門で日本近世史の同僚や自然地理学の同僚は、教員養成大学から文理学部系への転出を希望していたし、歴史学の同僚は、古文書の解読の学習が教育実習の時期とかち合うことで、前者への興味が半減することを嘆き、専門の歴史研究に学生を専念させられないことへの不満を口にしていたことを記憶している。

　こうしたアカデミックな学問を教科専門として教員養成カリキュラムの構造に取り入れた形式をとりながら、実質的には、教職専門科目（教員養成科目）とアカデミックな学問文化とは、乖離したままであった。教員養

成大学と文理学部系とは、新制大学となり形として区別はなくなったけれども、研究者間の世間知として相互の区別は残存していた。そしてこうした対立は、わが国の教員養成制度のさまざまな局面に顕在化していくことになる。

　まず第1に、制度面では、課程別の大学（教員養成系の大学）と、学科目制、講座制の大学（学科目制は旧制高等学校の新制大学化したもの、講座制は旧帝国系の大学）で予算、施設面で格差をつけるという処置が現存していた。ここでは研究と教育の役割配分と格差が制度化されていた。第2は、文理学系、芸術系の大学教師が教員養成系に就職することを希望しないという傾向があった。第3に、人文系、理学系、芸術系の教員と教職専門科目系（教育学系）の教員との間にある反目の意識である。たとえば、東京学芸大学は旧師範教育の行き方を克服し、リベラル・アーツという名前をもって、新制大学化したのであるが、筆者が奉職した1973（昭和48）年では、教科専門科目担当の教師の数が教職専門科目系の教師の数を大きく上まわっていた。そのため教員養成大学のカリキュラムの基本構造には、教科専門科目と教職専門科目を媒介するものとして、教科教育学があり、そうした学科目を学習したのち（二者の総合が前提とされている）、教育実習を経て、教員養成が完結するという建て前があった。そしてここには、教科専門科目は、教科の背景に人間形成の基本となるべき諸学問を基礎にして立てられ、そしてその教科専門科目は教科教育学を媒介にして人間形成の学である教育系専門科目へと総合されるというカリキュラム観があった。心理学は、学習者である子どもについて言及するものの、教育学との連携には関心はなく、一方、教授学は人間形成のための学であり、ここには教育的教授の理念によって総合されるという理念的総合が想定されているものの、心理学や教科教育学や教科専門という関連をもつべきかの構想はなかった。そしてそれは形の上では、明らかに医師養成教育において基礎医学——臨床医学が医療実践の前提にあるべきだということがモデルになっているものの、それらの学科目を連結する論理は実質的には介在していなかったのである。

むしろ、大多数を占める学科目担当教員にとって、教員養成大学に奉職しているというコンプレックスを排除する意識は、教職専門科目を担当する教育学系の学問を旧師範教育の残滓として位置づけ、とくに教科内容に相当する教科専門科目よりも教育実践に関係する教育方法学系（教授学）を軽視し、それとの関連において教育実習の徒弟的要素を嫌い、教育実習期間を縮小しようとしたり、教育実習を教育実地研究というように名目を変更する試みがなされたりした。旧師範学校において教育実習期間が長かったことは、その学風が反学問的であるという理由で旧師範教育批判のイデオロギーとなり、アカデミックな学問の擁護というスローガンで一致し、学芸大学という名称がこの動きを正当化したといえる。

　第４に、アカデミックな学問（文理学系）と教職系の学問（教育学）との対立の図式は同じ教員養成系の大学における中学校・高等学校教育教員養成課程と小学校教育教員養成課程、または幼稚園教育教員養成課程を区別し、アカデミックな諸学問をあるいは、芸術、体育系の専門をプロパーとする教科専門の研究者が小学校教育教員養成課程や幼稚園教育教員養成課程の学生よりも、中学校・高等学校教育教員養成課程の学生を歓迎する傾向を生み出していくのである。なぜなら後者の場合、学生たちは、中学校・高等学校において専科教員として教壇に立つので、理科の教員は理科を中心に学ぶことになり、アカデミックな分野をプロパーとする教員は、自分の専門分野だけに関心をもつことを求められるからである。一方、小学校課程や幼稚園課程の学生は、全教科を学ぶことが求められ、教職系の単位取得科目も多く、教科に関する学科目を学ぶ機会が中等学校の教員養成課程の学生と比べて少なくなるので、アカデミックな分野の研究者から見ればレベルが低いと見ざるを得ないからである。たとえば、東京学芸大学の場合、教員組織も、教職関連分野、自然科学関連分野など、文理学部の教員組織を踏襲する形をとっていた。新制大学の中で教員養成大学の先導校として教育大学協会の中心的役割をもちながら、教員の構成の中で教科専門教員の数が圧倒していたことから、アカデミックな出自の教員の多くの意識は、東京学芸大学という出発点がリベラル・アーツが中心である

という建て前をスローガンにして、中等教育教員養成に力点を置き、初等・幼児教育教員養成を下位に置くという文化が形成されてきた。このことは前述の教員実習のもつ徒弟的側面を、アンチアカデミズムの師範教育の伝統の残滓と考え、名称を教育実地研究とするという傾向を生んできたのである。ちなみに先の天野と城戸の論争について先の論文で城戸はこう述べている。「学芸ということばは、古くから運用しており、好ましい名称であるがそれは一般教養を意味するものでアメリカの大学ではリベラル・アーツカレッジに相当する。日本にもそのような大学は必要だと思うが、教師の職務は、医師のような職務のように専門職で、その職務を果たすためには、医学のように基礎医学や臨床医学に相当する基礎教育や臨床教育学が必要だと思う。東京学芸大学は教員養成を目的とする（──中略──）課程制の大学である。教育学部で学科も認められていない大学で、どうして文学部や理学部に匹敵する研究と教育ができるだろうか。私は教師を養成する大学は医師を養成する大学と同様に、教育を科学的に研究し、その基礎の上に教師としての素質を養う大学でなければならないと思う」[38]と自説を力説しているが、しかし当時としては認められなかったのである。

　そしてこの傾向は、日本だけではない。アメリカの新制大学においても、IVYリーグは伝統的にリベラル・アーツカレッジとよばれ、中等教育の教員を養成する伝統をもっていたのに対し、各州に元からあった師範学校（normal school）が州立大学となり、その教育学部が初等教員養成をするというすみ分けがあった[39]（例：日本人の伊沢修二が明治時代に留学したオスウィゴー師範学校はペスタロッチ主義の教育原理が導入された学校であるが、この学校は後にニューヨーク州立大学のオスウィゴーキャンパスとなっている）。そしてこの2つの伝統は対立していたのである。東京学芸大学は結局、この対立を内部にそのままもち込んだのである。

　こうしたアカデミックな学問的出自の伝統と教職系学問の対立は、旧師範教育のあり方と、旧制中学、旧制高校の制度的区別を内面的に反映し、カリキュラム内容の対立、教職員の出自の対立、いわゆる教養系と技術系

の対立、学科内容重視と教育実習重視の傾向として、新制大学の教員養成における開放制と目的制大学における教員養成の二項対立としてさまざまなところで顕在化していくことになる。こうした枠組みとして二項対立化された発想は教員養成の目的からして妥当な思考なのであろうか。こうした教員養成大学におけるアカデミックな学問系と教職系学問の二項対立は、その遠い要因を訪ねれば、中世大学において成立した専門性が近代の大学における教養と近代科学技術の対立によって、新たな専門性としての近代技術の知（合理主義＋実証主義）にすり替えられていき、教員養成カリキュラムに再生していったといえよう。

［注］

1) D. ショーン／佐藤学・秋田喜代美訳『専門家の知恵——反省的実践家は行為しながら考える』ゆみる出版、2003年、p. 4
2) シェルスキー／田中昭徳・阿部謹也・中川勇治訳『大学の孤独と自由——ドイツの大学ならびにその改革の理念と形態』未来社、1970年、p.19
3) 4) 同上書、p.20　　　　　5) 同上書、p.19
6) 同上書、p.310　　　　　　7) 同上書、p.55〜86
8) 吉見俊哉『大学とは何か』岩波新書、2011年、p.91
9) 小川博久・菊池竜三郎「大学における一般教育の陶冶性について——学問の分化とその統合への可能性」日本教育学会「教育学研究」37の2、1970年（6月）、p.12〜22
10) 同上書、p.13
11) 注8) 前掲書、p.94〜116
12) 注1) 前掲書、p.20
13) 同上書、p.24　　　　　　14) 同上書、p.25
15) 同上書、p.30
16) M. フーコー／神谷美恵子訳『臨床医学の誕生——医学的まなざしの考古学』みすず書房、2002年、p. 2
17) このことを正確にいうなら、医学部の解剖学教室と併設された大学病院との連携によって臨床医学が成立していった時点が重要である。

18) 注16）前掲書、p.292
19) 同上書、p.223　　　　20) 同上書、p.237〜260
21) 同上書、p.255　　　　22) 同上書、p.257
23) 現在、日本では医師不足になっており、とくに過疎地での医師不足は深刻である。そこには、現代医学が診断技術などの技術上の発展とともに細分化し、避地医療のようにあらゆる方面の疾病に対処する医師養成機関（例：自治医大）があっても、卒業生がそうした地域に赴任する希望者が少ないといった課題がある。また大都市圏ではウイルス系の伝染病が毎年、国際的になっており、対抗するワクチンが見つからないという問題も生じている。こうした面では、予防医学、健康教育といった面での人材養成が新たに求められている。
24) 田甫綾野「戦後幼稚園教育における教師の専門家意識の形成――ライフヒストリー分析を通して」日本女子大学大学院人間生活学研究科人間発達学専攻学位論文、2008年、p.24
25) 西谷成慧「教師養成の歴史」伊津野朋弘編『未来に生きる教師――教師のそなえるべき資質・力量はどうあるべきか』エイデル研究所、1984年、p.35
26) 同上書、p.35　　　　27) 同上書、p.40〜41
28) 同上書、p.41
29) 城戸幡太郎「現行教員養成制度に思う」北海道教育評論特集「教員養成制度をめぐって」1971年（1月号）、p.18
30) 同上書、p.19
31) 久保いと「保育者養成のカリキュラム問題」日本教育学会「教育学研究」第35巻、第3号、1968年（9月）、p.46〜59
32) 同上書、p.48
33) 小川博久「現代社会と幼児教育」小川博久・下山田裕彦・林信二郎・阿部真美子・堀智晴著『子どもの権利と幼児教育』川島書店、1976年、p.3
34) 注31）前掲書、p.52
35) 同上書、p.52　　　　36) 同上書、p.56
37) 角尾稔「保育者養成について」（総説）日本保育学会「保育学年報」1987年、保育者養成、p.13
38) 注29）前掲論文、p.18
39) 小川博久「教育課程――アメリカ合衆国の場合」伊津野朋弘編『未来に生きる教師――教師のそなえるべき資質・力量はどうあるべきか』エイデル研究所、1984年、p.64

第4章

小学校教育教員養成カリキュラムの課題の変遷を振り返って

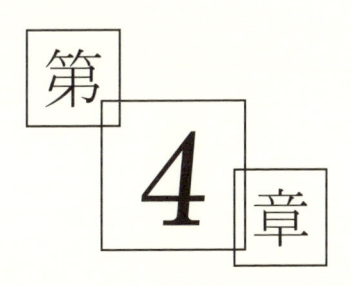

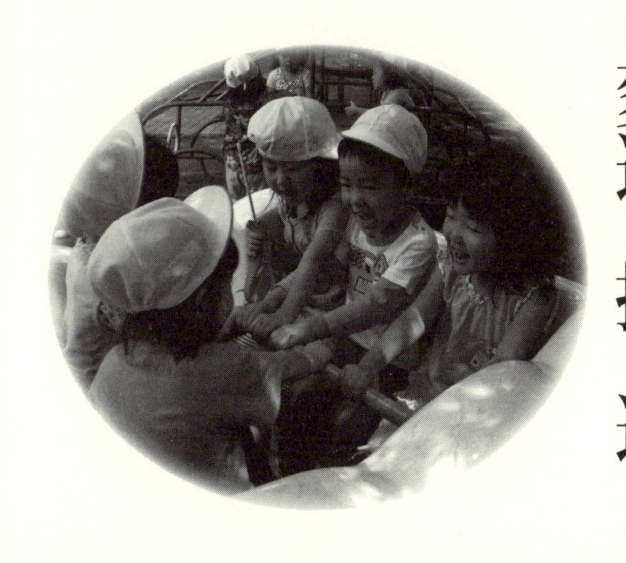

1.「保育者」養成カリキュラムの
変遷と問題点をどう明らかにするか

　筆者はこれまで、1969（昭和44）年から1973（昭和48）年までは、北海道教育大学で、主として義務教育段階の教員養成に、そして1973（昭和48）年から2000（平成12）年までは、幼稚園教育教員養成に直接かかわり、学校教育における教員養成、あるいは保育者養成に何らかの形でかかわってきている。そして、2012（平成24）年3月まで、保育者養成にかかわる研究者養成の立場で博士課程の学生の指導をしてきた。この間、小学校教育教員養成カリキュラムや保育者養成カリキュラムについての論考を重ねている。

　そこで、筆者が教員養成問題に関与していた1970年代から1980年代にかけて、筆者にとって問題だとされた教員養成の問題点は何であったかをまず振り返る。この数年、多くの制度改革がなされているが、それは果たして現在の教員養成カリキュラムの問題点を大きく変化させたのか、それとも当時、抱えていた問題点は現在克服されたのかどうかという点を検討してみたい。それでまず、小学校教育教員養成カリキュラムにおいて検討することから始めたい。なぜ、この問題に取り組むかといえば、すでに述べたように、歴史的にみて小学校教育教員養成がモデルとなって幼稚園教育教員養成がなされてきたということと、戦後の国立大学における幼稚園教育教員養成カリキュラムは多くの点で小学校教育教員養成カリキュラムを踏襲していて、「保育者」養成としての独自性をいまだ十分に確立していないこと、また学問的に見ても、保育学は教育学とは違った分野として確立しきれていないことなどをあげることができる。たとえば、教科教育学に対して、領域教育学という分野があるが、教科と領域とは違うことが強調されている。しかし、その独自性が学問として独立しているとはい

いがたい。その証左として多くの養成校で領域教育学と教科教育学の授業を兼務する人が多く、その独自性は明確にされていない。そしてこうした小学校教育教員養成カリキュラムの問題点は、そっくり、幼稚園教諭や保育所保育士養成カリキュラムにも引き移されていると考えることができる。それゆえ、本章および、第5章でその問題を扱うことになる。

2. 教員養成の中核をなすものは何か

　1966（昭和41）年、教育大学協会教員養成検討委員会は教員養成課程の基本構想を打ち出した。それは次頁の図1にあるようなものであった[1]。この図1にあるように、四年制大学における教員養成カリキュラムは、1、2年で一般教育課程を終了したのち、義務教育において求められる各教科内容について学ぶ教科専門科目と、教育対象である児童・生徒について、また教科内容をどう教えるかに関する知識技能、つまり教育方法について、さらには教育という仕組みや制度、教師という仕事の役割や義務について、あるいは教育制度をめぐるさまざまな法律上の規定について学ぶ教職専門科目との2つの柱を媒介する科目として各教科教育学がある。そしてこれらの学科目が総合されて教育実習へと結びついていく。そして教育実習を行う前提となる学科目の学習を総合する機会が卒業研究ということになるという構想が提出された。もしもこの図式通り、学生たちの学科目が習得されるならば、その成果は教育実習の場で生かされるであろうというわけである。すでに医学教育の章で論じたように、上述の三者の総合された姿こそ臨床医学の全体像に対応するわけである。

　そこで、上述の3つの構成の柱である、教職専門科目とそれら一群の全体像の総合性の可否について、次に教科専門科目について、最後に、上述の2つを教科教育学がどう媒介するかについて検討することにする。なお

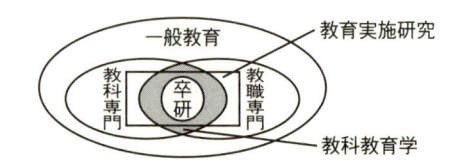

● 学問的関係位置
「その教科に関する基礎科学と教育科学との交さ領域に統合的関係位置を占める。」

第一次研究（一般的研究）	第二次研究（特殊的研究）
内容　基礎科学（教科専門）	教材研究
方法　教育科学（教職専門）	指導法研究　（教科教育学）

第一次元研究をふまえた特定の問題や場面に即した教育研究である。

● 教員養成教育課程に於ける関係位置
「その教科に関する専門と教職専門との交さ領域に総合的関係位置を占める。」

● 学問的性格
「二つの要求の交さの上に立つ中間領域の学である。」

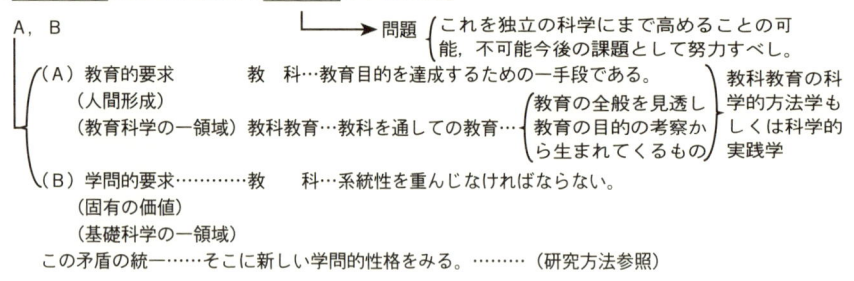

A，B
（A）教育的要求　　　　教　科…教育目的を達成するための一手段である。
　　（人間形成）
　　（教育科学の一領域）教科教育…教科を通しての教育…

→ 問題 ｛これを独立の科学にまで高めることの可能、不可能今後の課題として努力すべし。

｛教育の全般を見透じ、教育の目的の考察から生まれてくるもの｝ 教科教育の科学的方法学もしくは科学的実践学

（B）学問的要求…………教　科…系統性を重んじなければならない。
　　（固有の価値）
　　（基礎科学の一領域）
　　この矛盾の統一……そこに新しい学問的性格をみる。………（研究方法参照）

図1　教員養成課程の基本構想

※　小川博久「「教科教育学」についての方法論的検討（1）―教大協案への批判を中心に―」日本教育方法学会編「教育方法学研究1」1975年、p. 66 より引用

　この検討は筆者が昭和40年代（1965年〜）に行ったものであり、そこでの問題点が2010（平成22）年前後の段階でどう変化しているのかを前者の考察の後明らかにしたい。

3. 教職専門科目の中核としての教育学と心理学各々の研究分野の問題性

　教職専門科目群の中でも中核をなすのが教育学と心理学である。しかし一口に教育学といってもその内容はきわめて多様である。心理学も事情は同じである。そうした教育学諸分野をどう総合的に把握するか自体が大変大きな問題であり、心理学も事情は変わらない。ちなみに、日本教育学会に関連する学会は百数十の学会があり、教育学の領域から見た主要な学会だけでも6学会ある。こうした学会を成立させている学問知を総合した視点を確立しないと、心理学領域との関係性を模索できないし、医学教育における臨床医学のよう総合性は確立できないのである。

　そこで筆者は過去に教育学系と心理学系の教職専門科目を次頁の図2のように分類した[2]。この分類に関して筆者は次の概念を使った。この図2の中の（ハ）を教育的知識（educational knowledge）[3]とよび、（イ）を教授に関する知識（padagogical knowledge）とした[4]。それに関して（ロ）はこの両者をあわせもつものとした。

　たとえば、教育財政学は、特定の政府や自治体の教育にかける財政的支出に関する客観的研究として対象化できるとともに、研究主体が教育行政に関与し実践的に特定の財政政策にかかわるといった場合は、（ハ）の領域に近づく。この分類を試みた理由は、すでに第3章の4節（p.78～）以下で述べたように、近代の四年制大学における専門家養成の基本にある学問観は自然科学を確立した合理主義＋実証主義という理念に支配されていたのであり、それゆえこの近代的実証主義の理念は、人文・社会学系にも及んでいたのである。それゆえ、たとえばアメリカは長い間、社会学調査が支配的であり、発達心理学は実験心理学が中心であり、前者に比べてフロイト（Sigmund Freud）の精神分析を源流とする臨床心理学は、学問と

図2 教職科目を構成する研究分野

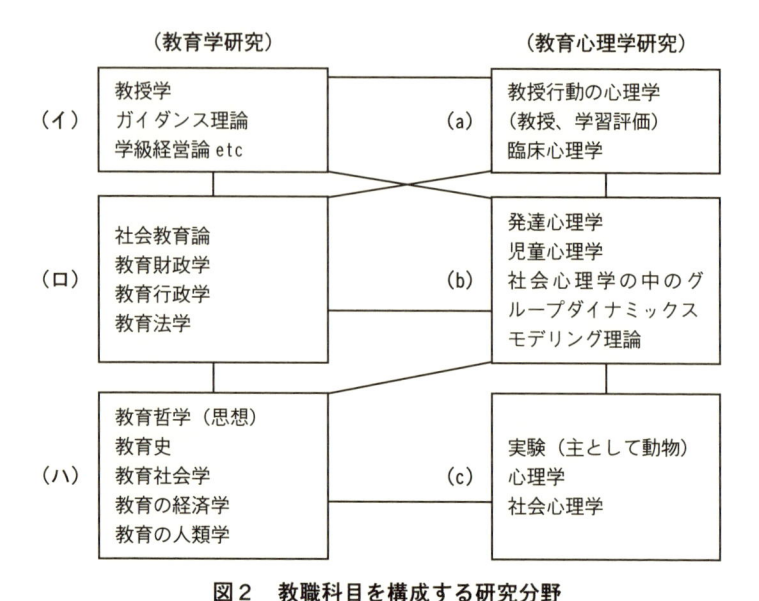

（教育学研究）

（イ）
- 教授学
- ガイダンス理論
- 学級経営論 etc

（ロ）
- 社会教育論
- 教育財政学
- 教育行政学
- 教育法学

（ハ）
- 教育哲学（思想）
- 教育史
- 教育社会学
- 教育の経済学
- 教育の人類学

（教育心理学研究）

(a)
- 教授行動の心理学（教授、学習評価）
- 臨床心理学

(b)
- 発達心理学
- 児童心理学
- 社会心理学の中のグループダイナミックス
- モデリング理論

(c)
- 実験（主として動物）心理学
- 社会心理学

※　小川博久「教員養成課程における教育実習の意義―学習論の立場から」東京学芸大学編「教育実習改善に関する研究 (1)」1977年、p. 241 から引用

して低位に置かれ、学問として認知されなかったのである。

　筆者が1975（昭和50）年の初冬、ある国立の臨床学の教授から、自分の臨床心理学の分野は心理学科の中で、低く見られてきたという話を聞いたことがあった。同様に、筆者の在籍した東京教育大学大学院教育学コースは、西洋教育史専攻や教育哲学専攻に比べて教育方法学や教育課程論専攻のほうが学問研究としてレベルが高いという社会評価がされており、これは、図2における（ハ）に比べて（イ）がより文献実証性が高いとされ、研究におけるレベルが低いと見なされていたのである。

　戦前の日本の大学において、教育学講座はカントやF. ヘルバルト（Johann Friedrich Herbart）やフィヒテが教育学について論じたように、哲学講座から分岐したアカデミック・ディシプリン（学問）として認知されていたが、その中で教授学（Didaktik）は主として、中等教育と並列する師範学校で重視される教科目であった。ちなみに、英語ではこれに相当

する学問的名称はない。こうした暗黙の区別は、教育学研究の主眼が教育史、教育哲学、欧米の教育制度（比較教育）に置かれ、教育実践研究は学問的に低い位置にあった理由ともかかわっている。これは、教育現場の研究が実証的に有効なデータが取りにくいという点で大学院生の学位論文のテーマから遠ざけられていたことと無関係ではない。

　なお、教育哲学や教育史が厳密な意味で近代科学における合理主義＋実証主義と合致していたということはいえない。しかし、近代の大学の起源としてベルリン大学の創設理念がフンボルトやシュライアマハーによる哲学的総合にあったことは、哲学が大学におけるアカデミックな学問分野における講座として生存しつづけたことと無関係ではあり得ないし、こうした諸学がアカデミックな学問として大学の講座にとどまりつづけたもう一つの理由は、文献実証主義にあったということができる。そして合理主義＋実証主義的な自然科学・技術学系と対立し、前者が現実的有効性を主張することと学位取得がその実力を保障することへの対抗として、学的権威のために学位称号を簡単に与えないという伝統をつくり上げることで、前者と対峙したのである。

　第3章の7節（p.95）で指摘したようにこうした人文系アカデミズムの自然科学・技術系への対抗処置の結果として、実践的課題を抱える教育方法学や臨床心理学などの実践系の教職科目は、アカデミックな学問としての文献実証性の欠落を指摘されたまま、規範学に過ぎないとして学問研究の面で長く軽視されてきたのである。それゆえ、方法学講座の博士課程の学生の研究テーマは主として歴史研究か思想研究に限って評価される傾向にあった。

　確かに、教育学の中でもっとも実践とかかわりをもつ教育方法学（ドイツの教育学でいえば教授学＝Didaktik）は、学校教育における授業場面をフィールドとする研究分野であるとされてきた。しかしこうした授業場面を科学的に研究する試みが戦後東ドイツやソビエト連邦（ロシア）で行われはじめた。中でもL. V. ザンコフ（Leonid Vladimirovich Zankov）はK. D. ウシンスキィ（Konstantin Dmitrievich Ushinskii）の「政治学も医学も

教育学も、この厳密な意味では科学とよぶことはできない。それは人間の意志と無関係に存在するものを研究するのではなくて、実践活動——人間の意志にもはや依存しない現在や過去の活動ではなく、未来の活動を研究することを目的とする技術にすぎない」5) という主張を批判し6)、「教育学という科学の知識を土台として、教育の技術、あるいは、教育的仕事の技量を身につけなければならない」そして「技量は教育科学を土台として達成される」と主張する。教授学が科学であるゆえんは、信頼に足る事実に基づき、実験に基づいて明らかにされた客観的法則性に依存していると主張した。しかし、この論文の中で L.V. ザンコフの教育学は科学であり、客観的法則性を明らかにするという主張は、授業実践についての実験（交差実験）においては立証されていない。それゆえ、筆者は教育学は実証科学であるということは証明はされていないことを明らかにした7)。授業場面においてある教師という個性や、学習活動の中での特定の教材、さらに、児童・生徒の固有性を除去し、実験群と統制群を構成し、同質の学習材を繰り返し児童・生徒に与えるという試み自体、またそこから統計的に有効なデータを取り出すという試み自体、不可能に近い。授業という場面は、統制群対実験群といった実験研究の手法で繰り返しデータを取ることはできないので、ここで実験研究を試みることは困難なのである。

　こうした事情から、教育方法学（教授学）は学校教育実践にもっとも近く結びついた学問であるべきだという社会的要請を抱えながら、教育実践に学問としてどうかかわるべきか、またかかわる場合、いかなる点で学問として認知されるのかについて不明のまま、他面では、図２ (p.108) における（ハ）の教育学者や（b）や（c）の分野の心理学者からはアカデミックな学問としての資格が低いとされてきたのである。言い換えれば、教育方法学は規範性の強い（〜すべきであるという命題からなる）分野として、図２の（ハ）や科学であると自負する心理学者からは距離を置かれていたのである。

　筆者が図２において（ハ）を教職専門科目の中で、あえて「教職教養」といい、（イ）を狭義の「教職専門」とよんだのも、前者は教員養成の場

3. 教職専門科目の中核としての教育学と心理学各々の研究分野の問題性

合、教職に就いたとき、教育実践に対してより間接的であると考えるからである。ちなみにドイツの精神科学派の教授学研究はディルタイ（Wilhelm Christian Ladwig Dilthey）の伝統を受けていることから教授学が直接、技術学として実践にかかわることはできないし、そうあるべきではないと考えてきた。のちにこのドイツ教授学は N. ルーマンらによってその実践有効性を批判されることになる[8]。そしてこのことは、教育実習への態度や対応の仕方にも表れてきたのである。この点で教職専門科目といっても、教育学分野自体が総合的イメージをもちにくい点があったのである。

同様に、教職専門科目のもう一つの柱である心理学においても、図2における（a）は実践的であり、（c）は実験実証科学的である。それに対して（b）はもともと心理学の成立が psycho＝心と logic（論理）研究であるところから方法論的には、（c）に近い。とくに心理学研究の中で臨床心理学の基盤はフロイトやユング（Carl Gustav Jung）の精神分析学であり、（b）と（c）における実証科学的な考え方とは、本質的に違っている。こうした研究アプローチの相違が教員養成のカリキュラム総合にどんな影響を与えるかという点に深い関心を寄せる研究者は皆無であったといえる。筆者の知るところでは、そうした心理学の教育への有効性を疑ったのは、K. イーガン（Kieran Egan）であった。彼女は「いかなる心理学理論、いかなる心理学研究も、教育に対して示唆をもたない」と主張している[9]。しかし多くの人は心理学が教員養成の主要な教科であることは F. ヘルバルトの表象心理学が教育学と結びつけられて以来、疑う者はいなかったのである。

それゆえ、そうした研究アプローチの相違をそのままに並列的に学科目は設定されていた。そこから総合的視点をさぐり出そうとする試みは見られなかったといえよう。

4．教職科目の中での教育学と教育心理学の関連性

　教職専門科目を構成する教育学の研究諸領域も心理学諸領域も各々の研究アプローチを主張し、教職専門科目を構成する学問としての共通性を探る努力がなされないままに並列的に学科目として設定されてきたという前述までの事情がある以上、教育学と教育心理学との関連性も極められる努力はほとんど見られなかったといえよう。第3章6節（p.86〜）で城戸は教育心理学者として教育科学の確立の必要を説き、それを教員養成の中核にしようと主張したが、その後、城戸のこの着想は深められることはなかったというよりほかはない。筆者は2000（平成12）年に執筆した論文の中で、大学院で教育方法学を専攻した院生時代から臨床心理学、認知心理学、学習心理学の講座の授業を学ぶことを義務づけられたことはなかったことを指摘した[10]。また東京学芸大学に奉職した時代に、研究方法論において教育心理学教室と教育学教室との学問研究や実践研究のレベルで交流の事実についての記憶はないのである[11]。

　では具体的に両者の関係をどうつける必要性があるのであろうか。これまで教育方法学（教授学）においては、特定の教育内容の教授を通して、児童・生徒の形成（学び）を図る行為が教授行為とされてきた。その場合、教授者は、特定の教育内容の理解と、児童・生徒の発達特性の理解なしには、いかに教えるか（教授方法）は成立し得ないとされてきた。それゆえ、児童・生徒の発達特性の理解のために、教育心理学の履修を疑う者はいなかったのである。ただ、教授行為を成立させる教育内容、児童・生徒の特性、並びに教育の方法の三者関係をどのように具体的に考えていけばよいのかについて深く究められることはなかったといってもよい。

　たとえば、学生が卒業研究にある文学作品をいかに教えるかというテー

マを選んだとしよう。教育学者としては、その文学作品（作品の文章構成と作者のモチーフとの関係）をテクストとしてどう読むかを明らかにする必要があると考える。そしてそこからその作品の形成的価値を考案したいと考えたとすれば、そこまでは教育学的思考として必要なことである。一方、その作品の内容が子どもに提示されたとき、子どもはそれをどう理解し、それにどのように反応するかを追及しようとすれば、それは教育心理学的な課題となるであろう。問題は、この両者の関係をどう追及するかという研究が必要となるはずである。しかしこの両者をつなぐ研究は今もって深められていない。

この点については、抽象度の高いレベルでの批判がなされてきた。たとえば、市村尚久は「心理主義的・技術論的な教職教養科目」の傾向を批判し、「人間に関する学問的教養と狭義に教育人間学的人間理解へのアプローチを不断に更新する能力（造詣）」[12]を主張する。また高橋勝は「教科の内容を構成する学問」、「教育の学習過程に関する学問」、「学校がその中心に置かれる社会組織の学問」の総合する視点の必要を強調する[13]。しかし、総合の具体的な視点は提供していない。

少なくとも筆者がこの引用論文を執筆した段階では、その総合は宣言的要請のままなのである。

もし、両者を総合する視点を具体的に論じようとするならば、本節で引用した筆者の既出論文で論じたように（本章注10文献参照）、各々の学問領域についてのメタ思考が要請されるのである。すなわち、本来、心理学はどのような学問として成立したのか。それは、教育哲学的に考えれば、教育実践とどういう関係にあるのかという問いを提出することである。少なくとも発達心理学は、本来、法則定立の学として成立したのであり、学問的には、合理主義＋実証主義的精神によって追求されてきた。もしそうだとすればK．イーガンが『教育に心理学は役に立つか』という著書で明らかにしたように、「いかなる心理学理論、あるいは心理学研究も教育に対して示唆をもたない」ものとして誕生したのであるという[14]。言い換えれば、「心理学研究が明らかにした一般法則が人間の本質についての完全

な法則でない限り、その一般法則はいつ、どこで誰に何を教えるべきかという課題にいささかも答えるものでなく、むしろそうした教育課題をあいまいにするものでしかない」[15)] (ただし、臨床心理学やカウンセリング理論は、法則定立の学ではないので、この言説に含まれないものとしたい)。したがって、教育実践学というレベルで教育学と教育心理学の関係性を構想するのであれば、規範理論（どうあるべきかという問いに答える学問）のレベルにおいて両者の関係性を構想すべきであり、その上で具体的事例について臨床学のレベルで両者を結びつけることが有効であろう。ただし、教育実践学としての教授学は学校教育学としてはクラス集団を前提にしており、臨床心理学やカウンセリング理論のように個を対象とするものとは異なっている。その点で、教授学は、学校集団に対する教育社会学的アプローチを含まざるを得ない。筆者はそれを集団臨床学といっている[16)]。しかし、この両者のアプローチの必要性がいまだにに十分認識されていない。

しかし、いずれにせよ、教授学と臨床心理学との関係づけの仮構は宣言のままいまだ実現されていない。

5．教職専門科目と教科専門科目を結ぶ教科教育学の役割とは何か

教大協（日本教育大学協会）案における教員養成カリキュラムのもっとも重要な課題は、教職専門科目と教科専門科目と教科教育学が結合する役割を果たすという点にあった。すでに述べたように教職専門科目は、教員という職能に固有の資質を学ぶための科目であるのに対し、教科専門科目は次世代にとって現代社会に生きていくために必要とされる知識・技能の総体を示すものであり、後者は、教師に限らず一般人として身につけるべき学習内容を示すものであり、この両者を結びつけて教育活動に生かすため

の学問研究の分野が「教科教育学」ということになる。教員養成カリキュラムが総合的な姿となるか否かはひとえに、「教科教育学」いかんにかかっている。教大協案では、この「教科教育学」の学問的関係位置について「その教科に関する基礎科学と教育科学の交差領域に統合的位置を占める」[17]とされている。ではその具体的にはこの統合的位置とはどのようなものであろうか。

　筆者はこの教大協案が何の目的で構想され、それが教員養成カリキュラムの全体構造をどこまで明らかにしているかを批判的に検討し、上述のような文言はその相互関係性について何ら具体的に明らかにしていないと主張したい。すなわち、この教大協案の文言を構成する鍵概念である「教科」「基礎科学」「教育科学」等の概念規定が不明確であるため、全国調査でもこの文言への疑問が提出されている（たとえば、教科専門としての音楽は「基礎科学」であるのかどうかなど）[18]。ではなぜ、具体のレベルで疑義のある文言が教大協案として提起されているか。これについて筆者は、すでに教員養成課程において設定されているカリキュラムの編成をそのまま、教大協案として定式化したものに過ぎないからだと分析している[19]。そしてその目的は「現在、全国にある教員養成大学（学部）の教育課程の中での教科専門や教職専門という区別を前提としながら、その中に教材研究とか、教科教育法という名前で設定されている授業科目に［教科教育学］という尊称を与えて、それを担当する教員の身分や地位を保証する程度のことでしかない」[20]といえる。つまり、教員養成課程の制度・組織的枠組みを形式としてつくるためのもので、各学科目の内容についての学問的な区分を明確にするものではないのである。しかし他面においてこの案は政府の教員養成課程に対する制度上の処置の政治的対抗処置としての案であると考えれば、その面では評価することができる。筆者はそれをこう述べている。

　1963（昭和38）年3月、国立学校設置法の一部を改正する法律、同年3月、同法の施行に関する通達、同7月、教員養成大学、学部の

課程、および学科目についての文部省高等教育局教職員課長からの各教員養成学部長宛の通達、さらに 1964 (昭和 39) 年、国立大学学科及び課程並びに講座及び学科目に関する省令等の一連の法手続によって、全国の教員養成を主な目的とする大学、学部は「講座」・「学科」から区別され、「課程」の中に位置づけられた。この「学科」と「課程」の区別において、後者は教育上の目的から区別され、研究上の規定性がなかったために、こうした省令上の区別は課程制に位置づけられた教員養成大学・学部の教官に大きな不安を与えた。彼らは「学科」が「教育研究上の学部の内部組織であって、その学部の教育研究の分野を学問体系と教育上の必要に即して適当規模の専門分野に分割し、それぞれに所属する講座または学科目および学生定員を定めて編成されていくものである」のに対し、「課程」が「学部の性格上学科を置くことが適当でない場合における教育上の学部の内部組織であって、学部に所属する学科目を基礎として、学部の教育目標に即した数個の教育課程の類型を編成し、それぞれの履修定員を定めたものである」とされたことに疑問をもったのである。すなわち、後者の定義にもあるように、何ゆえに「学部の性格上学科を置くことが適当でない」のかが明らかにされないままに、教員養成大学、学部が課程に編成されたことは、教員養成大学、学部における学問研究の役割を低く評価し、他の国立大学から区別し、結果として課程制の大学、学部を研究面で軽視するものであるという批判が生まれた。日本教育学会のこの案に対する批判はその一例である（教員養成制度に関する資料、1970 年）。

　こうした状況の中で、教大協がこの案を提案したのは、高久清吉が指摘するように、「現行の『教科教育法』、『教材研究』の講義の充実や統合の必要、教育大学（学部）における学科目の組織や教官配分などの行政上の措置、大学のカリキュラムや教員免許法の改正の動き」を顧慮したからであるといえよう。つまり、教員養成大学、学部が課程制に組み入れられたことによって「教科教育法」や「教科研究」を学問研究の立場からとらえ直す必要性が、教大協にあったし、それを

文教政策当局に、または学部に認識させる必要性が教大協にあったというべきであろう。課程制に教員養成大学・学部を組み入れたということは、教員養成という目的を他の大学の目的から区別し、その独自性を強調するという主張に裏づけられていた。この主張は学内的には、教科専門科目（学科制大学の専門科目と同一視され、とくに教科というコトバが制約的に担当教員に認識されていない）よりも、「教科研究」、「教科教育法」を重視すべきであり、やがては、「教科専門科目」も教科というコトバの意味が専門の内容を規定すべきだという含みをもっていた。このことは、当然のことながら「教科専門」とは名目にすぎず、自分が担当するのは、「数学」であり、「化学」であり、「社会学」であり、「言語学」であるとする担当教員の批判を招くことになった。課程制の導入はとくに、教科専門担当教員の研究者としての立場にたいする軽視を意味していた。したがって課程制の導入によって、その重要性が強調されようとしている「教材研究」や「教科教育法」は、学問研究の一つの分野としてこれまでも多くの疑問が寄せられているので、教科専門の担当教員からの批判はまぬがれえないところであった。こうした状況の中で、課程制の導入という前提の上で教員養成大学、学部の充実を考えている教大協としては、教員養成カリキュラムの特色を明らかにするという目的からも、課程制に基づく、教育研究的な色彩の授業科目の強調を警戒する教科専門担当教員の批判をかわすためにも、こうした提案によって「教科教育」研究の学問的位置づけと研究組織の充実を図る必要があったと思われる[21]。

こうした問題意識は、まさにカリキュラム行政的な課題であり、学科目の教えられるべき内容の問題ではない。

以上のように、「教科専門」と「教職専門」を媒介する「教科教育学」の役割を具体的に構想するという課題は宣言としてのみ存在したのにすぎない。媒介の具体的研究は残されたままだったのである。

6．「教科教育」の役割の不透明性の背景は何か──「教科教育学」の不透明性

　教大協案の文言がなぜ具体性を欠き、宣言のみに終わったのか、結論を先取りするならば、「教科教育学」の学問的性格の不透明さにあったというほかはない。そのことを当時の文献を検討することで明らかにするとともに、現代の議論でどうなっているかを後に検討することにしよう。教大協案でいえば「教科専門」は「基礎科学」だといい、それが教育内容を示し、「教職専門」は「教育科学」に所属し、教育方法を示唆している。そして「教科教育学」はこの両者を媒介する「問題領域」[22]だとされている。こういわざるを得ないのは、まず「教科」概念は人間形成という目的のために、選択された内容（教務内容）のまとまりを意味するからである。しかし、他面において、「教科」としての系統性は、学問的要求として重んじなければならないと主張しているからである[23]。「教科」をこのように考える立場は、教大協案に限らず、多くの教育学者に共通の認識であったといえる。たとえば、桑原作次は「教科」の本質について「教科とは学習内容の教育的組織である」「それは教育の目的を達成する手段ということである。教育の手段であるということは目的を離れて、いわばそれ自体としての存在理由はない」[24]と述べるとともに、「真実」を教えるべきものであるがゆえに、「学問」に依拠すべきである。しかし「教科」を学問論に解消はできない。それは価値に依拠すべきだという[25]。筆者もまた、同書の論文の中で、「教科構造」概念について、こう述べる。

　「教育が価値表現の活動である以上、教材の編成は教育の目標に準拠してなされることは否定できない。教材とか教科という言葉は本来、こうした文脈で使われる概念である」[26]と。しかし、認識論的に考えれば、「教科」概念はきわめて恣意的、便宜的なものであるから、「教科」に関連する

学問（discipline）の構造を考えることは教育課程の基礎論としては必要であるとしている[27]。

多くの教育学者からみれば、「教科」はきわめて教育学的な概念であるので、「教科教育学」は、教育学研究の守備範囲として位置づくはずのものであった。しかし、教員養成カリキュラムの現実において、当時、およそそうしたものとしては機能してきていなかった。むしろ、「教科教育学」を担当する教員は、「教科専門科目（基礎科学）」という教大協の規定が示すように、教職課程との関係性は希薄であったといえるのである。

その第1の理由は、「教科教育学」担当の教員を養成する大学院教育の教科教育講座が充実していなかったため、1960年代〜1970年代の東京学芸大学では、たとえば理科教育学講座担当教室の募集の際、化学、物理学、生物学専攻の教員を採用し、隔年性でそれぞれの専門の教員が理科教育講座の担当教員になる。つまりアカデミックな分野専攻の人材を理科教育講座のポストに据える。こうした処置は、社会科教育でも行われていた。こうした背景には、アカデミックな学風の伝統から「教科教育学」という分野を低く認知するという風土が存在していた[28]。このように「教科教育学」講座は教科専門科目があれば不要である、としてこの教科の独自性を無視する状況を生み出した。そして東京学芸大学のように、A類よりB、D類（p.89参照）を重視する教員がこの状況を正当化したのである。他方、教育学の分野でも、教育方法学（教授法）は、ベルリン大学創設における新人文主義的理念を継承する人文主義的アカデミズムは、技術主義的実学主義教育理念を軽視する伝統があり、この区別が、実学的な技術専門学校と大学という制度格差にもち込まれ、それが学内では教育学自体のアカデミズム思考と技術学的思考との対比として表れ、このイデオロギーは、ドイツ教授学における各科教育学への差別意識として潜在化することになった[29]。こうした文理学部アカデミズム対実学技術主義という二項対立は「教科教育学」を学問として構築しようとする動きに対してはマイナスの効果しかもたらさない[30]。

ドイツ教育学を学んだ篠原助市はドイツ教授学を継承する大著を表す一

方、各教授学の編者となるものの、その具体的内容の執筆を附属小中学校の教員に任せ切りであったというのは有名な話である。筆者は「教科教育学をめぐる諸問題」という論文の中で、ドイツ教育学の伝統を継承するわが国の教授学についてこう論じた。「被教育者の道徳性としての品性の強さ（character starke）を育てること」という人間形成論から教授学を構想したヘルバルトの影響を受けたわが国の教育学はこれまで「人間形成の目的観についての哲学的論議を重ねてきた」。そこでは、「教科教育学は末端の問題になる」[31]という一般的通念があった。また、戦後アメリカの実証主義的教育研究（教育心理学研究）が導入されたが、そこでも「研究対象は子どもの心理特性や学習論一般になるので、教科教育への関心はおろそかになる。そしてさらに、こうした教育研究者には、教科教育の研究に不可欠な専門諸科学についての学問的教養が、一般的に十分でないという条件も加わって、教育学の中に教科教育が育ちにくいという状況が醸成されてきたのである」[32]。こうした背景から「教科教育学」は教科専門と教職専門を媒介する重要な分野と位置づけられながら、教員養成カリキュラムの実態の中では、両方の領域からもっとも軽視される「陥没地帯」でしかなかったのである。

　もちろん、教科教育学を学問的かつ実践的に追求しようとする努力がまったくなされなかったわけではなかった。山田昇のいうように、神戸大学教育学部の「教科教育学科設置の構想」（1961年）では、教科教育研究と教科の専門に関する研究は分離すべきものではないとし[33]、前者の重要性を強調しているし[34]、1963（昭和38）年に東京学芸大学の教科教育研究では高坂正顕が、教科教育は学問として「今、生まれ出る悩みを味わっている」が教員養成にとって重要なものだとしている[35]。また、東北大学教育学部から宮城教育大学が分離することを契機に、教員養成大学の課題として、小学校教育教員養成を中核とし、教育実践を対象とする教科教育研究（教授学）が確立されなければならないとされた。さらに、1976（昭和51）年には、教科教育学会が創設され、教科教育学の学問的自主性が追及されてきた。そしてその際、諸専門と教育諸科学との協同が要

請された。そして山田はこう主張する。「教科専門の範疇である教科の基本的概念や基礎的な研究方法と結合した広義の教科教育研究が重視されるべきであろう。その意味で、科学、芸術、技術の専門研究と教育科学、教科教育学の学際研究が一層追求されなければならない。狭義な教科教育学をもって、教科教育研究を閉鎖的にならしめないように配慮する必要がある。(──中略──)教材研究、各教科研究および教育科学の連携により、各科教育のそれぞれ独自の分離割拠に陥ることなく、学校教育全体の視野の中で、子どもの人格発達への教科のかかわりを検討しこれに必要な教育活動を組織すべきである。──(さらに)教科教育の臨床的・性格、教育実践との性格について(──中略──)教育実践の場に即した研究と教育の必要性は強調されなければならない」[36]と述べる。

　山田のこうした要請は教員養成の現場で具体的に取り組まれてきたのであろうか。ここには少なくとも、4つの要請が含まれていると思われる。

1．教科の基本的概念や基礎的研究方法とを結合した広義の教科教育研究を重視し、科学、芸術、技術の専門研究と教育科学、教科教育学の学際研究を追求すること
2．狭義な教科教育学をもって教科教育研究を閉鎖的にしないこと
3．教材研究、各科教育及び教育科学の連携により(─中略─)学校教育全体の視野の中で、子どもの人格発達への教科のかかわりを検討し、これに必要な教育活動を組織すべきこと
4．こうした研究を教育実践の場で臨床的に展開すること

　以上の4つの要請が2012(平成24)年、今日どう達成されているかを明らかにする必要があるが、その前に山田のこの提案が1981(昭和56)年前後においてどこまで追求されていたのかを筆者の論文を中心に検討することにする。なぜなら、筆者がこの山田と同じ問題意識でこの要請に応える論考をしているからである。

7．「教科専門」「教科教育」「教育方法」の相互性をどう考えていくか

（1）三者の関連づけの具体化とは何か

　先に桑原の言説を紹介したように、人間形成は価値形成「かくあるべき」によって、「教育内容」を選択組織したものであるとされる。たとえば、「国語科」という教科は確かに児童・生徒たちに、日本語という言語やそれによって産出された文学や評論、広い意味での言語文化の中から児童・生徒の学びや人間形成に価値があると考えたものを、一定の範囲（スコープ）と系統性（シークエンス）に示して組織したものである。しかし、この教育内容の組織・編成にわたっては、常に、日本語はどういう言語なのかという言語学や、日本文学や評論についての学問的研究が参照されることになる。したがって国語科教育学の研究者は、一方で言語学や文学研究とのかかわりをもちつつ、授業の場では、授業研究を主の目的とする教授学ともかかわり合うことになる。

　筆者も教授学を研究分野とする研究者であり、山田のいうように、三者の関係をどう考えればよいのか悩みつづけてきた。各研究分野の区別を抽象度の高いレベルで、固定化することは、研究分野を視覚的イメージで領域化することになり、相互に排除し合う関係としてしまいやすい。具体のレベルで相互性を明らかにすることにならない。それゆえ、学問的区分を構成する基礎概念をあくまで、構成的言語組織の基礎をなすものと見なし、その構成概念が具体相のレベルとどうかかわるかを考えることを志向してきた。

　たとえば、「国語科」は人間形成という価値のために教育内容を組織したものだといえる。したがって、その内容として、日本語文法を選択するというのは日本人として必要な資質であるからして人間形成的価値があり

7．「教科専門」「教科教育」「教育方法」の相互性をどう考えていくか

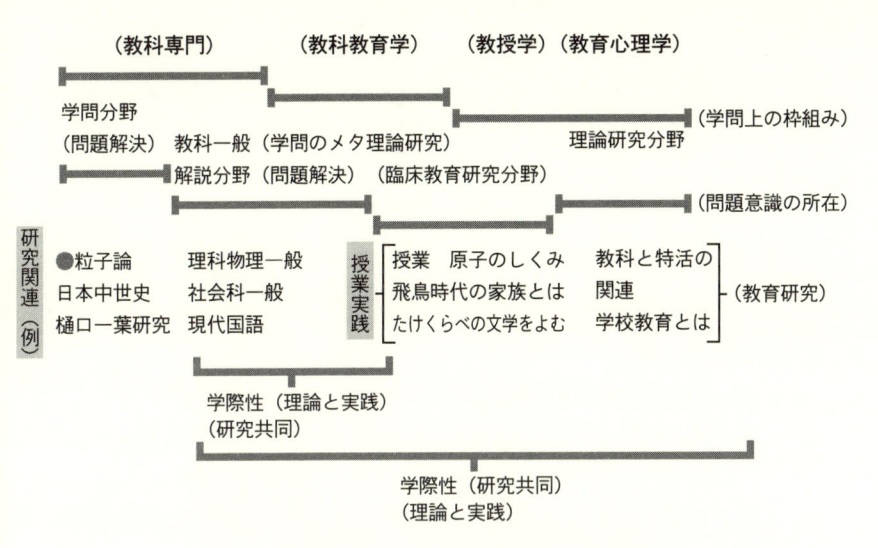

図3　教員養成カリキュラムの構造と学際性

「教科」の内容の問題として考えられる。しかし、日本語文法というのはどういう特色をもつかを明らかにするということは、言語学や日本語学の問題である。そしてこの日本語をどう教えるか、あるいはどう学ぶかという教材としてのとらえ方には、この言語学的に日本語をどうとらえるかがかかわってくる。

　われわれ教育学者も、教科教育学者もこの点について言語学的認識に対し、無知であることは許されない。つまりこの認識のあり方において、三者はすでに学際的でなければならない。そこでの学際性の意味を図3のように筆者は考えている[37]。

　1975（昭和50）年、筆者は、北海道教育大学講師として教育方法学（教授法）を教え、現場の研究集会に出席した。当時、この会は北教組（北海道教職員組合）と北海道教育委員会の共催で行われていた。そこでの論争点は、国語は基本技術であると主張する指導主事と国語の本質は文章の語る中身であるという組合派の間で激しく展開し、堂々めぐりになった。そこで、私が質問したのは、「文章の内容をしっかり把握するためには文章

の末尾表現に着目すべきだといわれています。こうした認識は"技術"ですか、それとも"中身ですか"」というものであった。これには両派とも無言になってしまったことがある。筆者の指摘は文章の中身をよく理解するには、文法や文の構造を読み取る技も必要だということを指摘したかったからである。つまり、上述の議論は不毛なのだといったのである。

　また、社会科の地理領域についての原稿を執筆したことがあった[38]。社会科教育の研究において、教科専門である地理学についての基礎概念について学ぶことは大切なことである。とくに地理学において「地域」という概念はきわめて重要な概念である。「地域」とは、「人間の生活活動が空間に展開された範囲である」というのが、「地域」概念の基本であり、それは、一つのゲシュタルト（gestalt）であるといわれている。そしてこのゲシュタルトを認識する方法として、「地図」という図形がある。「地図」の中では、人間の視点が地上を天空の一点から真下に地平面を見降ろしたときの視界を図示した「平面図」が一般的である。そこでわれわれが「地域」を一まとまりのゲシュタルトであるという認識を平面図を通して学ぶことができる。一例としては、イングランド島とネバダ州という2つの地域を地図で比較するという学び方が参考になるだろう。なぜなら、ネバダ州よりもイングランド島のほうが島としてのまとまりのイメージ（ゲシュタルト）をもっているのではるかに「地域」と感じられるからである。つまり、人々が生活している空間のまとまりという感じがすぐわかるからである。しかし、ネバダ州の場合、その境界は経度と緯度に囲まれたところとして「地図」上では表現されるため、そうした経線と緯線で囲まれた空間を一つのまとまりのあるゲシュタルトとしてとらえることは、非常に困難を伴うのである。そしてそのことから「地域」という概念の人文地理学的特色が「地図」という独自の表示の仕方を通して浮び上がってくる[39]。言い換えると、人間の生活活動は、居住拠点を中心に、そこから、生産活動を中心とする生活文化活動をする場との間を往復する形で展開されるので、生産活動やその他の活動の種類によって、空間に展開される人間活動の形象に相違はあるものの時間的経過の中で、一定の固有なゲシュタルト

が形成されると考えられる[40]。

　このように、教科専門と教職専門をつなぐ教科教育学の媒介的役割を追求するという課題は、教科専門の基礎にある学問領域の基本となる概念を問うことを通して展開されるのである。そしてこうした研究上の追求は、中核的には、教科教育学の課題であるが、この課題追求に対して、教科専門の研究者も教授学者もその課題意識を共有することが重要なのである。

　教員養成カリキュラムの側からすれば、「教科専門」であるのであるから、たとえ、大学院博士課程の研究分野が日本史の古代史専門であったとしても、「教科専門」である以上、「歴史」一般という立場に立つ必要があるという制度側からの要請は当然といえば、当然きわまりないものである。ところが、これまで、一般に教科専門の研究者はアカデミックな研究領域を出自としている。そのため研究者としての自己の特化された問題意識と「教科専門」という教員養成カリキュラム上の科目教授者の立場とは当然ずれてくるのである[41]。東京学芸大学時代のある同僚は蝶の研究者として著名な方であり、研究者としての問題解決的手法を発揮しつつ、「教科専門」の教師としては、生物学の担当者であるということになる。ここでは「生物学」一般について教えることになる。それゆえ、「教科専門」の教師と研究者としての課題意識とは同じではない。教科教育学はしたがって、生物学一般のレベルで、教科専門とずれのすり合わせをする必要があるのである。

　こうしたずれの感覚をもたざるを得ない教科専門の研究者と教科専門学の研究者や私のような教授学者はどのような対話が可能なのであろうか。筆者は次のような提案をしたことがある。

　歴史研究者にとって「時代」（era）という概念は重要な概念である。しかし一般に「時代」という概念について歴史研究者（教科専門の研究者）はあまり自覚的でなく、使用する。筆者の考察によれば「era」という概念は自然科学に見られるように明確な規定をもつ概念ではない[42]。「時代」の幅はそれぞれ恣意的である。明治時代に比して、大正時代は短い、年代史的にいうとバラバラである。なぜこのような概念が歴史認識において重

要視されるのであろうか。いったいこの概念はわれわれの歴史認識にとってどんな効果があるのだろうか。

　一般的には、政治権力の主体が変わったときとか、わが国のような立憲政治では、天皇の交代によって時代の名称が交代している。それゆえ、1868（明治元）年は明治政府が成立した年をもって明治時代と称しているが、後世の人間にとっては、この時間幅が、その間の歴史状況のゲシュタルト・イメージを形成する役割を果たす。たとえば「大正デモクラシー」というようにである。それゆえ、江戸末期の1867（慶応3）年と明治となった1868（明治元）年とではさほど時代状況としては変化はあるはずもないし、そのころは、多くの武士も町民も髷を結っている人も、刀を差していた人も多くいたはずである。しかし、この概念を使うことによって、1867（慶応3）年の江戸と1868（明治元）年の明治では、状況そのものの全体が大きく変貌したかのようなイメージをもつ。すなわち、「時代」という概念は、歴史上の年代史の中での大きな変貌のイメージを与え、そこに一つのまとまった舞台が出現したかのような効果をもつ。それは、歴史相のイメージを大きな括りでとらえることが可能となる。しかし、厳密にいえば、歴史的変化の連続性や時系列上の変化の必然性を緻密に追跡するためには、マイナスの効果をもつといえる。なぜなら周辺の時期（たとえば、時代の始まりや終末）の把握を歪ませるからである。たとえば、一口に江戸時代といっても、江戸前期において、経済、文化の中心は大阪にあったといえるのであって、江戸が経済や文化の中心になったのは、少なくとも中期以降ということになる。

　このように「時代」概念と年代学の2つの概念を枠組みとして歴史記述は構成される。このことは、歴史研究者にとって知っておいてマイナスのことではない。たとえば、井原西鶴と町人文化との関係を研究する際、彼の生きた時代が江戸前期であり、経済、文化の中心が関西にあったことを認識することは、研究上必要条件である。

　筆者の大学における専門科目は当初、教育方法学（教授学）であり、教職専門であるが、教育方法学とは何かを問う初期の段階から、筆者は教科

教育学との関連性を避けて通るわけにはいかないという問題意識をもち、各教科教育学と教育方法学との関係に着目してきた。その際、筆者は大学において教科「社会科」の中学校一級、高等学校二級の教員免許状を取得しており、過去の経験として5年間非常勤講師ではあるが、中学校で社会科（地理分野）、高等学校で日本史、倫理・社会（＝現在の公民分野）の経験を有していたので、社会科教育学とのかかわりは具体的に構想できた。しかし、すべての教科を一応視野に入れる責任が教育学者としてはあるのではないかと考えた。とすれば、教科という概念が人間形成のために価値的に選択され、編成された概念であるとしても、そうした編成内容は、学習者にとって脈絡のない知識内容や技能になってしまいがちであり、学習のシークエンスを考える立場からすれば、恣意的な知のまとまりにしかならない。教科内容の総合性や関連性を考えるのは、そうした規範的な原理からのみ教科内容の関係性を構想することは困難であることに気づかされたのである。

　そこで、教科内容の内的関連性を考えるには、その教科と深い関連のある学問領域について認識論のレベルからとらえる必要性を痛感したのである。こうした認識は筆者だけのものではなく、昭和30年代に、J.S.ブルーナー（Jerome Seymour Bruner）が『教育の過程』を出版して以来、教育界の主流になっていったと考えられる。それがいわゆる学問中心カリキュラム（discipline centered curriculum）という考え方であった[43]。しかし、このことが、教科専門と教科教育学、教育方法学の相互関連と深くかかわる研究分野として筆者が認識するに至ったのは、昭和40年代後半から50年代にかけてである。山田によれば、こうした問題意識は「専門科学のもつ科学的方法は児童生徒の方法的能力と深いかかわりをもっている」「また専門科学のもつ科学的方法が『学び方』学習等に見られるように児童生徒の身につけるべき学習内容そのものである」という形で表出されている[44]。しかし、それを具体化していく研究はかならずしも深まることはなされてこなかったのである。

（2）教科専門と教科教育学の関係性への方法論的模索
——学問方法論と教科教育学的探究

　前述で山田が指摘した研究は当時のカリキュラム研究では、いわば流行する研究であった。筆者の大学院における研究テーマがブルーナーの教育論であった関係上、学問中心カリキュラムの研究に焦点をあてていた[45]。筆者が教育方法学の立場でブルーナーの『教育の過程』を読み進めた結果、筆者が関心をもったのは、著名になった学習原理「どの教科でも、知的性格をそのままに保って、発達のどの段階のどの子にも効果的に教えられる」という有名な仮説そのものよりも、この学習原理がどのような具体的な研究から導かれたのかということであった。

　この『教育の過程』が各教科の多くのカリキュラム研究担当者の会議内容を要約したものだという事実から、それぞれの教科プログラムを具体的に分析することへ筆者の関心が向かった。それは教育方法学者として教科教育学へと関心を向けたことを意味している。そしてこの教科カリキュラムプロジェクトが、コロンビア大学ティーチャーズ・カレッジの研究者の従来の教科カリキュラムに反対して、専門の科学者たちのイニシアチブで行われたものだということは、必然的に学問の方法論と子どもの学習論の関係の追求へと筆者の関心を向かわしめたのである[46]。

　言い換えれば、この時点で、筆者の関心は、教科専門と教科教育と教職専門の関連を問うものになっていたのである。教員養成カリキュラムにおける教科専門と教職専門を媒介する教科教育学の研究は、学際的でなければならないと山田は主張したが、その学際性は、図3（p.123参照）に示したような意味で「学際的」でなければならない。この時点での筆者の教育方法学研究は、同時に教科教育学の研究であり、それ自体教科専門の研究者ともかかわっていたのである。

(3) 教員養成カリキュラムの学際的研究と
　　　大学の一般教育のあり方との関連性

　教員養成カリキュラムの総合性を確立するためのもっとも重要な要は教科専門科目と教職専門科目を媒介する教科教育学を確立することだという要請と三者の学際的研究を図3（p.123参照）にあるように実践的（臨床学的）に研究することであるという筆者の出発点は、アメリカの学問中心カリキュラムの研究に基づいた授業研究にあることは、筆者が教員養成の具体的活動に加わっていく過程で次第に自覚したことであった。大学院で学習指導論を専攻した筆者にとって、ドイツ精神科学派の教授学は伝統的な学問体系としてはそれなりに興味を抱かせるものであったとはいえ、現実の教育実践との距離感と関係性を具体的に構想することがきわめて困難であった。なぜなら、教科内容の具体的レベルに直接かかわる形で教育方法論が「展開するものではなく、教育目的から規範的（べき論的）に教育方法が語られるものであったからである」。

　前述のブルーナーの『教育の過程』は、ウッヅホール会議の報告書であり、アメリカの専門科学領域の研究者達が実施した教育プロジェクトをブルーナーがまとめたものであったことから、この会議に参加した2つの教育プロジェクトの研究を始めた。それは、物理教育（PSSC = Physical Science Study Committee）プロジェクトと生物教育（BSCS = Biological Sciences Curriculum Study）プロジェクトである[47]。現在の時点で見れば、この2つの研究は、前述のように、教科専門と教職専門の1つである教育方法学と教科教育を結ぶ媒介としての学際的研究であったといえる。そしてそれを可能にする方法論こそ、各分野を通底する学問論（学問についてのメタ理論）であった。言い換えれば、各々の専門分野の知についての哲学的研究であった。なぜ、こうした哲学的研究が必要だったのだろうか。前述のように、各々の専門領域の分野は狭く、問題解決的であり、言い換えればますます細分化されている。たとえば、蝶の研究者と蛾の研究者では専門分野が分かれている。しかし、生物学を教えるという立場に立つ教

科教育学では、生物学という学問はどういう学問であるかという問いを立てなければならない。それを実行したのが教科教育学者で教育哲学者でもあった P. H. フェニックス（Philip Henry Phenix）や J. J. シュワブ（Joseph Jackson Schwab）であった[48]。

シュワブは、シカゴ大学の一般教育科目で生物学を講義する担当者として大学に奉職し、やがてシカゴ大学教育学部大学院で教育哲学を担当することになった教育学と生物教育の両方をプロパーとする研究者であり、1958（昭和33）年に発足した BSCS の教師用指導書をつくった中心人物であり、やがて学問中心カリキュラムの理論的指導者となった人である[49]。彼は教育哲学者としては、J. デューイ（John Dewey）の探究理論に基づいて、学問研究の理論を構想し、この探究理論を生物科学の探究原理に適用し、そこから生物教育の学習＝探究理論を提案した。その具体的内容は BSCS の教師用指導書に書かれている。それゆえ、シュワブの生物教育の理論は、生物科学という探究領域を哲学的に明らかにしたもの（メタ理論化）であり、科学の探究過程は学習過程の基本となるべきものである。一般教育科目としての内容足り得るとシュワブは考えているのである。

シュワブは、生物学カリキュラムを探究的にとらえるために、生物学を構成する基本的な概念を、探究を推進する構文法（シンタックス＝ syntax）としてとらえ、このシンタックス構造が探究の方向づけ、探究の過程を生み出すと考えるのである。たとえば、生物学の基本的アプローチを、①細胞学中心のアプローチ、②生態学中心のアプローチ、③遺伝、発生学中心のアプローチに分け、カリキュラムを構成する[50]。その中から具体的教材例をあげると、たとえば「甲状腺ホルモンの働きは、動物界からカエルを選び、組織器官のレベルから甲状腺が取り出される。甲状腺の働きはまず全体と部分という論理的枠組みを前提にする（注：部分は全体のまとまりに役立つよう位置づけられかつ機能する）。次に全体と部分という枠組みが提出され、甲状腺の働きが明らかになる。ここで、基本原理はただ単に知識内容であるだけでなく、それをいかにとらえるか（how）という視点を示している。認識対象（what）の在り方（概念を媒介としてわれわれとか

かわっているということ）は、同時に認識方法をも制約するのである」[51]。シュワブのこの考え方は、生物学を対象にした科学哲学論であり、生物学の探究の仕方についての反省的思考である。シュワブは、教育哲学者としてこの考え方を生物学に限定せず、大学の一般教育理論として展開しているのである。

1960年から70年代において、大学の一般教育は、自然科学、人文科学、社会科学の3つの分野に分類されていた。シュワブにいわせればこの分類は、一般教育における教科あるいは教材分類に過ぎないという。そして「この分類（subject matter）は「方法、目的もそれだけでは人文科学、社会科学、自然科学相互の異質性、類似性を判別する十分な基準ではない」[52]という。そして「学問」（discipline）という概念を導入する。後者は「subject matter」を生み出す組織的活動であり、目的的に、また活動と目的とsubject matterが相互に適合する仕方でsubject matterを組織する活動なのである。こうしてシュワブは、自然科学、人文科学、社会科学の分野（field）を「学問」の探究原理で関連づけ、総合しようとしたのである。そして大学の一般教育の目的は人間の教養形成であり、基本的にこの理念は、中等教育や初等教育にも通底する原理と考え、学問中心カリキュラムを提唱したのである。

筆者はこのシュワブの提案を受ける形で昭和40年代の大学の一般教育のあり方について次のように提言をしたのである[53]。

　もしわれわれがこの概念的探究という考え方に立って一般教育課程を考えるとすれば、次の2つの基本方針が確立されなければならない。1)「学問」を基礎づける概念構造を認定すること。2) その概念構造によって典型化された探究過程そのものに参加すること。1) は2) において探究過程を把握する上で不可欠の条件である。たとえば物理学にとって、それ自体の言語や構文法（シンタックス）を創造することは実験と同様必要なことである。とくに学問の先端は未開の分野なので基本発想とか根本概念の分析が必要になる。特定の学問を成立

させている言語、概念への関心と分析は哲学の課題である。ただしここでいう哲学の課題は世界観を構築しようとするものではなく、個々の探究活動について語るメタ思考であり、その目的は探究活動についての反省作用である。概念的探究を主張するD.ベル（Daniel Bell）がいうように、大学の教育活動はメタ物理学、メタ社会学、メタ心理学……であり、その目的は知識内容の知り方、言い換えれば知識の自覚的根拠をつかむことにあるのである。かくしてある探究領域についての哲学的分析は、特定の学問分野を構成する鍵概念となる言語シンボルを対象化することにより、その領域への自覚的認識をもつことをこえて、学問領域全体についてのパースペクティブをひらくことになる。こうした知識論的地平の開拓は一般教育における人間形成の基礎である学問的統合への新たな視点となるであろう。そしてこのことを具体的にいうならば、一般教育課程における学問の取扱いはその学問の哲学を含むべきである。たとえば、科学哲学、社会科学の哲学などである。筆者が述べているように、一般教育を構成する自然科学、人文科学、社会科学の分野を知識論（認識論）のレベルで分析し、諸分野の学問についてのメタ理論を明らかにすることで、相互関連的視野を明らかにすることはできるであろう。

　しかし、もう一つの条件を無視することはできない。探究としての学問は外側からだけでなく内側からも把握さるべきである。つまり学生は探究過程に参加する必要がある。シュワブが強調するように、具体的探究の体験によってのみ、学問についてではなく、学問そのものを理解できる。そしてそれには概念構造との関連において、典型化された探究過程が構成さるべきである。フレッチャー（B.Frecher）が医学教育の方法について「技術的、科学的スキル、科学の方法、それに科学的基本知識は生体細胞といった基本概念に中心をおき、イーストとか、寄生動物とか、うさぎといった動植物の選ばれた少数の事例を研究することによって可能になる」というのは上述の意味で示唆的で

ある[54]。

　言い換えれば、上述のメタ理論を土台にそれぞれの「学問」の構造を具体的に追体験できる事例を教材として構成する必要があるのである。この考え方はこの時代に展開された範例学習の考え方とも通底するものである。そしてまさにこうした教材構成の専門性こそ教科教育学の課題なのである。教科教育学は義務教育における教科研究だけでなく、大学の一般教育の領域について「学問」の立場から研究する必然性があったのである。

　しかし、こうした認識が教科教育学者に認識されることもなく、シュワブの考え方も、教育学者の関心とはなったけれども、一部の教科教育学者を除いて関心の的になることはなかったのである。その理由としては第1に教育学者の哲学的思考の中に、こうしたシュワブやフェニックスなど一般教育に関心をもち、かつ学問に対するメタ理論（たとえば科学哲学）に関心をもつ研究者が不在であったということ、第2に教科教育研究者の中にも、こうしたメタ理論に関心をもつ研究者が不在であったこと。第3に、上述の視点をもち、論じていたとしても具体的な教材構成の面での実践化を欠くものであり、その点で現場の実践と乖離した点にあったといわざるを得ない。

（4）教科教育学における媒介性の不在

　一方、教育現場では、現場研修や校内研修で取り上げられるのは、教科研修であり、そこで指導的な役割を果たすのは、各教科に造詣の深いとされるベテラン教師であり、指導主事であった。1970年代に入って、1978（昭和53）年に兵庫教育大学、上越教育大学、鳴門教育大学と新構想の教員養成大学が誕生し、修士課程の大学院が発足した。そこでは、教員養成カリキュラムの担当者として、教育実践に重点を置く教員が採用され、これを機に教科教育学の担当者として附属のベテランの教師が教員として登用されるようになった。そして各教科教育学会において、文部省（当時）の教科調査官が学会の責任者（会長）になるというケースも多く含まれる

ことになった。そしてこの学会参加者の中に現場教師も参加することも多く見られるようになった。しかし、このことが教大協の提案した教科専門と教職専門を媒介とする教科教育学の役割を明確化していったとはかならずしもいえない。確かに後述するようなブルーナーの「構造」概念が現場の教師には抽象的であって研究者にしか理解されない、翻訳教育学的な色彩があったといえる。そしてそのことが現場に十分受け入れられなかった大きな理由であろう。そして、大学における各教科専門の教員と附属出身の教科教育学の教員との経歴上の相違から関係を悪化させたとも関連していると思われる[55]。

両者の関係性の不在は、下世話な面だけではなく、教科教育学と教科専門との理論的な面での関係を断ってしまう側面にも反映されるのである。それは、筆者が論文の中で取り上げた「構造」という概念と「構造化」という概念の混同に表れている。

昭和40年代、ブルーナーの「構造」という概念が流行したころ、社会科教育を中心に「構造化」という概念が流行した。後者の概念を流行させたのは、社会科の教科調査官をしていた山口康助である。山口は、単元の内容を図式化することで教材の理解をよりよくすることができるとしてこの概念を流行させたのである。これは、教育内容の目標、内容、方法を総合的に把握して実践する、言い換えれば、教科内容の編成の議論としてこの概念を使用した。それは指導要領をより理解するための方便であった。この「構造化」について筆者はこう批判している。「構造図が生徒に提示される教材の様式ではなくて、教師が内容を理解する手段であったにしても（─中略─）図化はかならずしも具体的理解を招集しない。たとえば、歴史的事象の時間系列を空間系列の図式に転換することが常に理解を容易ならしめるとは限らない。（─中略─）三次元現象の二次元現象への転換、または、異なったシンボルを表現手段にする領域間の相互翻訳は理解を深めるどころか、理解を歪曲することすらあるのである。（─中略─）教材の提示様式の適合性を決定するのは、教材がどのような探究課程で生まれたか、どのようなシンボルの形式で表現されるべきものかということ

と、学習者がそうした表現様式を知覚し、それを操作できるかにかかわっているからである」[56]。このことを扱うのがブルーナーのいう「構造」であり、前述のシュワブのいう「学問」の「構造」である。このように、山口の「構造化」は教科専門との媒介性を断ってしまっているのである。このことは山田が指摘しているように、「狭義な教科教育学をもって、教科教育研究を閉鎖的ならしめている」[57]といえよう。

　教科教育学が教科専門や教職専門との媒介的役割を十分に果たし得ない理由がもう一つある。それは、教育学者が教科教育学という研究分野の役割を構想するにあたって、この「教科教育学」という名称の概念内容について教育学的考察を厳密にしていないところに要因があるといわざるを得ない。つまり「教科教育学」という名称に対して疑義を呈していない点なのである。もし「教科教育学」が教育学という研究分野に所属していると考えるならば、この名称自体がおかしいのである。というのは、「教科」という概念はすぐれて、教授学的な概念である。言い換えれば、学校教育的な概念である。「教科」という括りは、ヘルバルトが道徳的品性を形成するための多方興味という学習内容の領域の括りであり、ヘルバルトが構想したように、人間形成の目的から設定された教育内容の括りである。現代でいうならば、教授行為において、教師が準拠する教育内容の括りである。それゆえ、その括りは subject matter（教材）としてのそれであり、あえていえば教育目的という規範のもとでの括りであり、学習の仕方や過程の立場からは恣意的でしかないのである。

　一方、教育学という概念は、学校教育に関係なく、人間としての未成熟な存在である子どもが人間になるために、旧世代が新世代に対して行われる教育という営みについての学問である。言い換えれば、教育学は、家庭においても地域社会においても、世代間に文化の伝承がある限り行われる、あるいは無自覚に成立する現象についての学びをも対象とする学問である。それゆえ、学校教育で用いられる教科という概念に対応させるならば教科教授学でなければならない。新しい教科としては生活科が誕生し、代わって低学年社会科は消滅した。教授学は学校教育における教授行為と

ともに成立するものであるから、低学年社会科教授学も消滅することもあり得よう。

しかし、教育学とは本来、学校教育の制度の誕生や消滅とともにあるものではない。教育内容の編成はその背景にある文化や学問の中から選択して行われる。それゆえ言語文化についての教育学的研究に基づいて国語科教授学は成立し、あらゆる自然科学の研究や文化を背景として理科教授学は成立する。それゆえ、自然諸科学を学問領域や文化についての教育学的研究（自然諸科学についての教育学的研究）を背景にして[58]、理科教授学が成立するように社会科学について研究成果に基づいて社会科教授学は成立すると私は主張したい。前述に述べたシュワブの学問中心カリキュラムの考え方は、すぐれて文化領域としての自然科学についての教育学的研究であり、その研究に基づいてシュワブが作成したBSCSの教師用指導書（Teacher Handbook）で扱う具体的内容は理科教授学的な研究ということになろう。この区別に筆者がこだわるのは、後に保育の分野で領域教育学への批判的検討につらなるものだということをここで予告しておく[59]。

いわゆる「教科教育学」は文化諸領域についての教育学研究と教科教授学とに分けて考えるべきだという最大の理由は、「教科」概念は教育目標という規範形成のために括られる教育内容を意味している点でのまとまりではあるけれども、それをどう学ぶことがもっとも適切であるかという点ではきわめて恣意的な括りでしかないということである。場合によっては、教科の括りがよりふさわしい学びを妨げる場合もある。

一例をあげよう。音楽の授業で歌の指導を取り上げる場合、音楽教師の力点は、音楽の三要素といわれるメロディ、リズム、ハーモニーに従って歌うことが中心になる。それゆえ、教師のピアノの伴奏や教師の発声モデルにならって各フレーズを生徒に模倣させ、後に楽譜と照らし合わせ、ハミングによって音楽的要素を点検するという順序をとるということが一般的であった。しかし、歌は、歌詞を伴っている。その場合、歌詞を構成する詩は、言葉の韻律性とそれに伴う意味的な要素がある。散文とは異なり、言葉の意味的要素は韻律性の規制のもとでのみ成立する。詩の指導は

本来、音楽科ではなく、国語科に属する問題でもある。

　それゆえ一般的には、音楽の授業において歌詞はすなわち詩の部分の指導は軽視される。より深い理解のためには、文化領域についての教育学研究によっての教科の枠を相対化する必要がある。たとえば、フォークミュージックが盛んになった時代に流行した「戦争を知らない子どもたち」という歌の終わりのフレーズ「戦争を知らない子どもたちさ」の「戦争」の歌い方は、関西弁のイントネーションでしか歌えないのはなぜか（メロディラインからして標準語のイントネーションでは歌えない）。また、現在、多くのロック調の楽曲をつくる若い世代が歌詞づくりをするときに、なぜ末尾に英語のフレーズを使うのかといった問題の追求はなされないことになってしまうのである。日本語は末尾が助詞、動詞になることが多く、韻律的に末尾に力点を置くことが困難である。それゆえ、倒置法的表現や漢文調で訳すことが多かったのである。それに対し、外国語を使う場合、名詞が末尾になることが多く、脚韻が使いやすいのである。たとえば坪内逍遙のシェイクスピアの翻訳は漢文スタイルである。吉本隆明がいうように、こうした問題の追求には、日本語と欧米語との相違に始まって、日本の詩歌の韻律性である五七調（音数律）が言語の相違とどうかかわるかといった問題への追求が必要なのである[60]。歌うということの追求には、教科を越える追求の自由が必要なのである。これは教科教授学を越えて文化領域についての教育学的研究ということになる。本来の学びからすれば、この教科分類を越えた探究こそ、歌の理解を深めることになるのである。かくて、教科教授学は、一定の教材観（メタ論）をもって教科専門領域の具体とかかわっていく必要がある。

　以上、「教科」という枠組みを学問研究の方法論と結びつけて考えるということは、教科の枠組みを人間形成と結びつけて規範的に考えるだけではなく、認識論的に思考のあり方と結びつけて、考えることであり、教師の教科解釈の基本的立場を自覚することであった。とすれば、その「教科」の解釈の理解論的立場は、実際の授業とどう結びつくかを考えることである。そしてそれは、教員養成カリキュラムにおいては、教育実習の位

置づけを考えることでもある。

8．教員養成カリキュラムの中での「教育実習」の位置と役割

（1）「教育実習」とは何か

　「教育実習」とは、「学校教育法が定める学校の教員となる資格を取得させるために、教育職員免許法に基づいて教職課程を置く大学等が開設する授業科目であり、学校教育等の実践の場において、教育専門職としての資質能力形成を目指して『実地に学ぶ』学習活動である」[61]。この定義にあるように、教員の専門性を獲得するために、通過しなければならない体験による学習の機会である。もとより、専門家養成のための高等教育機関の中に設置されるべきものであり、伝統的に医師や法律家養成において設置されたインターン制度、司法修習制度がモデルとなって教員養成に取り入れられたものである。ここでの体験による学習はしたがって、高等教育機関（professional school）における一般教養科目や専門科目等の講義科目や演習科目との結びつきの上に成り立っている。そのことを筆者の論考を基に現状との対比を検討することにする。

　「教育実習（student training）についてデューイは2つの側面で考えた。1つはデューイの教育理論そのものが実践の中で吟味され、検討する場、つまり実験の場（laboratory）としての「教育実習」、もう1つは、学生が教育の場に入って徒弟的に学ぶ（apprenticeship）としての教育実習である[62]。筆者が東京学芸大学に奉職した当時、教科の大多数を占めていた教科専門の教員と、教職専門でも、教育実践に間接的でアカデミズム志向の強い教員たちのイニシアチブの合意のもとに、師範教育の伝統の残滓を嫌う立場から、教育実習の徒弟的側面を否定する意図の基に教育実習という名称を変更

して「教育実地研究」という名称にしていた。筆者はそうした傾向を批判する目的で「教員養成課程における教育実習の意義——学習論の立場から」という論文を執筆した。その中でデューイにならって、教育実習は「教師になるために必要な経験・技能学習の機会を提供する学科目である」[63]と定義した。この「経験・技能学習」の機会を提供する、という意味は、先の「実地に学ぶ」の意味を言い換えたものである。さらに、言い換えれば、大学における他学科のように、教師による講義形式をとるものではなく、学習者自身が教育の現場に参加し、教育活動をする側の人間としてその現場を体験しつつ、主体的に現場の状況の中で学んでいくという意味である。筆者はそれを経験による学びと考え、こう述べている。

「教師という職業は近代学校という行政組織の要素として成立した教師——児童（生徒）という恒常的社会関係にある。教師になるということは、学校の構成員になることであり、『児童・生徒』という言葉で総称される学習者の集団ないし個人との間の一定の役割関係に入るということを意味する。教師として子どもたちの前に立つということは、一定の行動パターンを子どもたちに強いる（つまり、『児童・生徒』という役割をとらせる。たとえば、生徒は授業時間中理由もなく教室を出ない）ことを意味する。このようにして、教師も児童・生徒もその他の学校のメンバーも学校という社会組織に要求され、期待されている一定の行動パターンを恒常的にとることによって、自らを教師に、またはその他の学校職員や児童・生徒にしていくのである。児童・生徒の立場からすれば、そうした行動をとる大人を教師として認知するのである。だから教師という職業について具体的に学習するためには、記号伝達（講義）とか、技能を教えることだけでは十分ではない。それでは、教師という一つの社会的役割を認知するための十分な効果は期待できないのである。教師という一つの社会的役割の学習は、学校という状況の中で、児童・生徒、同僚の教師、養護教諭、事務職員、管理職等との間の社会的役割関係として学習されるべきなのである。そして、そうした状況は意図的人為的に設定することは不可能に近い。したがって、学習者がそうした状況に参加することが最良の方法なのである。ここ

に『教育実習』が『経験学習』であるべき一つの理由がある」[64]。ここでいう「経験学習」とは「ある人が一定の生活家庭を経た後、事後的にそういう生活を送る前よりも、一定の学習が行われたことを確認するといった学習のあり方」[65] であり、「主として慣習的に、あるいは知恵として、それが望ましいとされている状況（例：旅）に学習者を導入する」[66] ことだとしている。

　筆者が規定した「経験・技能学習」の「技能学習」の側面については、「達成されるべき技能（ある目的を達成するために必要な身体的動作の水準）とそれに到達するステップは一定の記号表現（言語化）が可能であり、その記号表現による身体的動作の例示化によって技能の習熟の順序性や難易度が決定され、習熟の過程や方法が具体的な形で示される。そしてそうすれば、『経験学習』の過程の中で指導教員が適時に言語を介し、ときにモデル提示という形で伝達される。とはいえ、望ましい身体的動作の水準とそれへの習熟の方法や過程は一様ではない。（──中略──）このように習熟の順序性や方法が記号によって定式化され、客観的（間主観的）に解釈される記号で到達目標が表されれば、表されるほどそうした技能は技術性が高い」[67] といえる。しかし、教師の技能は特定の身体技能のように、技能習熟のパターンは一定の形で定式化していない。「教師の技能は複数の例示によって体系化」されているため、その場その場の状況において経験を通して試行錯誤的に学ぶしかない[68]。教育実習が求められるゆえんがここにある。

　教師の技能が客観的に定式化しにくいもう一つの理由は、それが「児童・生徒との日常言語のコミュニケーションに依存して形成される」ので教育実習という「経験・技能学習」の場が必要とされる点にある[69]。

　教育実習という「経験・技能学習」が教員養成カリキュラムに位置づけられるべきさらにもう一つの理由は、以下の点から教師としての専門性を獲得するための「見習い経験」として設定されるべきだということなのである。それが「見習い経験」であるべき理由は、教師として専門性を獲得するということは、児童・生徒の前で専門家としての責任感をもって振る

舞うということである。教育実習によって教員としてのライセンスを獲得するということは、それなりの責任感を体感するための見習い期間であるということなのである[70]。言い換えれば正式に職業人として現場に立つ前の、エリクソン (Erik Homburger Erikson) のいう「モラトリアム」としての教育実習なのである。学生は実習において、倫理的に仕事の重さを体験するプロセスが、「観察、参加、教壇実習」という過程であり、それは、レイヴ (Jean Lave) とウェンガー (Etienne Wenger) 流にいえば、状況への参加学習の過程であり、観察という形での参加から、部分的行動参加、そして本格的参加というステップに言い換えられるのである。つまり、具体的な対子ども関係の中で身につけるしかないということなのである。たとえば、子ども一人ひとりを一人の人格として扱うといった経験は子どもたちと向き合う経験しかないのである。

　教育実習の特色としてもう一つあげておかなければならないのは、デューイが指摘したように、デューイの構想したシカゴ大学の附属学校はまさに実験室学校 (laboratory school) であった[71]。そこは大学で学んだ学科目全体が教育学的な思考となって、学生たちが教育実習の中でその思考を具体的に実現する場が附属学校なのであった。だから実験室学校とよんだのである。それゆえ、教育実習は、教育現場で自分が大学で学んできた事柄を実際に具体化するという側面をもっている。教育実習はその意味で、自分で思考し、児童・生徒との間のコミュニケーションの中で、自分の思考を使ってさまざまな場面に対処する場なのである。教育実習はその意味で、教育実地研究という側面をもつのである。デューイのプラグマティックな思考においては、具体的生活の場において慣習性が破られたときに、思考という営みは発生するのであり、その思考は具体的状況の中で働かせることなしには、思考したとはいえない。教員養成カリキュラムの一環として教育実習が設定される理由はまさにこの実地研究の考え方にある。医師養成と同様、教師に必要な資質である学識と結びつける形で経験と技能が獲得されなければ、教師の専門性は獲得できないのである。そしてその限りでは、教員養成カリキュラムが学生に提供するものは、実習に

連なるような総合的思考なのである。したがって、教師の専門性にふさわしい学識は人間としての形成に必要な「広範な文化」を総合されたものとして教授する形で伝達しなければならないのである。しかもこの「広範な文化」は現代の学問研究の成果やその過程に支えられていなければならない[72]。

（２）「教育実習」と他の学科目との関係

教員養成カリキュラムにおける教育実習の位置づけについては、教大協案において、「一般教養の基礎の上に、教科専門と教職専門とを有機的に総合させる実践的中核である」とされてきたが、この「有機的結合」は一つのスローガンでしかなく、どうすれば「有機的結合」が可能なのかは1970年代から1990年代において、研究上ほとんど問題視されてこなかったといえる。その理由についていえば教大協が示しているような、教育実習との有機的総合の前提となる教員養成カリキュラムの枠組み自体、これまでの節でも述べたように、学科目の相互関係を見通せる類いのものではないことにある[73]。この枠組みの中で教えられる具体的内容について、枠組み自体の統制力がないということである（p.123、図3参照）。言い換えれば、この枠組みが恣意的でしかないということでもある。教員養成カリキュラムの全体構成を考える場合、「教員養成教育の達成という目的から教育学的に規定する必要がある」とともに、教員養成カリキュラムは、それを構成する各研究分野（たとえば物理学）として次の条件を満たさなければならない。それは各研究分野が学問として、研究の自由の上に成立しており、他の分野（たとえば生物学）に研究の自由は拘束されるものではない。学問研究のこの自由な原則からすればそこで生ずる、相互に対立する思考を、その中に含みつつ、全体性を確立できるような[74]「開かれた構造」[75]にならざるを得ない。それは、先に論じたようにである。そしてその上で教育実習との関連が構想されることになる。このことが教員養成カリキュラム総合の上でもっとも困難な課題なのである。

学問的研究の対象である学科目と教育実習の両者の関係を具体的に考え

8. 教員養成カリキュラムの中での「教育実習」の位置と役割

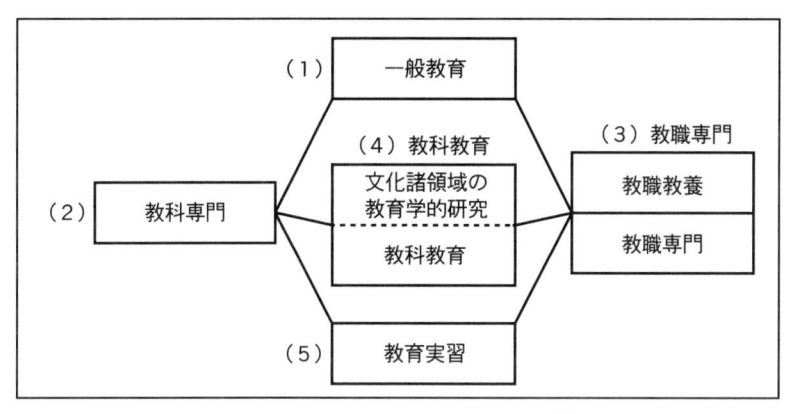

図4　教員カリキュラムの構造図[76)]

(1) 一般教育
(2) 教科専門
(3) 教職専門（教職教養／教職専門）
(4) 教科教育（文化諸領域の教育学的研究／教科教育）
(5) 教育実習

ていく場合に必要なことは、学科目で学ばれる内容の中で、教師の資質として実習という経験・技能学習の場で必要とされるものは何かということである。また、実習という場で獲得され、生かされる学習は何か、また、その2つの学習の場を結びつける学びの場として実習のオリエンテーションは何をなすべきかという3つの事柄を語らなければならない。教師の役割は多様であり、それにもかかわらず、養成自体の限界もある。

　言い換えれば、教師の資質を形成するものは決して単純ではない。しかし、大学の教員養成のカリキュラムによって形成されるものの中核となるものは、知的能力といってよいであろう。筆者はこの論文でこう述べた。教育とは被教育者である子ども自身が自立して行動できるように働きかけることであるということである。そしてこの自立して行動できるということの基本的条件として、子ども自身が自分で考え、その考えにしたがって行動することができるということがある。そのような人間を形成するために学校教育は子どもの「思考力」を養うことを主題としている。言い換えれば、どんな教育内容を教えるにしろ、子ども自身の「思考」活動を介して、子どもが行動パターンや知識を獲得することがねらわれている。体育とか、音楽のように一定の技能的習熟が目的にされている場合においてすら、教師はただ経験的にあるいは模倣を主とする訓練によって技能的習熟

を目指しているのではない。子どもの「頭の中」に働きかけることによって、つまり「思考」活動を媒介にして技能の習熟を達成しようとしているのである[77]。

ではそうした思考活動を触発する教師の知的能力とは何であろうか。筆者は実例をあげて「わかり方」がわかる能力をもつことだとして次のようにいう。教師が子どもの思考力を高めるためには教師は自己の想定した「思考」の筋道と子どもの言動を比較することによって、子どもの「思考」の筋道を理解するのである。そして、両者の「思考」の筋道を比較して、その正当性を判定するのである。だから、算数などにしても、教師はある問題をただ解き方を教えるというだけでは、子どもの「思考」を触発できたかどうかはわからないのである。教師は、自分が解いた問題の「解き方」がわからなければならない。ということは、問題の解き方AからDのうち、自分の解法がCであって、このCはA、B、Dとどのように違っているかがわかっていなければならない。でなければ、子どもの解く過程をみて、子どもの「解き方」を解読したり、その正当性を判断したりすることはできない。子どもがたまたま問題を解くことはできても、「解き方」がわからない場合が多い。つまり、算数の学習で、分数の割算をやるとき、分母・分子を逆にして掛け算をすればよいということを知ってはいても、「解き方」については、その計算の方法をルールとして使えるだけである場合が多い。文章題でそういう計算が必要になったとき、計算のルールを知っているというレベルの「解き方」理解では、その文章題を解くことは困難である。だから、どうしても、なぜ、分母・分子を逆にしてかけるのかを説明できることが必要なのである。このことに関して教師はどうしても、以上のような意味で自分の「解き方」がわからなければならないのである。教師は、その「解き方」を客観的に取り出すことができるから（同じ行為を何回も繰り返し再現できて、そしてしかもそれを説明することができるから）、教師は子どもの「解き方」を子どもの言動から解読することができるのである。したがって、教師が子どもの「思考」をうながすための一条件として、教師は子どもの「思考」が解読できなければならない。そ

してそのためには、教師は自分の記号活動（思考）について省察できなければならないのである。つまり、自己の知的活動を反省的にとらえることができなければならないのである。でなければ、子どもの「思考」について「わかる」ことはできない。

　教師は常に自分の知的能力で教科内容を理解し、子どもに働きかけている。だから自分の知的水準が「わかる」ことによってはじめて、子どもの知的水準をさぐる手がかりが得られるのである。しかし、これだけでは教育活動は成立しない。教師は自分の「わかり方」を基準として子どもの「わかり方」をさぐり当てたら、教師はそれに合わせて、適切な働きかけを考えなければならない[78]。

　以上で述べた点を次のような項目として整理したのが次の５つの点である。

1. 子どもよりも教育内容に関して多くの情報量、情報の範囲が広いこと。
2. 教師は自己のもっている知識について、その認識の仕方を問題にすることができること。言い換えれば、自己の認識内容について反省的思考を働かせられること（教師のわかり方）。
3. 教師の「わかり方」を基準にして、子どもの言動を問題にし、そこから、子どもの「わかり方」が類推できること（子どもの「思考」の変化がわかる）。
4. 子どもの「わかり方」にふさわしい働きかけが可能であること。
5. 自己の働きかけの有効性について反省的思考を働かせることができること。しかもこの思考レベルは、自分の教育活動だけではなく、学校という機関の機能についても、社会の中での教育作用についても、対象にすべきものである。

　以上の５つの条件の中で、１と４、それと、２、３、５、は明らかに区別すべき点である。つまり、１と４は教師が「できる」ための条件、言い換えれば、技能的習熟のための条件である。だからこれを「**能力条件**」とよぶことにしよう。それに対し、２、３、５、は反省的思考を求める条件

なので「**思考条件**」とよぶことにしよう。筆者は「教師の資質」を上述の「能力条件」と「思考条件」の２つの点から考えるべきだと思う。そこでこの両者の関係について述べると、「思考条件」２、３は教員養成の場合、原則として、先の「能力条件」を前提にしている（原則として自己の知性水準についての反省であったり、自己の教師としての技能水準についての反省であったりする）のに対し、「思考条件」５は常に教師の能力の具体化の方向を規定していく働きをすると考えられる。（──中略──）以上の２つの条件を基礎にして「教師の資質」形成の内容と方法について構想を立てることにしよう[79]。

　この能力条件と思考条件という区別は単純化され過ぎていて誤解を招きやすい。前者の能力条件の中に思考の働きが介在しないかのように思われるからである。前者の知識の獲得過程に作動している思考は問題解決的思考であり、それなしには、知識を獲得することは困難なのである。ここでは、実際の問題解決に働く思考（ここには、直観的ひらめきも含まれている）に対し、後者のいう思考条件は、そうした思考活動をも含めて知識獲得のプロセスを振り返ってみるという反省的思考を思考条件とよんでいるのである。たとえば、「地図」を読み取るということは、地理を学ぶ能力である。それは、地平面上のさまざまな変化（距離、広さ、地表の起伏や形状等）を読み取る能力（地図の読解力）は、地図という教材が地表上のさまざまな形状を地上から一定の距離のところに視点を設定し、そこから視覚的にとらえた姿を二次元の紙面に表示したものである。それゆえ、地球は丸いことから、赤道上に設定した視点からとらえたメルカトール図法は、南北の極点に近づけば近づく程、距離的誤差は拡大するということを認識しておくことが地図認識能力に対する反省的思考力である。言い換えれば、反省的思考とは、知識獲得の過程やその結果である知識それ自体のあり方を省察するメタ認識なのである。それゆえこの条件は教員養成カリキュラムに求められる次のような基本的能力条件を前提としている。

　① 教員養成課程は現実の教育活動において必要な知性水準を充足する知識内容・技能内容を習得させなければならない（教科専門）。こ

こでは学問や芸術の水準が知性水準を測る一つの基準となるであろう。
② 教員養成課程は現実の教育活動において必要な指導上の技能水準を満足するような「経験・技能学習」が行われなければならない（教育実習）。ここでは実習校の指導教員の技能水準が教師の技能水準を測る一つの基準となる。
③ 教員養成課程は現実の教育活動において必要とされる社会的役割行使能力（教師集団や学校という社会集団の成員として要求される社会性）を習得するための「経験・技能学習」が行われなければならない。その場合、実習校の教師たちの日常生活行動がモデルとなるであろう[80]。

以上の3点は「教師の資質」として現実に適応する必要条件である。中でも②③は現場の教師をモデルとして習得することが求められる。ただ、こうした条件を構成する要素は実に多様である。②③の中に①の諸能力が有効に結びつかなければならないからである。それは俳優が演技者としてドラマの役を自己の身体表現として実現するように結合されなければならない、しかも、教師の場合、授業を進めていくパフォーマンスは、教科書や指導書から筋書きとしてしか前もって教えられていない。教師は半ば即興性を含んだパフォーマンスを子どもの理解をとりつけながら授業を展開していくしかないのである。教師となるためには、教師としての技能を「教育実習」という「経験・技能学習」の場で、試行錯誤を重ねつつ、意志決定者（decision maker）としての行為を獲得していくのである。したがって確固たる意志決定者としての確信に辿り着くことを志向しつつ、それを絶えず相対化することも学ばねばならないのである。なぜなら、教育活動において、自らの思考活動を紡ぎ出す児童・生徒を育成するためには、教師行動としての技能的行為が盲目的確信となってしまうことを避けなければならないからである。この論文で、筆者は次のように述べている。

教師が選ばなければならない選択肢がいずれも、ベストであるという評

価が与えられず、もしあえて選ばなければならない場合、つまり、どちらかといえば、こちらがいいといった判断をする場合においても、選ばれた決定は、その行為によって絶対化される。なぜならその選んだ決定を正しいとしなければ、その決定に従って行動を行うことができないからである。加えるに教師の意志決定は自己の行為にのみ責任をとるのではなく、教育する対象である児童生徒に対してとらなければならない。教師は児童生徒にとっては、望ましい行為を示範するモデルであるとともに、自分の行為について大人と同等の決定権をもちえない児童生徒たちの代行者でもある。だから教師は自己の教育行為について確信をもてなければならない。とはいえ、筆者はここで意志決定者における思考と決定された行為とが「一枚岩」的に結びついていなければならないと主張しているのではまったくない。むしろ、そうした意志決定者であり、技能者であることに伴わなければならない確信が、自己の行為の妥当性を反省し、それを相対化する態度を喪失していく危険があるといいたい[81]のである。大西忠治はこのことについて斎藤喜博の「出口」の授業における「とっさの解釈」が生み出す展開について論じる中で、次のように述べている。「この成功（斎藤のやり方が成功したこと――引用者注）が、この『授業』を絶対化するために役立ったのではないか――と思う（――中略――）。『出口』の授業が成功したために、その成功の中にある混乱や誤りが、そのまま不問にされ、授業の流し方、授業における発問がほとんど同じようなスタイルで繰り返されているのである。つまり『出口』の授業の成功によって、誤りや混乱を含んだそのままの授業が斎藤氏自身にとっても、一つの定型として絶対化されていったのではないだろうか（――中略――）。私は、右のような事情を『ワナ』だと言いたかったのである。二度、三度と、やすやすと授業が成功すればするほど、それらの誤りや混乱は、分析されにくくなる。自己批判ができにくくなる。それを私は『ワナ』だといいたいのである」[82]。

　大西のこの指摘は重要である。教師がかかりやすい「ワナ」というのは、自己の教育活動を正当化するような教師の傾向をいうのである。筆者は先にこのことを「経験主義」的盲信とよんだ。大西も指摘するように、

この「経験主義」的盲信は自己批判をしなくなる傾向を生むばかりではない。この傾向が子どもの「思考」に働きかけるという現代教育の課題に応えられない傾向をも生み出していくのである。

それゆえ、教員養成課程の内容と方法においては、自己の知性水準について、自己の活動についてたえざる反省を行えるような条件、つまり「思考条件」が考慮されなければならない。以下、そうした条件を満たすための教科内容を考えることにしよう。

① 教員養成課程は教師の教育活動について反省する視点を提供しなければならない（例：教授学、教育心理学などの教職専門科目）。

② 教員養成課程は学校の教育機能、社会における教育機能について反省する視点を提供しなければならない（例：学校論について問題提起ができるような教育科学の諸領域）。

③ 教育養成課程は教師の知性水準について反省する視点を提供しなければならない（一般教育科目、文化諸領域の教育学、言語発達の諸理論）。

④ 教育養成課程は教師の知性水準についての反省（わかり方＝認知構造）を基準にして子どもの言語行動を分析し、そこから、子どもの「わかり方」（認知構造）を読み取る学習をさせなければならない（言語学、言語心理学、文化領域の教育学などの学際的研究）[83]。

以上の反省的条件を保障する学科目についてはすでに教員養成カリキュラムの教科目の関連構造について批判的に考察した諸点と通底する。言い換えれば、括弧中に入れた学科目は教育実習との関連性に常に問われることになる。

[注]

1) 小川博久「『教科教育学』についての方法論的検討（1）——教大協案への批判を中心に」日本教育方法学会「教育方法学研究」Ⅰ巻、1975年、p.66
2) 小川博久「教育研究における理論と実践の問題——教授理論建設の予備的考察」東京教育大学大学院教育学専攻科「教育学研究集録」第8集、1969年
3) 小川博久「教員養成課程における教育実習の意義——学習論の立場から」東京学芸大学「教育実習改善に関する研究」第1集、1977年、p.241
4) 同上論文、p.241
5) K. D. ウシンスキィ／柴田義松訳『教育的人間学』（上）明治図書　1960年、p.130
6) L. V. ザンコフ／三沢正博訳『教授学の対象と方法』明治図書、1964年、p.29
7) 小川博久「いかなる意味で教育学は科学でありうるか——ザンコフの『教授法』を事例として」東京学芸大学紀要、第一部門、教育科学、第27集、1976年、p.107～121
8) 牛田伸一『「教育的教授」論における学校批判と学校構想に関する研究——「教授学的学校論研究」の「序説」に代えて』協同出版、2010年、p.199～230
9) K. イーガン／塩見邦雄訳『教育に心理学は役立つか』勁草書房、1988年、p.217
10) 小川博久「教員養成カリキュラムの構成原理における教育哲学的思考の欠落——教職科目としての「教育心理学」と「教育学」の関係をめぐって」東京学芸大学紀要、第一部門、教育科学、第51集、2000年、p.157
11) 同上論文、p.159
12) 同上論文、p.158
13) 同上論文、p.159
14) 同上論文、p.160
15) 同上論文、p.161
16) 小川博久『保育援助論』萌文書林、2010年、p.132～140
17) 注1) 前掲論文、参照
18) 19) 20) 同上論文、p.69
21) 同上論文、p.71～72
22) 同上論文、p.66
23) 同上論文、p.71
24) 桑原作次「教科の本質——教育内容の選択・組織の基準について」日本教育方法学会編『授業の組織化と教師の指導性』明治図書、1969年、p.31

25) 同上書、p.31
26) 同上書、小川博久「『教科構造』概念の理論的検討」p.47
27) 同上書、p.50
28) 小川博久「教科教育をめぐる諸問題──教科教育学は学問として成立しうるか」北海道教育評論、1971年、p.13
29) 30) 同上論文、p.13
31) 32) 同上論文、p.14
33) 山田昇「教員養成における教科教育の研究と教育」日本教育学会「教育学研究」48の4、1981年（12月）、p.24
34) 35) 同上論文、p. 4　　　　36) 同上論文、p. 5
37) 本書、第4章、図1「教員養成課程の基本構想」p.106参照
38) 小川博久「イギリスの地理教育」小林信郎・木原健太郎編『社会認識の形成』第一法規、教科教育研究叢書、第3巻、1978年
　　なお筆者のこの論文は東京学芸大学における筆者の教授昇進の際の審査資料の一つとなった。この審査に立会った地理学の教授から、この論文は地理学の立場からみて内容的にふさわしいものであるという評価を審査後いただくことができた。
39) 同上論文
40) アンドレ・ルロワ＝グーラン／荒木亨翻訳『身ぶりと言葉』（第13章「社会の表象」）筑摩書房、2012年、p.304～322
41) 注37) 前掲図1参照
42) 小川博久「幼児期における遊び経験が子どもの社会認識に及ぼす影響について──教科学習との連携を考える手がかりとして」教育方法研究会「教育方法学研究」13集、1999年、p. 5～7
43) 小川博久「アメリカにおけるカリキュラム改造とその理論的背景──Discipline-centered Curriculumについて」北海道教育大学紀要（第1部C）1972年、22の1
44) 注33) 前掲論文 p. 6
45) 小川博久「Disciplineの構造について──J. J. シュワブの知識論」教育方法談話会編『教育方法学研究』第3集、1969年、p.60～79。または、注43) 前掲論文、23の1、p.14～27
46) 同上論文、p.14～47

47）小川博久「科学教育の改造と教授過程──PSSC の教育方法学的分析」東京教育大学教育学部大学院研究集録、第 4 集、1965 年、p.31 〜 38、小川博久「アメリカの生物教育の改造──科学教育と教授過程研究 そのⅡ」東京教育大学教育方法談話会『教育方法学研究』第 1 集、1966 年
48）Phenix については、前掲論文。小川博久「アメリカにおけるカリキュラム改造とその理論的背景」p.23 〜 24 参照。J.J.Schwab については、前掲論文「Discipline の構造について」p.60 〜 79
49）注 47）前掲論文、小川博久「アメリカ生物教育の改造」p.66 〜 86
50）同上論文、p.78　　　　　　51）同上論文、p.79
52）注 48）前掲論文、小川博久「J.J.Schwab の Discipline の構造について」p.72
53）小川博久・菊池竜三郎「大学における一般教育の陶冶性について──学問の分化とその統合への可能性」日本教育学会「教育学研究」第 37 の 2、1970 年（6 月）、p.19
54）同上論文、p.19
55）筆者が奉職した大学での経験からいえば、社会科教育学の教室は教科教育学教室の専門家の教官群というより、法学、社会学、政治学、哲学、倫理学、歴史学、地理学の教官はそれぞれアカデミックな学問分野の専門家としての自負が支配していたと思われる。そこに新規に採用された教官は、一人は元教科調査官であり、もう一人は附属のベテラン教師であった。各々教育界では著名な人であった。アカデミックな学問分野の立場からみれば文理学部ではないところにいるという居心地の悪さがあり、教育大学協会の代表校として教員養成のための目的大学としてのあり方を求めてくる文科省の圧力は、この元教官調査官や附属出身の教官との関係をよきものにしなかったと思われる。一方、この附属出身の教官からは、これまで附属教官として大学からの圧力をはね返すといわんばかりで、大学の教員養成教育とその担当教官に対し、外部者であるかのように批判を公言していた。こうした関係は、教員養成教育における「教科専門学」と「教科教育学」との関係をどうつくっていくかといった表面のディスカッションとしては顕現されず表面的には無関係を装う陰湿な対立に終わっていたのである。その教官は、教育実践センターでの集まりにおいて、この大学の教育学の教官たちは、教育実践に対する理解が欠落している。そこで、その教官を中心に教育実践に関するテキストをつくるべきであるという主張を

堂々と行い、教育学教室の非実践性を公然と批判したのである。たまたま、その場には、教育学教室の教官は出席しておらず、筆者は幼児教室の代表として出席していた。筆者自身は、教職専門の教室の担当ではなかったけれども、教育方法学専攻を出自としていたので、この不在者批判に対し、あなたは附属の教官ではなく、大学の教官であるので、あたかも外部者であるかのような批判はひかえるべきであり、とくに、当事者同士の相互批判は歓迎するけれども批判の対象者が不在であるときはそうした批判は非難になることを注意したことがあった。

56) 注24) 前掲書、p.49～50
57) 注33) 前掲論文、参照
58) たとえば、上野の科学博物館に通ってその経験から学び取る学習上の効果を研究するとすれば、それは自然科学という文化についての教育学的研究ということになろう。
59) たとえば、日本人の子どもとして生まれた幼児が両親の仕事の場であるフランスのパリに住み、最寄の幼稚園に通園してフランス語をフランス人のように話せるようになる過程を研究対象にするとすればそれは言語文化についての教育学的研究ということであり、それは領域教育学の背景となる研究である。
60) 小川博久「理解力を育てる教師」雑誌児童心理　特集「理解力を育てる授業」36号の5、1977年、p.64
61) 長澤憲保「教育実習」日本教育方法学会編『現代教育方法辞典』図書文化、2004年、p.505
62) 米沢正雄「教員養成過程における教育実習の意義——デューイの教育実習論を手がかりにして」、小川博久他「欧米における教師教育の問題点」(1)「アメリカの教員養成過程における『理論』と『実践』の関連」日本教育学会第37回大会共同課題研究「教員養成の理論と方法」草稿、1978年(8月)、p.3～14
63) 注3) 前掲論文、p.235

　なお、教育学者や心理学者にも「教育実習」を自己の研究のレパートリーにはないとする人も少なくなかった。筆者が「教育実習」は教育学、とくに教授学それ自体の問題だと主張したのである。それまで「教育実習」は教育制度教育行財政学に分類されていた。この点については小川博久、児島雅典、小笠原喜康、大谷洋子、小林隆也、森茂岳雄、岡島京子、米沢正雄、土屋文明「文献

による海外教育実習の研究──アメリカの教師教育の動向」p.223〜224を参照のこと。

64）同上論文、p.235　　　　65）同上論文、p.233
66）同上論文、p.233
　　なお、こうした考え方は後にレイヴとウェンガーによる「状況学習」の理論と通底したものとなっている。「教育実習における観察・参加・教壇実習は、徒弟における「見習い修行」のステップに類似しており、厳密にいえば観察という参加、部分的参加、全体的参加の過程と重なるものである。ジーン・レイヴ、エティエンヌ・ウェンガー／福島真人解説、佐伯胖訳『状況に埋め込まれた学習──正統的周辺参加』産業図書、1993年
67）同上論文、p.234　　　　68）同上論文、p.235
69）同上論文、p.235〜236
70）小川博久「教育実践学のフィールド・ワークとしての教育実習」東京学芸大学教育実習研究指導センター紀要、第20集、1996年、p.19〜34
71）注63）前掲論文、p.239
72）同上論文、p.237　　　　73）同上論文、p.236
74）同上論文、p.239
75）注70）で述べたように、教育実地研究としての教育実習の考え方に立つ場合、それが要求するカリキュラムの総合性は、教員養成カリキュラムを構成する諸学問分野の探求の自由という方向性から生まれる"開かれた構造"と考えるとき、総合のあり方、その特殊性を考えざるを得ない。少なくとも、総合の理念に規範性を強いることはできない。
76）注3）前掲論文、p.239
77）小川博久「教員養成過程における『実習』とその他の学科目との相互関連──『教師の資質』形成のための二つの基本条件」1978年、p.198
78）同上論文、p.199　　　　79）同上論文、p.200
80）同上論文、p.201　　　　81）同上論文、p.202
82）大西忠治「実践記録を読み直す視点」『現代教育科学』251号、明治図書、1978年、p.36〜40
83）注77）前掲論文、p.203

第5章 21世紀の教員養成の方向と課題

1. 現状の問題点とは何か

　戦後の大学における教員養成の歴史は、すでに第3章の6〜7節で述べたように、1946（昭和21）〜1947（昭和22）年の教育刷新委員会総会の採択、建議にはじまった。「教員養成は総合大学及び単科大学に教育学部を置いて行う」[1]という原則は、教職の専門性を一応確立した原則であった。しかし、この原則は、免許制と連結した教員養成課程における目的的養成大学と、一般総合大学に教員養成講座を付設して養成を行い、後にこの課程修了者として事後に免許状の下付を都道府県に申請する形の開放制養成とを併用する形式であった。当初、小学校教育課程は国立大学を中心に、中等学校教育課程は総合大学に広く開設されていた。この目的制と開放制の原則はすでに述べたように、内容的にもアカデミシャン対エデュケイショニストという対立を反映していた。そして背景には、師範教育への反感があった。

　こうした対立は、観念のレベルでも人間関係のレベルでも存在し、したがってカリキュラム運営や組織上においても、これまでに述べたように、教員養成カリキュラムの総合のイメージを阻害していた。ということは、教員養成制度がカリキュラムの内実においても、組織面においても名と実が両面において充実したものになっていなかったということを意味している。目的的教員養成大学は、免許状取得が自動的に可能になるという点において、教員養成を制度として志向しながら、その内実においてアカデミズム志向をその出発点から正当化したために、「学芸大学」という名称にこだわり[2]教職科目への反発を内部で表出しつづけることになり、中等学校教育教員養成の重視に傾斜し、小学校教育教員養成は軽視されることになった。ということは、中等学校教育教員養成課程はもちろんのこと小学校教育教員養成にとっても、とくに必要とされる教職関連科目をきちん

と教員養成科目として教育することへの軽視が現れていたことを意味している。この傾向は、行政側のてこ入れで「教育大学」という名称に変わってからも、変わることはなかった。言い換えれば、教育学教育の軽視に他ならない。教育学諸関連科目は、旧帝国大学の教育学部における研究科目ではあっても、養成と結びついた実践的な科目とはなり得なかったのである。

　他方、総合大学における開放性としての教員養成も、一般教育に加えて学ぶ専門諸教科の修得を目的とする総合大学の卒業要件に対し、教職課程の教職専門諸教科は、実習を含めて、付録追加的に免許要件として学習されるのみで、両者を有機的に連結するシステムにはなり得なかったのである。これに対し、1977（昭和52）年の福島大学の改革は、宮城教育大学の改革に次いでこうした戦後の教員養成制度における矛盾を制度面で克服しようとするきわめて先駆的な試みであったことは評価できるのである[3]。すなわち、教職科目と教科専門科目の関連性をカリキュラム上で確立しなければならない必然性の高い小学校教育教員養成課程を中核に教員養成課程の再編成に取り組んだことである。そしてこの小学校教育教員養成課程の教員養成教育が自動的に免許取得につながるという点で、これまで閉鎖的な目的的教員養成であり、師範教育と重なるのではないかという疑念を一掃し、広い学問的識見のもとに行われる教員養成であるという趣旨を貫くために、総合大学の教育学部において研究と実践を結びつけ、かつ教養教育に裏づけられた開かれた教員養成教育を目指そうとしたのである。1977（昭和52）年10月の福島大学の教授会決定には、教育学部将来計画にあたってのカリキュラム検討の趣旨と提案をして「小学校課程に視点を据えたカリキュラムの提案が重要であると考える」[4]理由として、（1）従来、（──中略──）中学・高校課程への「従属的」カリキュラムが支配的となってしまっていたこと、（2）子どもの成長・発達・認識の歩みからいって、小学校課程のカリキュラムは中学・高校課程の基礎であること（以下略）、（3）「積み上がり」という視点を入れることによって、大学の一般教育にも、新たな照射を与えること、（4）総じて「視点」をここに

据えるということは、学問(科学や芸術など)を各段階の教育の「視点」からとらえ返すということ(「学問体系」を「教育体系」の連携へ)であった[5]。

この提案は2001(平成13)年の「今後の国立の教員養成系大学・学部の在り方について――国立の教員養成系大学・学部の在り方に関する懇談会報告書」(以後「在り方懇」と略称する)の提案の先駆的意義をもつものであった[6]。この報告書では、筆者がすでに述べたように、学部組織内にアカデミシャンとエデュケイショニストの対立があり、今後はそれを克服し、教員養成の目的を共有し、体系的カリキュラムをつくることが不可欠であり、「教員養成に関する共通的な認識を形成し、教員の質を高めていくためには、関係者においてモデル的な教員養成カリキュラムを作成すること」が必要だとしている。

いずれにせよ、福島大学が1970年代にこの種の提案をした理由としては、1978(昭和53)年に新構想の教員養成大学が発足したことが考えられる。この時代、都市化、少子化の進行は過疎・過密化の偏在を生み、教員需要のアンバランスが目立ち始めたこと、大都市圏を中心に大規模校での管理主義教育も問題にされ出し、不登校問題や学校の荒れなども語られ始め、教員の資質向上が求められるようになってきたことが新構想の教員養成校の出現を生んだと考えられる。この背景には、既成の教員養成大学といわれる教育大学(たとえば、東京学芸大学)の教員養成校の教員養成体制への行政側の不満も明らかにあったと思われる[7](当時、筆者の在籍していた東京学芸大学では、教員養成課程への教員の定員は減少を余儀なくさせられる一方で、養成課程への予算とは別に、教員研修のためのセンターを創設した。教育工学センターは現在、情報処理センター、教育実習センターは現在、教育実践研究支援センター、かつて海外・帰国子女センターであったが現在は、国際教育センター、そして教員養成カリキュラム開発研究センター等に、多くのスタッフと予算がついており、文部科学省の高等教育局の責任者から当時の学芸大学は教員養成に熱心ではないという不満を筆者自体、伝聞として知っていた)。しかも、先の新構想大学が修士課程の養成も伴っていたことは、地方の総合大学の教育学部としては、教員養成学部としての存立の危機を招来するかもしれないとい

う予告にもなった可能性もある。大都市への人口集中と少子化は各県に付置されている国立大学教育学部卒業生の教員採用率の低下傾向を招いていることが、福島大学の1977（昭和52）年提案の背景に考えられるのである。1997（平成9）年には、文部省によって教員養成課程定員5,000人削減案が出されることになる。

福島大学は、経済学部と教育学部の2学部からなる小規模大学であり、行政当局の意向に対し、自らの存在理由を新たに提案する必要性から、開放性の原則のもとに、教員養成学部としての教育学部を小学校教育教員養成課程を土台として全学部に構築しようとしたのである。

しかし、1977（昭和52）年に始まった福島大学の教員養成課程の改革の具体的な歩みが2001（平成13）年の前述の「在り方懇」報告書の引き金になったともいえる。さらに1990（平成2）年以後、教育現場はさまざまな学校問題が浮上した（これまでの不登校、いじめに加えて、学級崩壊、小一プロブレム等）。

従来、アカデミックな教育学研究とは別に、こうした教育現場の問題に向き合わざるを得ないという問題意識から、「臨床教育学講座」が、伝統的"学術的"な教育学研究を看板にしてきた教育学部（教員養成を目的としない旧帝国大学系の教育学部）に設立されることになった[8]。こうした状況の中で教員養成制度も、少子化を契機に量の確保から質の向上をきわめて実践的なレベルで確保しなければならない状況に迫られることになった。

バブル経済の崩壊後のわが国の文教政策は、市場原理を取り入れた民営化路線を進むことになり、この教員養成制度への現れは、2004（平成16）年の国立大学の法人化であった。教員養成課程への入学定員削減は、否応なくやってきた。各大学は新自由主義経済の市場原理主義のもとで生き残りをかけて、自らの存在理由を証明する競争に参入せざるを得なくなった時期が幕をあけた。

福島大学の改革は、「在り方懇」の提唱するモデル的な教員養成カリキュラムの一つの具体化であったといえる。

2．21世紀における教員養成課程の
##　　新たなモデルをどう評価するか

（1）福島大学教育学部の場合

　臼井嘉一は福島大学の教員養成教育の特色を前掲の1977（昭和52）年の同大学教育学部教授会報告を継承するものとして、①研究と教育の統一、②総合大学の特色である総合性と共同（開放性）、③子どもの発達と学習の保障をあげ、カリキュラム改訂の基本提案を発表した[9]。その要素を要約する。

（1）<u>学問体系の視点から考えられてきた</u>小・中・高校課程のカリキュラムを<u>新しく教育体系の視点から</u>再検討し、（─中略─）<u>教育の科学</u>の樹立をめざし、新しい方法を模索する（傍線──引用者）。

（2）改善にあたっては、小学校課程カリキュラムを基軸と考える（以下略）。

（3）<u>最初に全教科・全教官の共通理解に基づく基本的理念と方法を確立し</u>[①]、次の段階では、各教科がその実状・実態に即して、しかも、中学・高校課程として「教科」や「科目」の枠にとらわれずに<u>カリキュラムを構想し</u>[②]、最後の段階ではこれを<u>全体として統一的に編成する</u>[③]という手順をとりたい（傍線と脚注番号──引用者）。

（4）各教科の検討には、専門教育・教職教育・一般教育の3領域にわたり「基本理念」に照らしてその相互関係・構造化・融合の方法の検討を行う。

　以下、福島大学の教員養成課程のカリキュラムの具体的分析を行うにあたって、上述の基本方針や基本提案がどのように実現されているかを見てみよう。その際、<u>上述の学問体系から教育体系へと視点を変換する</u>ということは具体的にどうすることか、筆者は第3章において、教科専門と教科

教育との関係、あるいは前者と教職科目との関連性やそこに介在する問題点は論じている。また、各教科がその実状・実態に即して、「教科」の枠にとらわれず、全体として統一的にとらえることについても第3章ですでに論じている。それゆえ、その論述との比較において福島大学の具体的プログラムを検討してみよう。

臼井のいう福島大学の教員養成プログラムの趣旨を要約すると次の点になる。

① 教員養成プログラムを小学校教員養成を基盤として作成する。理由は<u>教育学体系に基づいて教科教育・教職教育・教科専門を統合的に把握できるからである</u>（傍線——引用者）[10]。

② 教員養成教育の推進を教育学部＝教員養成学部としてとらえ、教育研究と実践を統合的に行う。その点での附属との連携は不可欠であり、スタッフの共同も実現する[11]。

③ 教員養成学部＝教育学部を免許取得学部と考えるのではなく、学生の選択性を採用し、総合大学の教員養成の考え方を継承し「計画的養成論」を含みつつ、開放性の原則を貫く[12]。

④ 教員の資質向上をめざし、大学院における修士課程教育に連結（「専門性」の確立）する[13]。

臼井は福島大学学長の経験もあり、組織編成上からいえば、こうした趣旨の制度設計とその実践という点からいって、上述の方針は論文から見れば成功裏に実施されているといえよう（次頁、図5参照）[14]。

そこで問われるべきは、こうした組織編成の中での相互連携がどう行われているかの内実が問われることになる。たとえば、前述の4点の文言から問われるべき問いは、①では、学問体系から教育学系への視点の変換とは理論的にはどう行われるのか。教科専門の教育は研究者レベルでは元々教育学系として教員になったわけではない。この点についてすでに第4章で論じたように、学問体系から教育学系への視点の変換はアカデミシャンとエデュケイショニストの二項対立を一方から他方へとイニシアティブを移行させることにしかならないし、カリキュラム総合と

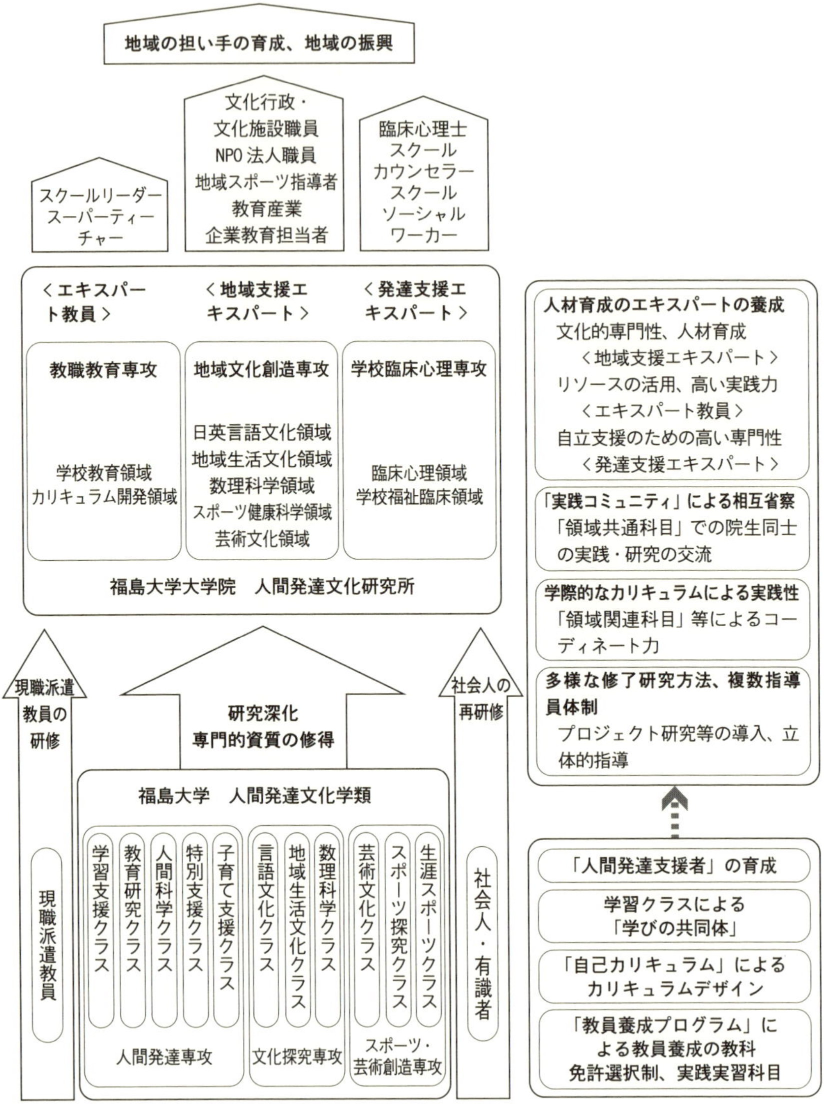

第 5 章　21 世紀の教員養成の方向と課題

```
                    ┌──────────────────────┐
                    │ 地域の担い手の育成、地域の振興 │
                    └──────────────────────┘
```

【上段（進路・職業）】
- スクールリーダー／スーパーティーチャー
- 文化行政・文化施設職員／NPO法人職員／地域スポーツ指導者／教育産業／企業教育担当者
- 臨床心理士／スクールカウンセラー／スクールソーシャルワーカー

【大学院：福島大学大学院　人間発達文化研究所】

〈エキスパート教員〉
- 教職教育専攻
  - 学校教育領域
  - カリキュラム開発領域

〈地域支援エキスパート〉
- 地域文化創造専攻
  - 日英言語文化領域
  - 地域生活文化領域
  - 数理科学領域
  - スポーツ健康科学領域
  - 芸術文化領域

〈発達支援エキスパート〉
- 学校臨床心理専攻
  - 臨床心理領域
  - 学校福祉臨床領域

【大学院の特徴（右側）】
- 人材育成のエキスパートの養成
  - 文化的専門性、人材育成〈地域支援エキスパート〉
  - リソースの活用、高い実践力〈エキスパート教員〉
  - 自立支援のための高い専門性〈発達支援エキスパート〉
- 「実践コミュニティ」による相互省察
  - 「領域共通科目」での院生同士の実践・研究の交流
- 学際的なカリキュラムによる実践性
  - 「領域関連科目」等によるコーディネート力
- 多様な修了研究方法、複数指導員体制
  - プロジェクト研究等の導入、立体的指導

【学士課程：福島大学　人間発達文化学類】

研究深化　専門的資質の修得

- 人間発達専攻
  - 学習支援クラス
  - 教育研究クラス
  - 人間科学クラス
  - 特別支援クラス
  - 子育て支援クラス
- 文化探究専攻
  - 言語文化クラス
  - 地域生活文化クラス
  - 数理科学クラス
  - 芸術文化クラス
- スポーツ・芸術創造専攻
  - スポーツ探究クラス
  - 生涯スポーツクラス

【左右の流れ】
- 現職派遣教員の研修 ← 現職派遣教員
- 社会人の再研修 ← 社会人・有識者

【学士課程の特徴（右側）】
- 「人間発達支援者」の育成
- 学習クラスによる「学びの共同体」
- 「自己カリキュラム」によるカリキュラムデザイン
- 「教員養成プログラム」による教員養成の教科　免許選択制、実践実習科目

図 5　福島大学　人間発達文化学類と人間発達文化研究科の関係

（出典）臼井嘉一『開放制目的教員養成論の探究』学文社、2010 年、p. 17

いう視点からは成功することは困難であると考えられるのである。

　この視点に立つと、②の連携はきわめて制度的・政治的な権力による圧力的結びつきになる問題性が大きい。福島大学のカリキュラムでも重要なポイントである教科専門と教科教育との教育学系による連携とは具体的にどういう姿であるのかが問われなければならない。②は、教育研究における実践との結びつきは、組織面では附属との連携であるが、教職系のみならず、教科専門と教科教育との関係も総合的に把握されておらねばならず、その具体的姿はどう具体化されているのか明らかにされざるを得ない。まさにプログラムの中にある「学際性」が試されているのである。③において、教員養成における「計画的養成論」を含みつつ、学生の選択性を尊重するという方針を臼井は「開放性目的教員養成」と称し、その利点をこの著書で強調している[15]。この場合、問われるべきは、図５で見られるように、人間発達文化学類という括りの中に、「人間発達専攻、文化探究専攻、スポーツ・芸術創造専攻」があり、各々の専攻が各々の専攻にあって「専門的資質の修得」が約束されている。しかも、こうした選択分化を貫くものとして、右側の括りによる「教員養成プログラム」による教員養成の教科（免許選択性、実践実習科目）→「自己カリキュラム」によるカリキュラムデザイン→学習クラスによる「学びの共同体」→「人間発達の支援者」の育成→大学院へが考えられているとしている[16]。

　こうした組織編成はこの選択分化を貫く教員養成の中核（教科間の総合の理念）をどのように実現するかにかかっている。もしこの部分が機能しなければ、前半の部分は既存の教員養成大学における組織分類の看板を書き換えたものに過ぎないからである。これは、2006（平成18）年７月に中央教育審議会の答申を受けて「教職実践演習（必修）」の教職科目の修正を受けて、それを導入するとともに、大学における学生の学習の主体性が保持されるように、学生一人ひとりの学びのカルテを作成したという。こうした努力は、単に行政側の要請を受けるだけではなく、福島大学における教職科目の学習を充実する大学側の努力として評価すべきであろう。

しかし、こうした大学側の改革は、わが国の教員養成が伝統的に引きずってきたアキレス腱であるアカデミシャンとエデュケイショニストの対立に対していまだ一面的（組織面）な努力でしかない。

前述の中央教育審議会の答申の文言にもあったように、「教科に関する科目、及び教職に関する科目の知見を総合的に結果する」ということをどう実現するかである。この点での福島大学の教員養成カリキュラムを見る必要がある（傍線──引用者）。

この点について臼井は、教科教育学は小学校教育担当科目の「教材研究」と中学校・高等学校担当科目の「教科教育法」の共通の基礎理論としての性格をもつべきであり、それは教育学の分野の学びであること、そしてこの科目は教科専門担当者と教科教育担当者との共同運営されるべきである。そしてその中心は後者にあるべきことを提案している。その一例として臼井が「教科教育」を担当する社会科の一例を紹介している[17]。

　　　１年次前期「社会科学入門」
　　　１年次後期「社会科教育入門」
　　　２年次通年「地域社会の総合研究」
　　　　　　　↓
　　　３年次通年「社会科教材研究Ａ」（共同運営）
　　　　　　後期「社会科教育学基礎演習」
　　　４年次通年「社会科教育学演習」

３年次の教材研究Ａ（教材研究はＡ～Ｅまで５コマ開設されており、Ａは社会系学生対象の授業、Ｂ～Ｅは他系・他課程学生対象の授業）は２年次の地域社会の総合研究を教材化して模擬授業として行う。前者において日本史と人文地理と法律の大学教員による指導によって、ある町の総合調書が作成され、教材研究Ａにおいて、社会科目担当者（臼井他１名）により、次のような形で行われる。

＜前期＞小学校社会科論講義
＜後期＞10月８日：後期授業計画の説明
　　　　10月15日：模擬授業の実際について

10月22日：「教材化授業づくりの基本」の講義および班編成
　10月22日〜11月26日：各班ごとの作業と班内模範授業の検討
　12月3日〜翌年1月28日：模擬授業発表
　2月1日　感想とまとめおよび評価
（各班の授業テーマ）
　1．学校のまわりの様子（松川町の地形と土地利用）
　2．健康で豊かな生活（ごみ集めの工夫）
　3．変わってきた市（バイパスの機能と私たちの生活）
　4．その様子を伝えるもの（めがね橋）
　5．人々のくらしと店の働き（本町商店街）

　この大学の授業実践において評価できることは、教員養成カリキュラムにおける総合の要である教科専門科目と教職専門科目の関係性を確かにするために両科目の担当者相互の・共・同・運・営を行う。そして教職専門科目である社会科教育が教育学の一分野であることから、この共同運営に中心としての責任を果たしていることと、この実践が教育実践に具体化する教材化を構想しているということである。ただ、問題点としていえることは、これまでの教員養成課程がアカデミシャンとエデュケイショニストの対立にあったことを考えると、エデュケイショニスト主導のこうした改革がこれまでの対立を止揚（aufheben）する解決になっているかどうかという点である。第3章での山田の危惧する狭義の教員養成になってはいないかという点である[18]。言い換えれば、この共同運営においてどのような思考が働いていて、教科教育学がいかなる点で中心的役割を果たしたか、ここではいまだ不明である。そしてそれゆえに、この実践において学生たちがこの共同運営の授業を通してどういう認識をもつ必要があるかがわからないのである。だから、子どもに対しても知識伝達的実践に終わる可能性が高いのである。その理由は次の点にある（傍点——引用者）。

　2年次の通年で「地域社会の総合研究」で教科専門の3人の大学教員が、日本史、人文地理、法律の3つの視点で福島市松川町の調査を行ったという。その際、学生たちは、この松川町の3つの方面について、福島市

政史、福島市の地図や地誌的資料、福島市議会議事録等の調査を行うことになるであろう。その際、社会科学的なものの見方については、1年次前期の「社会科学入門」のところで歴史認識とは何か、地理的なものの見方、あるいは法におけるルールの概念の働きなどについて学んでいるはずであるとすれば、1年次の後期「社会科教育入門」では、そうした認識をどう育て、どう学習されているかという問いを追求したはずである。とすれば、日本史、人文地理、法律の観点からの地域調査においても、そこには社会科学的認識が根底に働いているはずである。つまり、福島市松川町の歴史的変遷の背景には、日本の戦前・戦後史があり、人文地理的にいえば、すでに第4章の p.124 で「地図」や「地域」概念の分析で明らかにしたように「地域」[19]を実態として、単に知識として学ぶだけでなく、「地域」としてとらえるという見方はどういうものの見方なのかという認識の仕方を学ぶことになるはずなのである。

　たとえば、人文地理の担当のグループが松川町を一つの地域としてとらえることは、そこに住む住民たちが各々生活を営み、各々の家庭を維持するとともに、生活上の営みとしての関係性をつくっている。そしてその関係の実態が地平上に刻印されるとき、そこに空間上の景観（landscape）が現れる。この形象は地質学がつくり出した地球上の視覚上の特色＝地形の上に、前述の人間生活の実態が展開した姿である。したがってこの景観は、地図上、平面としてみるとき、一つのまとまりのある形状（ゲシュタルト＝gestalt）を示す。この形状をさして、「地域（region）」という概念で表すのである。

　この「地域」概念を鍵概念として成立した学問が人文地理学なのである。しかもこの人間生活の実態は日々の日常的生活の営みが時間をかけて形成されてきたのである。土木技術などの科学技術などが大きく革新されたときには、この景観は激変する（例：列島改造）。しかし、農業など昔からある基本産業の場合、田畑などの景観は一見変化しないように見える。しかし、平安時代の水田耕作と現代のそれと比べたら、そこに搬入される労働力やさまざまな農業技術は大きく変化している。そうした時代的変化

を見ていくと、何の変化も見られないように見える景観であっても、大きな変化の変わり目（エポック）に出会う。これは、日本史担当班の歴史認識としてこの変化をどうとらえるかを明らかにする役割であろう。この点はすでに第4章でふれた教科専門科目と教科教育科目を結ぶ理論問題である。一見、何の変化もない水田の景観であってもそこに投入される労働力の量、生産様式のあり方（人的労働力か、機械力を投入するか、農薬を使うか否か等々）、歴史的変化によって大きく異なる[20]。

しかし、残念ながら、福島大学のカリキュラムでは、両者を関係づける組織上の実践の努力によって実践的事例は提起しているが、理論的な総合の試みは文献からうかがうことはできない。それゆえ、教材研究Aにおいても、教科専門における社会科学的な認識の仕方という視点が教材研究のレベルにどう反映されているのかが不明である。したがってこのままだと、地域社会のさまざまな知識内容を記憶する学習に終わってしまい、地域を総合的に考えるということはどういうことかという点での掘り下げが不足してしまう可能性も大きいのである。

これまでの論述の中で教員養成カリキュラムが総合的性格をもつための阻害要因になってきたアカデミシャンとエデュケイショニストの対立という事態を克服するために、この対立を生み出すもっとも基本的な問題、すなわち教科専門科目と教科教育科目とをどう関連づけるかというとき、組織面で2つの教科目の教員が連携して授業科目を設計することは確かに一つの前進ではある。しかし、学問体系の視点から教育学系の視点への変換という提案が制度・組織面での変換に過ぎないとすれば、それは、山田がかつて指摘したような狭い意味での改革、つまり教育学系に養成制度の改革のイニシアティブをアカデミシャンからエデュケイショニストの側に引き寄せたことにしかならない。学問体系は各々の研究分野を個別的に考えれば、教育学系とそもそも教科教育学系、さらには教科専門系との関連づけは制度的枠組みを問い直すことなしには不可能であり、学問体系を一般教育のあり方についての考察においてすでに扱ったように諸学問をメタ認識（学問についての哲学的思考）のレベルで問い直し、認識論としてとらえる必要が

ある。さもないと研究分野を超えた学際研究は困難なのである[21]。

（2）弘前大学教育学部の場合

　弘前大学は「教員養成学」という新たな「学問領域の創設」をスローガンに掲げて教員養成カリキュラムの創造に乗り出した。弘前大学は2000（平成12）年、教育学部将来計画委員会報告「弘前大学教育学部が目指す基本的方向」において、「教員養成学」の確立を提案した。そして2002（平成14）年の「教員養成学」を教育学部の研究の中に位置づけるとした。そしてこの「教員養成学」の性格は、遠藤孝夫が著書の中で明らかにしている[22]。それによると、弘前大学における「教員養成学」という学問の歴史的過程を辿ると、その出自を宮城教育大学の大学改革における林竹二の思想まで遡ることができるという[23]。それは自己の再形成の手段としての学問を役立てることだという。それを教員養成カリキュラム論に置き換えるならば、横須賀薫のいう「少人数の発表や質疑応答や討論を含む授業」によって、「科学や芸術を自己のものとするための出発点を築く場」[24]を創出すること、また教育実践を根底に据えることであり、「各教科の教育法の教育法教育を統合し、教育学教育・個別科学・芸術・技術の相互関連をはかっていく位置づけをもつ」[25]ものが教授学であり、それが教員養成を展開する軸となるものであるとした。

　こうした宮城教育大学の改革に触発された弘前大学の「教員養成学」は行政側の教員養成課程5,000人削減計画や「在り方懇」の外圧を主体的に受け止めて、教員養成学部としての色彩を鮮明に打ち出そうという試みが、この「教員養成学」の確立を通しての学部改造であると主張している。それゆえ、「教員養成学」は、次の7つの研究内容を包摂するものとなっているという[26]。

　① 教員養成学部の内部構造の研究
　② 内部構造を支える担当教官図のあり方の研究
　③ 授業研究や教育実習の位置づけを含む、統合の軸をもったカリキュラムの開発研究

表1　弘前大学教育学部　新カリキュラムの全体構造（出典より筆者作成）

> Ⅱ．新カリキュラムの全体構造
> 　1．自己形成科目群
> 　　　教育プロフェッションとしての多面的な基礎と現場に臨む基礎を培う、学校臨床のための《事前指導》科目。
> 　2．学校臨床科目群
> 　　　現場での体験を積むことによって①〜③をねらう。
> 　　　　①児童生徒に働きかけ、読みとり、働きかけ返す力をつけること
> 　　　　②自らの知識とスキルの不十分性に気づかせること
> 　　　　③より高度な専門性へのニーズを引き出すこと
> 　3．教員発展科目群
> 　　　学校臨床科目群での体験をもとに、着実な自己再形成とより高度な専門性を発展させ、卒業研究につなげていく。学校臨床の《事後指導》科目。

（出典）遠藤孝夫・福島裕敏編著『教員養成学の誕生―弘前大学教育学部の挑戦』東信堂、2007年、p.90

　④教員の資質構造のための新しい領域の開発研究
　⑤現職教育のあり方研究
　⑥附属学校の必要性およびあり方の研究
　⑦教員養成学部の資質研究とその養成コースの研究

　こうした研究の守備範囲の設定はこれまで旧教育学部が教員養成学部としての体制をとり得ず、結果的に行政当局からの存続の危機を予告されるという状況の中で生き残りをかけての宣言であったといえよう。それゆえ、「教員養成学」の存在理由を証明するための設定ではあるが、本書の関心からすれば、①〜⑦までの研究内容のうちの③の教員養成カリキュラムの研究開発分野に絞らざるを得ない[27]。なぜなら、その点で理論的実践的に教員養成学を確立すること、言い換えれば、宮城教育大学以来の理論的な中核である「各教科の教科教育を統合し、教育学教育・個別科学・芸術・技術の教育の相互連関をはかっていく位置づけとして『教授学』を考えること」だとしている[28]。

　そこで具体的なシラバスを検討してみよう。新カリキュラム構想は2つの柱、第1は専門諸科目の有機的関連のために、全授業科目を組み直し関係構造を明確化し体系化していくための枠組みとして1.「自己形成科目」、

表2　弘前大学教育学部　新カリキュラムの中核的構造（出典より筆者作成）

> **1－3　教科専門科目**
>   教科内容の背景となる専門的な知識・スキルを習得する科目のうち、教員一種免許状取得に最低必要な単位数の科目に限定してここに配置して、内容の確実な定着を図る。単位数は幼6単位、小8単位、中および高20単位、養護教諭28単位である。
>
> **1－4　学校臨床準備科目**
>   学修の連続性を確保するために、1－2、1－3と「学校臨床科目群」とを橋渡しする科目である。これまで習得した知識とスキルを組み替え発展させ、学校臨床・教育臨床に応用できる段階にまで統合することをねらう。「授業臨床準備科目」と「生活臨床準備科目」に大別される。
> 1）「授業臨床準備科目」
>   <u>各教科の「教科専門科目」・教科教育法等と現場での授業臨床との橋渡しをする科目。</u>
>   ① <u>教科専門担当教官と教科教育担当教官、北東北3県の公立学校園からの交流教員が緊密に連携・協働して実施する。</u>（傍線―引用者）
>   ② 各教科にかかわる科目で修得した知識とスキルを再編整理させ、学校での授業実践に向けて融合していく。例えば「学校○○」（○○は各教科名）」は、その教科の知識とスキルを、授業実践に応用できるように統合していく。
>   ③ 小学校生活科に係るこの科目は生活科専任教官が担当する。
> 解説科目の例
>   「学校○○」、あるいは「○○科教材研究方法論」「同教材開発方法論」など

（出典）遠藤孝夫・福島裕敏編著『教員養成学の誕生―弘前大学教育学部の挑戦』東信堂、2007年、p. 92

2．「学校臨床科目」、3．「教員発展科目」をあげる[29]（表1参照）。

　この3つの群についての解説を読むと、すべて教職をプロフェッションとして深めていくためのステップとなっている。言い換えれば学校教育に特化した教員の資質養成について細分化し、教育実習と対応させ、個別学習を通して、学生を学校教員（とくに小学校教員）としてトレーニングされるプログラムとして計画されている。その点では教員養成としての特色を鮮明にしたプログラムということができる。

　しかし、こうした教員養成学の構成はこの著書で遠藤が総括した趣旨と大きく異なってしまっている。遠藤が著書の冒頭で主張したように、わが国の教員養成の歴史においてカリキュラムの総合を妨げていたアカデミ

シャンとエデュケイショニストの対立を解決しようとする試みは見られない。宮城教育大学において林が強調した「学問研究」をカリキュラムに反映しようとする試みも弘前大学のカリキュラムには存在しない。遠藤は「教員養成学」の理念の根底にあるのは、宮城教育大学の改革であり、教授がその中軸になると述べていたが、その証拠はこのカリキュラム案に見出すことはできない。すなわち、「教授学は教育実践を統合し、教育学教育、個別科学、芸術・技術の教育の相互連携をはかっていく位置づけをもつ」としている。この文言を裏打ちするとする文章としては、表2の1－3、1－4（学校臨床準備科目の1）の「授業臨床準備科目」の傍線の文言しかない[30]。ここでは、教科担当教官と教科教育担当教官が緊密に連携、協同するという記述しかない。これでは、先の「教育学教育、個別科学、芸術・技術の教育の相互連携」を理論的に語りえていないし、「教授学」がいかにして中軸になり得るかもわからない。つまり、遠藤の主張は宣言のままであり、内容的に空虚のままである。

　もし、弘前大学のカリキュラムが「教授学」として林の「学問研究」を理念として反映するのであれば林の授業実践を振り返って見るべきである。たとえば、林の「開国」という授業実践における教材解釈に着目することである。「開国」の授業（教授学、社会科教育学の研究対象）は林の明治維新研究・人物研究（例：横井小楠研究）（教科専門、歴史学、哲学の研究対象）と深くかかわっている。人物研究を通しての明治維新研究において林は、この時代の海外留学生は自分の留学の意義と日本国家、あるいは藩の存亡を不可分のものとして考えているのではないかという仮説をもっていたと思われる[31]。それが林の明治維新史における人物研究の視点であり、伊藤博文や森有礼についてもその視点を貫いている。それが「開国の授業の教材解釈論の根拠」であったと筆者は考える。遠藤が「教授学」の役割として主張したことは林の歴史研究の視点と教材解釈論とを通底させることなのである。しかし弘前大学の養成カリキュラムはこうした教科専門と教科教育学、教授学の関係を明らかにしていない。これではアカデミシャンとエデュケイショニストの対立は解消しえない。カリキュラムの学際性を

保障する理論を欠くからである。

　弘前大学のカリキュラムにおけるもう1つの問題点は、カリキュラムの3つの柱の2つ目にある学校臨床科目群という柱の「臨床」概念のとらえ方である。ここでは「大学で学習から得た知識・スキルを学校現場・教育現場で実践していく科目群であり、『授業臨床科目』『生活臨床科目』の2つの柱と、両者を総合する『統合臨床科目』などからなる」とされ、「**これまでの教育実習を大胆に改編し、飛躍的に拡充させたところに大きな特色がある**」としている（太字──引用者）[32]。

　大学における教員養成の学科目を自己形成という概念に総合的に把握し、ここに林の自己形成の概念の応用が見られる。それを現場の実践に結びつける意味で学校臨床科目群へと発展させ、さらに、教員発展科目群へと展開させるという筋道は、学生が一人前の教員へと成長・発達するという発想であることは理解できる。しかし、このように分節化したカリキュラム構成において「臨床」概念を多様化することは、氏家靖浩が批判するように、「臨床」という概念の原義の問い直しがなされておらず、制度としての臨床であり[33]、スクールカウンセラーに問題解決の主体を任せるという形で、教育病理は解決に向かっているとする「臨床幻想」による思考停止にしかならないという批判に通ずるのである[34]。仮に、すべての教師志望学生が、そうした臨床的手法を学ぶことができるのだと仮定したとしても、各々に分節化した臨床科目を方法論的にどうつなぐのかは不明である。氏家がいうように、「臨床」の原義に立ちもどって考えると、いじめなどの教育上の病理の解決は、「現場」に身を置き「つなげる、重ねる、合わせる、育てる、物語るなど関係性や時間制や文脈性を重視する」[35]とするならば、「臨床」という原義の求めるものは、問題解決に向けての学際性であり、この学校臨床科目群を構成する詳細な計画表の前に、これを実践する大学教員や附属教員、現場の実習校の指導教員たちが現実の教育現実に対し、どのような学際的交流の実績を積み、それがどのように省察したかの提示が先行すべきであろう。

　遠藤は林における「自己形成」の概念に着目した[36]。それが弘前大学

の教員養成カリキュラムにおける「自己形成」科目群として設定された。しかし、林のこの概念はソクラテスの問答に由来し、自己の省察を通して自己形成を示すことであり、そこに自らの学問研究の営みを見ていたという遠藤の考察は正しい[37]。その営みが「田中正造」研究であり[38]、宮城教育大学の「一般教育ゼミナール」であり、全国への授業巡礼の旅であったとするならば、自己形成科目群を制度として設定する際に、この大学教育カリキュラムを実践した結果に対する省察があってしかるべきだと思うのである。このカリキュラム構成には、林の一般教育で展開した学問研究の視点が思想として介在しているとは思われないのである。

（3）鳴門教育大学の場合

　2001（平成 13）年の「在り方懇」の提案を受け、鳴門教育大学は 2005（平成 17）年から教育実践に貢献できる教育者を育成するためにコアカリキュラムを開発し、教員養成として必要な基本的資質を養う試みを発足させた。このカリキュラムは、教員養成学校内にあるアカデミシャンとエデュケイショニストの対立を「教授学」を軸にして、総合するというものである[39]。教員養成カリキュラムは、①一般教養、②教科専門、③教職専門、④教育実習からなっている。小学校教育教員養成の場合、これは発達段階に沿って総合しなければならないという。

　「教授学」は「授業というものを児童・生徒の知的、道徳的、身体的発達を図る教育活動の中心に据えて、科学・芸術の成果と教育実践の統一を意図し新しい科学として構想」されたものである[40]。このことを実現するために、鳴門教育大学は「教員養成大学独自のコアカリキュラムを開発することを目的とし、『組織的に取り組み』『学士課程段階教員養成における"教育実践力"の育成』を目標とし、『教育実践学を中核とする教員養成コア・カリキュラム──鳴門プラン』を開発した」[41]という。

　ここでいう「コアカリキュラム」とは、「中心となるコアの内容とそれを取り巻く周辺の内容があり、そしてその両者が関連をもって構成されたもの」[42]であり、「教育実践力」は、学校教育の指導内容の範囲の発展

性を理解し、子どもの発達段階に即して単元を構成したり学習として展開し、評価できる能力であり、それは<u>教科内容学、教科教育学、教育学の理論知と教育実践の実践知の統合したもの</u>ととらえられた（傍線─引用者）。この能力を育成する授業をカリキュラムのコアである「教育実践学」の部分において、実践的体験としての「教育実習」のそれとを関連させながら、実践を省察的にとらえる「教科教育実践」によって具体化したという。

そしてカリキュラムのコアにあたる「教育実践学」の具体的プログラムをＧＰプロジェクトとして「教育実践の省察力をもつ教員の養成」の理論と方法という形で発表している。

このプロジェクトを立ち上げた理由はとして、1．大学の授業者が教育実践力の理解にコンセンサスを欠いていたこと、2．大学の授業実践に相互理解を欠いていたこと、3．学生の授業理解が統合化されず、教育実践力に結びついていないこと、大学教員が自らの実践への反省を欠いていたこと[43]、以上の点を克服するために、実践理解の評価スタンダードを作成し、「知の統合化ノート」および、授業実践映像とを組み合わせて、学生が自己の実践力を診断し、職能開発の到達点と課題を明確にする。

「授業実践力スタンダード」の内容としては、**授業構想力**（「学習者の評価」「目標の分類と設定」「授業構成」「単元（授業計画）」）、**授業展開力**（教授学習過程を教育目標の実現のための教材・教具と言葉を媒介としたコミュニケーション過程としてとらえ、そうした過程で教師が発揮すべき実践的能力として「基礎的・基本的授業態度」「授業活動の構成と展開」「学習者の喚起と促進」「学習活動の評価」）、**授業評価力**（授業実践後、実践の事実をふまえ自己の教育・社会観、授業目標、授業構成論、指導法を反省、評価し、改善できる能力）である[44]。

また第１にコアカリキュラムの開発については、授業内容として、①教職の意義と使命、②学びの意味と教科の成立、実践、③子ども理解と生徒指導、④学級づくり、授業は、就労支援、教科専門、教科教育担当の大学教員と教育現場の「協働」により展開する。第２のコア科目は「教科教育実践」と「教育実習」、前者は、基本的な理論と実践の技術・方法

を、学習指導要領を基盤とする教科内容の柱立ての理解と教育現場での具体的な指導場面の分析、模擬授業の実践をふまえて習得していく[45]。授業は、教科専門・教科教育・附属学園、または地域の教員の「協働」により展開する(傍線——引用者)。「教育実習」は「教科教育実践」とかかわらせ、「ふれあい実習」(1年次9月)、「附属学園実習直前観察実習」(3年次6月)、「附属学園教育実習」(3年次9月)、「附属学園実習事後指導」(3年次10月)、「副免実習」(4年次11月)、「教員インターンシップ」(4年次6～3月)を選択として展開する[46]。なお、コア以外の教養・教職・教科専門各領域・科目については、「教育実践学」と結びつけカリキュラム全体の構造化が図られるよう構成したという。

さらに、教育実践力の自己開発・評価システムとして、学生一人ひとりが「知の統合化」ノートを作成し、自らを省察する。

上記の鳴門教育大学のプログラムにおいては、これまで教員養成カリキュラムが抱えてきたアカデミシャンとエデュケイショニストの対立や不一致は、カリキュラム構成とこの計画に参加した大学教員の組織化と運営において完全に克服したかの印象を受ける。この大学のカリキュラムは「教育実践学」をコアにして、教員養成カリキュラムの各科目が教師のもっとも中心的な仕事である授業実践の遂行にかかわる課題と結びつけられ、しかも「模擬授業」や「教育実習」と連結する形で設計され、それに対する評価項目とも結びつけられ設計されているからである。そしてここには、「教科専門」の教員も「教科教育」の教員も協働的に参加するとされている。しかし、その協力のあり方や具体的実践の過程は具体的に明らかにされていない。いわゆるアカデミシャンとエデュケイショニストとの関係は今、取り上げている著書では福島大学や弘前大学の例と同様に、お互いに協働するというように、組織論的に語られているだけである。

鳴門教育大学のコアカリキュラムの開発は西園芳信が中心となって行っており、別の文献でも『教育実践から捉える教員養成のための教科内容研究』の著書を編じている[47]。いわゆる教科専門といわれる授業内容がどのような形で教育実践との結びつきが可能なのかを問うている。西園はい

う。理学部や文学部等の専門大学の学問や諸科学分野は、個別学問研究の専門教育であり、そこには研究の対象の方法が独自性がある。そして、歴史的に蓄積された学問・科学・芸術・技術等の継承と創造を行うために、常に各学問や諸科学の分化・細分化された最先端に研究の対象や興味がある。これに対し、教員養成大学・学部の教科専門の学問や諸科学分野は、第1に個別学問や諸科学研究であるが、単にそれだけではなく、第2その成果と教育実践との関連を研究するところにあるといえる。つまり、教員養成大学・学部の教科専門の学問や諸科学分野は、個別学問や諸研究に加え、次のような学校教育の教育実践を視野においた研究を担うものと考える。

　その第1は教科内容の研究である。（──中略──）諸科学の内容は、子どもの成長と発達にどのように寄与するかという教育の視点からその内容と価値を問題にし、教科内容を創出することである。第2は、（──中略──）そのための典型的な教材を創出することである。（──中略──）教員養成としての『教科内容学』とは、教員養成大学・学部の教科専門としての学問・諸科学・芸術・技術等の内容を学校教育の教育実践の立場から構成したものをいう（傍線──引用者）[48]。

　西園のこの論述の問題点の1つは、こうした区分を教員養成大学に職をもつ者として当然視している点にある。すでに第4章で論じたように、大学の教員の公募において、たとえば、教科専門科目担当を採用する場合、物理学担当、とか経済学担当として募集する。応募者は多くの場合、アカデミックな専攻分野で研究をし、業績を積む者である。そしてこうした応募者は、教員養成大学であろうと、一般大学であろうと、細分化された研究分野にもっとも関心をもっているのは当然である。担当授業科目と自らの研究領域との間にズレが生ずることは当然予想される。その場合、研究者としての関心を狭い研究分野のみに限定して、教科専門科目を単に職業上の責任としてのみで、すますというわけにはいかない。そしてもし採用された大学が教員養成大学であり、彼がたとえば、計量経済学の専攻だとしても、経済学という学問はどのようなものの考え方なのか、経済現象と

して見るということは、どのようなものの見方なのか、という認識論的問いは必要なのである。こうした問いの立て方は、自分の研究分野の問題解決の仕方を追求するにあたっても研究上不可欠であるとはいえないにせよ、決して不必要なものとはいえない。言い換えれば、すでに第4章でふれたように、自己の学問に対するメタ認知の確立であり、教科専門の研究者がこの問いを提出することにおいてはじめて、西園のいう教員養成カリキュラムにおける教科内容を構築するための立場に立てるのである。

とはいえ、教科専門を担当する専門諸分野の研究者はすでに述べたように探求者としては、オープンマインドである。それゆえ、たとえば教科専門の担当者の生物学者が「ヤツメウナギ」の研究者でもあり得るわけである。彼の研究の関心はヤツメウナギの生態であり、それは主要な研究関心であることを否定はできない。それは学問研究の自由である。しかし、同時に教科専門の担当者として生物学や生態学一般についてのメタ認知は研究者としてもつことは必要であり、この点に教授学や教科教育学との間で対話が成立する可能性があるのである。そしてこの対話責任はまさに関連する学科目の担当者相互にあるといわねばならない。しかしそれは、制度的にあるいはカリキュラム経営上の権力的な働きかけで行われるべきではなく、あくまでも研究の自由の問題として開かれるべきだし、教科専門の研究者の自らの研究分野に対しても開かれた知として展開されるべきである。

しかし、教科教育学者や教授学者はこの学問の性質上、規範的に教育内容の構成に関与する。つまり、西園がいうように、人間の形成と発達に寄与するであろう内容を選択し構成する。しかし、その構成された教育内容それ自体は学習者によって学ばれる際に必要なこととして、この点において教科専門の研究者との協働は避けられない。この点で教科専門の担当者はもっとも教科の認識の仕方に近い位置にいる。

前述のように、それをどう認識するかという問いは不可欠である。教育内容を選択し構成するにあたって、教科専門の研究者と教科教育学者、教授学者が共通な認識を共有することなしには、教育内容の構成はできない

のである。アカデミックな研究者としてのメタ認識なしに教育内容の選択と教材化は不可能なのである。鳴門教育大学の教員養成カリキュラムには、組織論的協働は謳われているが、協働の中身については教員養成カリキュラムの著書では具体的に語られていない。教科教授学や教育実践学と教科専門とが当該の学問をめぐってどのような認識論的対話が成立するかどうかが、両者の協働を具体的に構想するかが問われるところである。

西園は「教員養成大学・学部の研究分野において『教科内容学』の研究領域は、教科専門と教科教育の研究分野の重なったところに設定されると言えよう」[49]といい、「教科内容を問題にするときは、専門とする学問・科学技術等の立場から学校教育の教科内容の創出や構成を論ずることになる」とし、その視点として1．学問、科学、技術等についての認識論的定義、2．1から抽出した教科内容構成を教育実践の観点からとらえ直す、3．2の観点から学習指導要領にみられる教科内容構成を批判的に検討する、こととしている。こうした諸点はすでに本書で筆者がすでに1970（昭和45）年代の論文に基づいて展開したが、先の鳴門教育大学のコアカリキュラム論では具体的に提示されていない。ただ、西園らの「教育内容学」の著書では、鳴門教育大学のカリキュラムより具体化されている。それを検討しよう。

この著書の共編者である増井三夫は教員養成としての教科内容学（教科専門）研究の歴史を辿り、「教科内容学構築の困難性：深い断絶の再発見」という小見出しで、「在り方懇」や教大協の提案においてさえ、前述の「教科専門」についての認識論的定義が欠落したことを指摘している[50]。それは本章で筆者が明確にしてきたことと通底している。こうした「教科内容学」の研究が教科の認識論的定義に始まって内容構成の枠組みをとらえ直す試みが見られるようになったのは、2006（平成18）年の広島大学の研究プロジェクトである。しかしそこでは、初等教員養成の第一類（学校教育学系）と大学院学習科学専攻では「教科教育学の議論は全体としていない」、つまり論議していないということであろう。そのことから増井は教科専門諸科学と教科教育科学を統合した専門研究＝学として教科内容学

を提唱している。しかし、それはすでに本書で筆者が提唱した点に他ならない。

では増井らのこの試みは成功しているのだろうか。「教育内容」の構築が増井が「おわりに」で指摘しているように、それはアメリカ教育の危機がハンナ・アーレント（Hannah Arendt）の指摘した「本来学ばれるべき内容」から遊離と類似した状況へ挑戦であった点は評価しよう[51]。しかし、結果としてこの試みは成功していない。紙幅の関係で全論文を批判の対象にはできないので、理論的構成の問題点とその具体的事例として増井が評価している鳴門教育大学の教員養成プロジェクトに関する著書の第6章を検討しよう[52]。教科専門と教科教育学を統合的に把握することで「教育内容学」を構築したいと考え、専門教科領域の認識論的定義をすることの重要性を増井が主張していることは正しい。問題は認識論的定義をするということの営みが不明確なのである。増井は「教科内容学構築論のフローチャートは、視点1『教科の認識論的定義』→視点2『学の体系性』→視点3『教科の内容構成』→視点4『教育実践からの検討』」としており、増井は、西園の論考を例に上げ分析して次のようにいう（ちなみに西園の専攻は音楽教育学である）。視点2と3が教科専門の授業と視点の教育実践の最先端で検証されているとしている。そしていずれの検証も、学習者（学生と生徒）の音楽「生成」活動の次元で、音楽学と音楽教育学を統合した観点に基づいてなされていることであるという。この点が「教科専門と教科教育、及び従来の教科内容との違いを際立たせている」[53]と主張する。果たしてそうであろうか。

鳴門教育大学の教員養成プロジェクトに関する著書では、Ⅰの1の「小学校教諭一種免許のために必要な音楽科の教科専門科目について」で教科に関する科目、「音楽基礎、ソルフェージュ基礎、歌唱法、器楽奏法」「指揮法」「音楽理論」各々が解説されている。その解説について頃安利秀は「ここで取りあげたすべての科目についていえることは、音楽にかかわる理論的な知識と演奏にかかわる技能の習得が主な目的になっているということであり（──中略──）、これらの授業科目は、各分野相互の関連性につ

いてはとくに示されておらず、分野ごと科目に考えられた授業で行われているようである。そのため音楽コース<u>全体として</u>、どのような学校教員を養成しようとしているのかという<u>基本的なコンセプトが見えない</u>」と述べている（傍線——引用者）[54]。

これに対し教科教育担当の西園は、教育実践からとらえる教科内容構成の原理と題し、視点1として、理性的認識と感性的認識を区別し、後者が芸術を対象とする場合で、感性・直観・イメージ感情等がかかわり、主観性、個別性、非論理性を特徴とする。ただし、双方とも他の認識の支えを必要としているとする。「芸術は、自然の質の世界に動かされたわれわれの心のイメージや感情などの内的経験としての意味を直観という感性的能力でとらえ、それを音、色彩、言葉、身体などの媒体を通して誰もが知覚できるように表現したものである。（──中略──）音楽の場合は、音楽の諸要素とそれの組織化によって質的時間を表現することである。つまり、音楽は、音色・リズム・旋律・速度・強弱を素材として繰り返し、対照、調和等の手法によって構成し組織化することによって、高揚と低下、前進と後退、加速度と減速度、急激な突進とおもむろな減速度といった質的時間を表現する。したがって、芸術的認識は認識主体（表現する自己の内的経験）と表現した作品（素材で組織し客体として表すこと）の両方にあり、それらの相互作用によって生み出される芸術美の基準は、主体と容体の合一にある」[55]。

このように芸術認識の特徴を述べながら、音を媒介する音楽の「かたち」として、音楽の形式的側面（音楽の諸要素とその組織）と音楽の「なかみ」として音楽の内容的側面（曲想、雰囲気、特質、イメージ、感情）、「背景」として音楽の文化的側面（風土、文化、歴史）、「技能」として音楽の技能的側面（声、楽器、合唱や合奏の技能、読譜の技能、批評の技能）を区別する。さらに「音楽認識」の立場から、A認識対象、B認識能力、C認識活動を区別する[56]。

しかし、教科内容についてのこうした言語による「体系化」は、音楽という芸術表現や認識についての特色を明らかにし得ない。なぜなら、こうした西園の規定は芸術的認識の特色である主体と容体との合一とか相互作

用のあり方について具体的に何ら語っていないからである。そもそも音楽の「なかみ」といわれる曲想、雰囲気は、音楽の「かたち」を抜きにしては、具体的には表現されないし、認識もできない。西園がここで述べるような「かたち」「なかみ」という区別は言語レベルでは一応区別されても、具体のレベルでは両者は区別できない。このことが西園にも増井にもわかっていないので体系化されたなどといってしまうのである。芸術表現一般について言語や記号等による概念や論理形式ではとらえることのできない自然の質や内的経験としての人間感情やイメージを音・色彩・身体的動き・言葉等の媒介物によって感覚的な形を与えるというように語りながら、「かたち」と「なかみ」「背景」「技能」のように言語化するにもかかわらず、それらの相互関係については具体的に語り得ないのである。つまり、こうした形式的区分ができないことに気づかないのである。これでは音楽についてのメタ理論がないので絵画表現と音楽表現の相違すら語り得ない。

　また、音楽の文化的側面においても、尺八の演奏の特色を西洋式の五線譜では表現できないとされているように、音楽表現の特色は聴覚を中心とする身体感覚に与える具体相とかかわっている。岩田は音楽表現の特色について、音楽学者前川陽郁の説を引用して、「音楽の音が日常生活の音や音声としての言葉と異なるのは、それを聞く者が音そのものに聴き入ることである。日常生活の音や会話の言葉の場合、私たちは音そのものではなく、音の発せられる原因や音声の指し示す意味を認識することが重要となる」「音楽の音の場合、その音そのものに聴き入る」[57]。つまり音楽であるか否かは、<u>音そのものによって決められるのではなく、音を聴く者の聴き方によるのである</u>（傍線――引用者）[58]。つまり、音の響きやリズム、メロディが楽しいか、心に残るかが大切なのである。西園の論でいえば、音楽の「かたち」と「なかみ」は西園のように区別すること自体、具体のレベルでは、できないのである。

　西園の論の視点1～3では、教科専門科目の「初等音楽Ⅰ」または「音楽基礎」の具体的内容について理論的関係づけはできない。だから、頃安

は、音楽コース全体として基本的コンセプトが見えてこないという。西園はこの頃安のきわめて率直な見解とは無関係に言語的に音楽の内容構成をしてしまっている。増井の総括は西園のこの誤りが見えていない。増井は何をもって検証されているなどといっているのかまったく不明である。増井の言説はいみじくも、それゆえ教科内容が「学」として認識されていないことを露呈してしまっている。本書においても「教科内容改善の可能性」が実現されていないのである。

　以上のことから鳴門教育大学における教科専門と教科教育を統合的に把握しようというスローガンは教員養成カリキュラムを組織的に制度化しようとする動きの中で協働とか連携という形で進められてきていることは確かである。しかし、教員の資質として、広い文化的学問的教養に根ざし、それがかつ臨床的に教育現場で適用できる形で実現しているかといえばそれはいえない。なぜなら、教科内容の相互関係について、横断的な真の対話が成立しているとはいえないし、したがって児童の認識の立場で音楽という教科をどうとらえ（他の教科も同じ）、どう授業の実践に生かすかという点では、いまだ課題として残されているといえよう。

　教員の生きた資質として形成される知識や教養は、何よりも、人間形成という意味で、広い生活や文化に支えられるとともに、教育現場と向き合う臨床性に支えられていることが求められる。このことは、保育者養成においてはなおさらであり、小学校教育教員養成カリキュラムが人間の文化や学問に支えられていることは、幼小の連続性からも強調し、しすぎることはない。

［注］
1）「教育刷新委員会採択・建議」（資料4）1946年～1947年、臼井嘉一『開放制目的教員養成論の探究』学文社、2010年、p.144
2）同上書、p.10～45
3）第3章「教員養成学部における主体的目的養成認識の成立」（資料6）福島大学教育学部教授会決定、1977年10月12日、注1）前掲書、p.151～154

4）同上書、p.153
5）「今後の国立の教員養成系大学・学部の在り方に関する懇談会報告書」（資料7）注1）前掲書、p.155〜168
6）福島大学教育学部50周年記念著書刊行会編『21世紀の教師教育を考える——福島大学からの発信』八朔社、2001年、p.1〜48
7）1989（平成元）年　筆者が野外教育実習センターの施設長として、この施設の研究センター昇格の陳情に文部省の大学局長への面会を求めたとき、局長から東京学芸大学は教員養成をきちんとやっていないという主旨の発言があった。そのとき、筆者は幼稚園教育教員養成課程の教授として、附属幼稚園と連携して大学のカリキュラムの改善の実践報告の拙稿を自分の教員養成の実践の証として局長の机の上に読んでほしいと置いてきたことがあった。数年後、小学校教育教員養成課程の学生募集定員の削減が大学に降りたとき、定員削減の割り当てが若干名（2〜3名）幼稚園教育教員養成課程にも下された。しかし、その後、文部省から幼稚園教育教員養成課程は、保育者養成をよくやっているということで削減が取り消されたと聞いている（ただし、これは伝聞に基づいているので、確かな事実は確認できない）。
8）皇紀夫「教育『問題の所在』を求めて——京都大学の構想」小林剛・皇紀夫・田中孝彦『臨床教育学序説』柏書房、2002年、p.15〜26
9）臼井嘉一『開放制目的教員養成論の探究』学文社、2010年、p.73〜76、または、注6）前掲書、p.1〜48
10）同上書、p.74
11）同上書、p.44
12）同上書、p.25
13）同上書、p.26
14）同上書、p.39〜45
15）同上書、p.13
16）同上書、p.21〜26
17）同上書、p.42〜48
18）第4章、注30）参照
19）第4章、注34）参照
20）第4章7節参照
21）とくに第4章7節（2）参照
22）遠藤孝夫「戦後の教員養成教育論の展開から見たその意義」遠藤孝夫・福島裕敏編著『教員養成学の誕生——弘前大学教育学部の挑戦』東信堂、2007年、p.3〜18
23）同上書、p.10、同じく遠藤孝夫「大学が教員養成に『責任』を負うという自覚と宮教大の教員養成改革——『教員養成学』の根底にある理念を端緒として」p.65〜84
24）同上書、p.80
25）同上書、p.11

26）同上書、p.16
27）同上書、p.20
28）同上書、p.11
29）同上書、p.90
30）同上書、p.92
31）小川博久「個性ある社会科の教材解釈」、雑誌「授業研究」160号1976年8月号、p.42〜50、同じく「『生きた学力』を育てる教師、阻む教師」、雑誌「児童心理」376号1978年1月の2つの論文で林竹二を扱っている。
32）注22）前掲書、p.92
33）氏家靖浩「医療・福祉・教育の史的理論的相互交渉」注8）前掲書、p.102
34）同上書、p.97
35）同上書、p.94
36）注22）前掲書、p.71〜72
37）同上書、p.72〜74
38）同上書、p.74
39）鳴門教育大学特色GPプロジェクト『教育実践の省察力をもつ教員の養成——授業実践力に結びつけることができる教員養成コア・カリキュラム』協同出版、p.7
40）同上書、p.7
41）42）同上書、p.9
43）同上書、p.14〜15
44）同上書、p.16
45）46）同上書、p.18
47）西園芳信「序章 研究の課題と方法」西園芳信・増井三夫編『教育実践から捉える教員養成のための教科内容学研究』風間書房、2009年、p.3
48）同上書、p.3〜4
49）同上書、p.4
50）増井三夫「教員養成としての教科内容学（教科専門）研究の歴史」同上書、p.19
51）増井三夫「研究の成果と今後の課題」同上書、p.256
52）53）同上書、p.251
54）頃安利秀「第6章 音楽科の教科内容構成の原理と枠組み」の「1 これまでの教員養成の教科内容（教科専門）構成の実態」同上書、p.157
55）西園芳信 第6章の「2 教育実践から捉える教科内容構成の原理」同上書、p.158
56）同上書、p.159
57）岩田遵子「保育の中の表現活動（2）——音楽・身体表現を中心とする表現活動から」入江礼子・榎澤良彦『保育内容 表現』建帛社、2007年、p.109
58）同上書、p.109

第6章

「保育者」養成カリキュラムの現状と問題点

1．現状を分析する視点を歴史的経緯から

　第4～5章で小学校教育教員養成カリキュラムの問題点を長々と論じてきた。その理由は幼稚園教育教員養成カリキュラムの問題点はその大部分が小学校教育教員養成カリキュラムのあり方、問題と重複しているからである。たとえば、「領域」という概念は「教科」とは異なる幼稚園教育にふさわしい概念とされているが、実際の運用において「教科」と同一視されてしまっている。以下、その点は詳述していくが、その前に、さらに大きな問題として「幼稚園教育教員」養成カリキュラムと「保育士」養成カリキュラムが各々存在し、基本的骨格において共通性を志向しつつ、法的には別々の制度であるということである。しかも、多くの学生が養成校において幼稚園教諭と保育士双方の免許の同時取得を希望する現状の中で、この2つの養成カリキュラムを峻別すべきだとする根拠は希薄である。さらに現在、新システムの中では、幼保を一体化する動きは加速されており、むしろ、幼稚園と保育所を管轄する行政官庁の区別自体、暫定的なものでしかない。それゆえ、幼稚園と保育所の区別を根拠づけている「教育」と「福祉」の概念の関係を問い直し、この関係を改めて考え直すことこそ重要である。しかし、この点については、現行の幼稚園教員の免許資格と保育士免許資格から構成される幼稚園教育教員養成カリキュラムと保育士養成カリキュラムの比較と相互関係性を問題とする際に改めて論ずることにしよう。そこでここでは、現在この両者を中心に統合的な「保育者」養成カリキュラムを構想する必要性にあるということを最近の幼保一体化の動向から振り返っておくことにしよう。

　日本の幼児教育制度は、そもそも明治以来、家庭教育→幼稚園教育→義務教育という考え方が主要なラインであったのである。保育所は、「保育に欠ける」幼児を対象にした児童福祉施設であり、この主流の学校教育中

心の考え方に対しては補完的な意味しかなかった。現幼稚園教育でさえも、義務教育に対する補完的意味での就学前教育でしかなかった。

　幼児教育は家庭教育の私事性に任されていたため、例外的な意味で「保育に欠ける」幼児に対して児童福祉的対応がなされ、保育所が設立されたのである。

　しかし、1980年代末に終焉を迎えたバブル経済後、高度経済時代に形成された生活スタイルの惰性的慣行が子育てにもマイナスの影響として現れてきた。1996（平成8）年の中央教育審議会（以下、中教審と表記）答申は「21世紀を展望した我が国の教育の在り方について」の第一次答申の中で、家庭や地域の現状について、次のように述べている[1]。

　まず、家庭についてであるが、核家族化や少子化の進行、父親の単身赴任や仕事中心のライフ・スタイルに伴う家庭での存在感の希薄化、女性の社会進出にもかかわらず遅れている家庭と職業生活を両立する条件の整備、家庭教育に対する親の自覚の不足、親の過保護や放任などから、その教育力は低下する傾向にあると考えられる。1993（平成5）年の総理府の世論調査では、家庭の教育力が低下していると思う点としては、「基本的生活習慣が身についていないこと」が、もっとも多くの者から指摘されており、家庭の教育力が低下していると思う理由としては、「過保護・甘やかせ過ぎな親の増加」や「しつけや教育に無関心な親の増加」が、多くの者から指摘されている。また、親が子どもと一緒に過ごす時間については、諸外国に比べて、とくに父親が少ない（傍線──引用者）。

　次に地域についてこういう。

　地域社会については、都市化の進行、過疎化の進行や地域社会の連帯感の希薄化などから、地縁的な地域社会の教育力は低下する傾向にあると考えられる。たとえば、1993（平成5）年の総理府の世論調査を見ると、自分と地域の子どもとのかかわりについて、「道で会ったとき声をかけた」36.3％、「危険なことをしていたので、注意した」35.8％、「悪いことをしたので注意したり、しかったりした」28.3％、

などの一方、「特にない」は29.9％となっており、約3割の人が地域の子どもとのかかわりをまったくもっていないと答えている。

こうした家庭や地域の教育力の低下について、その要因を次のように述べ、提言を行っている[2]。

　こうした家庭や地域社会に見られる教育力の低下は、大きくは、戦後の経済成長の過程で、社会やライフ・スタイルの変容とともに生じてきたものと言わなければならない。たとえば、家庭については、これまで企業中心の行動様式が広くつくり出されてきたこと、民間企業などから提供される多彩で便利なサービスを享受することによって家庭の機能を代替させえたことなどが大いにかかわっていると言えるし、地域社会については、都市化や情報化の進展によって、かつては息苦しいとまで言われた地域社会の地縁的な結びつきが弛緩していったことなどの事情が大きくかかわっていると言えよう。

　このように家庭や地域社会の教育力の低下の問題は、日本人のライフ・スタイルや現代社会の構造そのものにかかわる問題であり、その新たな構築を図ることは容易ではないであろう。

　しかし、今、人々は、家庭や地域社会の本来の機能を外部にゆだねたり、喪失させてしまうことによって、一見快適な生活を送ることができるようになったことが本当に良いことだったのか、また、それで果たして本当に幸福になったのか、ということを問うようになってきた。このことは、単に子どもたちの教育の問題だけでなく、わが国の国民生活のさまざまな問題に取り組む上でも重要な課題である。我々は、今こそこの問題を社会全体で真剣に考え直して見なければならないときだと考える（傍線――引用者）。

とある。はたしてこの反省は生かせたのだろうか。

　1996（平成8）年、中教審のこの答申にある幼児をめぐる諸問題はすでに高度経済成長の発展とともに進行していたということになる。1964（昭和39）年、「幼稚園教育振興7か年計画」の施行に始まり、1972（昭和47）年には、幼稚園就園率は58.6％に達し、保育所入所率を加えると、

90％に達していた[3]。このころから私立幼稚園経営はとくに大都市圏を中心に、バス、長時間保育、給食に対する保護者の要求に応えざるを得なくなっており、この現象自体、前述の中教審答申での警告を予告するものだったのである。1972（昭和47）年、筆者は著書の中で、現在（執筆当時）の家庭生活を成立させている消費活動の中で、料理をつくるという活動を再生産活動とよび、そうした活動が省力化している事実を指摘し、幼児の学習である見てまねる機会が喪失しつつある事実を指摘している[4]。

　では、この中教審の警告はどう生かされたのだろうか。結論的にいうなら、この提言自体がきわめて妥協的な提案でしかなかった。それゆえ、その後の政策において、それを実行することはなかった。それは、先の1998（平成10）年の家庭の現状に対するきわめて深刻な現状報告の後半の部分でこう述べている。1993（平成5）年の別の総理府の世論調査によると、「10年前に比べて、家庭を重視する男性が増えている」と感じている人の割合は72.1％に達し、また、20歳代から30歳代の人々の80％以上は、「今後、男性が子育てや教育などに参加して家庭生活を充実し、家庭と仕事の両立を図るためには、企業や仕事中心のライフ・スタイルを変えるほうがよい」と考えている。このように、「国民の多くが仕事中心から家庭や子育てを大切にする生活へと意識が変わってきていることもうかがえる」と状況を肯定的に述べていることと無関係ではない。

　また、地域社会の現状においても、前段で、都市化や過疎化の進行によって地域社会の教育力の低下を指摘しておきながら、「しかしながら、1994（平成6）年の文部省の調査において、子どもの健全な成長のために地域の大人たちが積極的に子どもたちにかかわっていくべきと思うかどうかについて、子どもたちの保護者にたずねたところ『積極的にかかわっていくべきだと思う』、『どちらかといえばかかわったほうがよいと思う』と答えた者の合計は89.3％に上がり、保護者の意識の上では、地域社会が子どもたちの成長にかかわっていくべきであると考えていることがわかる」と主張している。

　また、1990（平成2）年の総理府の世論調査は、地域活動、子ども会や

スポーツなどの指導、社会福祉活動といった、いわゆる社会参加活動については、「参加している、あるいは参加したことがある」と答えた者が増えていることを示しており、さらに1993（平成5）年の総理府の世論調査では、とくにボランティア活動に対して、「地域社会の人々の参加意欲は高まっていることが示されている」としており、前半で述べた、家庭や地域社会の変貌を、経済的社会的構造的な変化によるものであることを否定し、むしろ社会の楽観的展望すら示唆している。こうした提言の意味は、政府が断固たる対策を立てることより、むしろ、行政の立場から啓蒙的提言に止めたに過ぎないことを示している。結果としてはこのことは、たとえば諸外国に比べて、父親の家庭参加がきわめて低い事実を指摘しながら、何一つ具体的対策も立てなかったし、また立てられなかったという事実に表れている[5]。

　1996（平成8）年の中教審答申がこの事態に対して一旦は鋭い警告をしておきながら、後半後退し、こうした啓蒙的提言しかできなかったのはなぜであろうか。前述のように、わが国の幼児教育の基本はもともと保育の二元化であった。この背景には、日本の政権を取ってきた保守党の政治思想があると考えられる。明治時代に教育勅語の思想的基盤となった家族国家観は、結果的に国家主義的ナショナリズムに陥り、第二次大戦の敗北を招いた。しかし、戦後民主主義社会においても、ナショナリズムの基盤として家庭教育の重視という考え方は保守層を支えるイデオロギーとして維持されてきた。そして戦後政治が保守政党のイニシアチブで展開されてきた。それゆえ家庭教育や家庭保育の強調は、国民を啓蒙する目的において、イデオロギー的にトップダウンで主張されてきたのである。言い換えれば、家庭という共同的基盤はわが国においては、自然発生的に歴史的に不変であり不動のものであるという暗黙の前提が一般にあったのではないだろうか。

　とくに保守政党による政権はこの前提のもとに政策を立案した。たとえば中曽根政権の1984（昭和59）年において、臨時教育審議会が発足し、1987（昭和62）年には最終答申が出され、国家、国旗の尊重が提唱され、

改めて教育理念としてナショナリズムが強調された。もとよりこうした主義主張の根底には、基盤として家庭の重視、家庭保育の重要性が前提にされている。このことは1979（昭和54）年8月「新経済社会7か年計画」の中で「家庭の相互扶助と自助努力」を強調し、1980年代の家庭対策として「家庭基盤の充実に関する対策要項」を上げ、老親の扶養と子どもの保育としつけは家庭の責任である、としたことによっても明らかである。自民党は「乳幼児保育基本法」（仮称）の立法化を図り、「家庭教育」の確立、保育所が親の育児放棄の道具になっているとして、乳幼児保育の家庭での実施を主張したのである[6]。

1996（平成8）年の中教審の答申も、こうした体制の中では、家庭教育の危機意識による警告も、お役所から民衆への警告、つまり啓蒙的なものに終わらざるを得なかったのである。

しかし、一方でバブル経済の崩壊は、戦後の高度経済政策に基づく財政政策を存続させる余裕を失いつつあり、国家の赤字財政の削減を迫られる状況を迎えていた。1994（平成6）年に提案され、1996（平成8）年に施行されたエンゼルプランは、子育て支援策として担当官庁が厚生省（当時）であり、幼稚園と保育所の二元化を子育て支援策を通して一元化するという意図をもっていた。建て前でいえば、それは文部省（当時）も責任官庁として参加していたが、福祉政策であった（ただし、1994（平成6）年の「緊急保育対策等5か年事業」では、大蔵、厚生、自治の3省大臣合意となっている）[7]。エンゼルプランの発表された告示内容を見れば、1．保育所制度の改善、設備の改善整備等、保育のニーズの多様化に伴う保育制度の運営の弾力化をはかること、2．核家族化の進行に伴い、育児の孤立化や不安を招くことのないように地域の子育てネットワークづくりを推進する等が主項目としてあげられている。

このエンゼルプランを契機にして、保育の一体化が推進され、2000（平成12）年には保育所就所率が幼稚園就園率を上まわることになるのである。エンゼルプランを施行する最大の動機は、将来に予想される日本経済の危機予防としての少子化対策であった。確かにこの時期、専業主婦の子

育て不安が遍在化しつつあったことから、母親の育児相談、子育て支援センター、乳幼児健康センター等の新設という当面の子育て支援のための多様な施策を遂行するという表向きな一面もあったが、施策の基本は、年々下降傾向にある出生率の低下が、将来、労働人口の減少を招き、総人口に占める老人人口の割合を増大させ、それが年金支給率を高め、財政悪化をますます進行させることへの危惧への対策であった。このころ、バブル経済の崩壊後であったため、当面の雇用問題というより、近未来のためには、女性が結婚後も子育てをしつつ労働市場に参加できる条件を確保する必要があり、そのためには、延長保育、夜間保育を開設し、保育所の措置制度を緩和することが求められたのである。

しかし、当時は、保育士の労働時間の厳守などの条件を遵守することを求める労働組合が強力であった公立保育所では、その実施がむずかしいという理由から、この政策は保育所の民営化を促進しようとする動きとして現れた。ここには福祉業務を民営化し、公費削減を求める市場原理も働いていた。この動きは、「保育に欠ける幼児」のための施設という保育所の機能を労働市場へと女性の参加を促すための施設へと変換しようとする動きでもあった。それがそれまで二元化政策をとってきた幼稚園教育と保育所保育の二元化を一気に一元化する機運を高めたのである。つまり家庭保育から幼稚園教育へ、さらに学校教育へという教育制度のメインライン（基本線）と、それを補完する意味での保育に欠ける幼児のための福祉施設としての保育所という建前を放棄することとなったのである。これを機に、家庭保育を人間形成の基本に置くという保育政策の一貫したナショナリズムイデオロギーは、市場経済の論理に、子育ても開放するという現実主義にとって代わられることになるのである[8]。言い換えれば、バブル経済崩壊以後、国家予算の削減を求められている政府にとって、バブル時代のように、大きな政府によって国民の福祉を国家が推進するという姿勢はなく、出来る限り小さな政府によって財政を遂行し、それに代って民営化を促進するというのが基本ラインとなっていくのである。そしてその対象になるのが、公設の保育施設の一体化（公立幼稚園の廃止、公立保育所の民営

化)なのであった。

　したがって、前述のように、「保育」という営みにおいて「福祉」という概念が不可欠であるとするならば、家庭保育——子育て支援施設——保育所(民営、公営に関係なく)という発達保障のラインをどう確保していくかが問われなければならない。その点でエンゼルプラン以後の保育政策は、その条件を十分に満たしているとはいえない。なぜなら、エンゼルプランの謳い文句は、その原点において労働政策＝雇用促進策としての少子化対策であったからである。そして少なくとも現在のところ少子化への歯止めにはなっていない[9]。現在、新生児の出生率の増加は見られておらず、このことは育児不安が減少したというデータも見られない。逆に、家庭における子どもの虐待件数は増加しているのである[10]。子どもの福祉という点から危機的状況は解消されていない。われわれ幼児の「保育」に携わる関係者としては、この安心して子育てができる生活を保障するという「福祉」の視点で「保育」の営み(幼稚園教育を含む)を見つづけていく必要がある。

2.「保育者」の専門性の確立のための養成とは

　これまでの各章において、「保育者」の専門性を確立するための「保育者養成カリキュラム」を論ずるにあたって必要な前提を述べてきた。そしてそこで明らかになった点を整理しておきたい。
　まず序章において、どうすれば「保育者」の専門性を確立することができるかを問題として提起した[11]。それは、近代の社会システムの一つとしての必然性が求められる「保育」という仕事の内容からくる特質と、それに対する社会的認知を獲得することであるとした。そして、現在の養成制度において内容面(専門性に必要な知識や態度)において不確定であり、

社会的認知が遅れている背景に言及した。第1章では、「保育」の内容について、近代的機能としての「保育」と子育ての知恵としての保育の双方が「保育」の内容になることを明らかにした[12]。第2章では家庭における育児不安等から、親の子育て行為自体の自立性が失われつつあることから社会的に子育て「支援」が不可欠であり、幼児期の集団保育の必要性も当然視する時代に入り、「保育者」を専門家として養成する社会的必要性が生まれるに至ったことを指摘した。そして家庭の子育て不安の要因を明らかにした[13]。第3章では、「専門家」の養成の歴史を大学における養成として明らかにし、その中では、「幼稚園教諭」の養成のモデルとなった大学における小学校教育教員養成を跡づけた[14]。第4章では、小学校教育教員養成カリキュラムの問題を取り上げた[15]。第5章では、近年の小学校教育教員養成カリキュラム改革が上述の問題点を解決できるかどうかを検討した。

以上の考察から、「保育者」の専門性を確立するための「保育者」養成カリキュラムの要件として次のことをあげることができる。

1. 「保育者」の専門性は、家庭保育に対する子育て支援から、従来の幼稚園教諭や保育士の仕事までをフォロー（網羅）するという意味で「福祉」的視点、つまり、幼児の養育の視点で望ましい現代の生活のあり方への視野を含むものでなければならない。その点で生活が出発点にならなければならない。
2. 「保育者」の専門性の確立のためのカリキュラムは、現代の学問的研究の水準に立たなければならない。
3. 上述の1．2．の要件から生活全体とかかわるゆえに保育者養成カリキュラムは、総合的視点をもつ必要があり、そのためには、学際性が求められる。
4. 上述の3．の要件を満たすことが同時に、「保育者」の実践に結びつくために、そこで生まれる重要な概念が臨床性ということである[16]。この「臨床性」は、現場において実践的であるとともに学際性に立脚しなければならないということ、各々の学問分野の

相互性を確立するためには、学問分野すべてのメタ論理（哲学）、言い換えれば、学問研究の枠組みを当然視せず一つの言語組織としてその成立の根拠を反省的に問い直すことが求められる[17]。たとえば子育て不安や虐待、不登校といった教育問題の解決は教育計画といった問題と同様、一つの専門分野で解決できない事柄だからである。N. ルーマンのいう、「近代社会制度の文化の必然性から生まれる個別専門家を越える学際性」に裏打された専門性が求められるからである。

5.「保育」の専門性のためのカリキュラムが実践的でありかつ独自な研究分野であり得るためには、実践についてのエスノグラフィックな研究（実践の事例を記述し、その具体的現実を一つひとつ分析考察する研究）は不可欠であり[18]、この研究態度こそ保育者の実践を反省的に振り返ることを可能にし、参与観察者である保育者の意識と態度変革を可能にすることになるのである。

3. 現行「保育者」養成カリキュラムの二元性

（1）免許取得の資格科目における総合的視点の不在

新システム検討会が2010（平成22）年以来、基本制度の設計について内閣府を中心にして、過去15回のワーキングチームによる検討を重ねている。そのスケジュールと子ども・子育て新システムの残された検討課題と主な論点がたくさんの論文に掲載されている[19]。それによると、ここで問題とされてきたことは、たくさんの資料を見る限り、制度の再設計、とくに国による財政問題中心であり、幼保の一体化に向けての保育目標やその実現のための具体的内容については、保育所保育指針や幼稚園教育要領の二本立てのまま、考察、検討されていない。新システムの検討につい

ては内閣府が中心となって、幼稚園教育要領、保育所保育指針とは別に、こども指針の策定を意図し、協力者会談をつくったが、こども指針の策定は未完である。いずれにせよ新しい制度改革の具体的実現のための最重要課題は、制度改革に見合った人材養成であり、新たな専門家養成である。この点についてはまったく不問にされている。ここでは、保育所や幼稚園と家庭保育との連携の問題は確かに取り上げられているが、幼児の誕生から就学年齢までの発達を中核として、その発達をどう保障し、援助していくかという点で「保育」の専門性は問題視されてはいない。

　第1章で「保育」の専門性を語るにあたって、保育（子育て）と「保育」の関係性に言及したが、家庭保育と既成の施設における「保育」との間に、子育て支援施設が誕生し、家庭保育と施設「保育」を媒介する形で子育て支援施設の＜保育＞が存在するようになった現在、「保育者」の専門性の範囲を拡大して考えなければならなくなっている。なぜなら、「保育者」養成機関は、この子育て支援施設のスタッフも養成する責任を負わされているからである。そして子育て支援施設のスタッフが現場で親と子の関係について支援する場合、その支援は、施設における親と子の関係が家庭において行われる保育においても、生かされることを想定したものであることが求められる。とすれば、「保育者」の専門性の中身として家庭における親と子の関係の理解も含まざるを得ない。そうでなければ、親と子の関係についての支援は考えられないはずである。したがって「保育者」養成カリキュラムを子育て支援施設のスタッフ養成を含めた形で構想することが必要となる。

　しかし、本章の前半で述べたように、近年の幼児教育政策は「保育」の二元化を制度的にそのままにしたまま、地方財政の赤字、国家財政の逼迫を一方で抱えながら、他方で、少子化対策に対応し、女性の就労を促進しなければならないという財政・経済政策として登場した[20]。「保育」の一体化における財政削減（民営化）と、福祉の向上とは簡単に整合しないものである。たとえば公共施設の多様化に応じた各種の職員の誕生は、「保育」の専門性それ自体の向上に貢献しない可能性も強い。専門性の概念そ

れ自体が社会的認知が不十分である上に、待機児童対策という名目で「家庭的保育」という名目で「保育ママ」や「ベビーシッター制度」も利用され[21]、専門性の資格条件であった四年制大学卒業と免許制度というフィルターを通過しない職員の採用も緊急対策的に講じられているため、専門性を保障する条件自体の原則が守られていない。

　加えて、幼稚園教育と保育所保育という二元的な行政組織による管理・行政は、専門性の確立においても明確な系統性を欠くものとなってしまう。そこで、「保育者」の専門性を確立する方向で、「保育者」養成カリキュラムの現状を検討するためには、幼稚園教育教員養成カリキュラムと保育士養成カリキュラムを総合する方向で、しかも後者をベースに検討する必要がある。現在、保育者養成を目的とする四年制大学の場合、学生確保のための大学経営者戦略として、幼稚園教諭免許と保育士免許の複数免許を取得するカリキュラムをとっているところが多いからである。今後、保育の一体化が促進されていく状況の中で、この傾向はますます強くなると予想される。本書においても、複数免許取得を念頭においてカリキュラムの総合を考えていかざるを得ない。そしてそこから生ずる難関がまず確認されなければならない。まずは次頁の表3を参照されたい。

（2）両免許取得科目の現状と問題点

　この2つの科目表（次頁、表3）は、必修科目のみをあげている。ただこの他に、幼稚園教諭の場合、小学校の教科に関する科目、国語、算数、生活、音楽、図画工作、体育の中から6単位の選択をしなければならない。ただし、幼稚園教諭のカリキュラムにおいては、上記の科目を「子どもと数」「子どもと社会」、保育の表現技術（音楽表現、造形表現、幼児の生活と遊び）といった科目で設定してもよい。そして幼稚園教育教員養成カリキュラムと異なる保育士養成カリキュラムの内容として、児童福祉、社会福祉、社会的擁護、子どもの保健、子どもの食と栄養、家庭支援論、乳児保育、障害児保育、社会的養護内容がカリキュラム内容となっている。なお、幼稚園教育教員養成カリキュラムにおける発達心理学は、保育士養

成カリキュラムでは保育の心理学Ⅰ、Ⅱに、教育相談は相談援助や保育相談支援に、教育実習は保育実習になっている。その他の科目は共通している。

表3 幼稚園教諭免許状・保育士資格取得のための基本科目単位表

教職に関する科目（一種）

免許法施行規則に定める科目区分等		
科目	各科目に含める必要事項	最低習得単位数
教職の意義等に関する科目 保育者論、教育原理	・教職の意義及び教員の役割 ・教員の職務内容（研修、服務及び身分保障等を含む。） ・進路選択に資する各種機会の提供等	2
教育の基礎理論に関する科目 発達心理学（保育の心理学）	・教育の理念並びに教育に関する歴史及び思想 ・教育に関する社会的、制度的又は経営的事項 ・幼児、児童及び生徒の心身の発達及び学習の過程（障害のある幼児、児童及び生徒の心身の発達及び学習の過程を含む。）	6
カリキュラム論、保育内容総論 教育課程及び指導法に関する科目 幼児教育指導法	・教育課程の意義及び編成の方法 ・保育内容の指導法（5領域指導法）健康、環境、言葉、人間関係、表現 ・教育方法及び技術（情報機器及び教材の活用を含む。）	18
生徒指導、教育相談及び進路指導等に関する科目	・幼児理解の理論及び方法 ・教育相談（カウンセリングに関する基礎的な知識を含む。）の理論及び方法	2
教職実践演習		2
教育実習		5

保育士資格に必要な科目

告示別表第1による教科目			
系列	教科目	授業形態	単位数
保育の本質・目的に関する科目	保育原理	講義	2
	教育原理	講義	2
	児童家庭福祉	講義	2
	社会福祉	講義	2
	相談援助	演習	1
	社会的養護	講義	2
	保育者論	講義	2
保育の対象の理解に関する科目	保育の心理学Ⅰ	講義	2
	保育の心理学Ⅱ	演習	1
	子どもの保健Ⅰ	講義	4
	子どもの保健Ⅱ	演習	1
	子どもの食と栄養	演習	2
	家庭支援論	講義	2
保育の内容・方法に関する科目	保育課程論	講義	2
	保育内容総論	演習	1
	保育内容演習（健康、環境、言葉、人間関係、表現）	演習	5
	乳児保育	演習	2
	障害児保育	演習	2
	社会的養護内容	演習	1
	保育相談支援	演習	1
保育の表現技術	保育の表現技術（音楽、造形、身体、言語）	演習	4
保育実習	保育実習Ⅰ	実習	4
	保育実習指導Ⅰ	演習	2
総合演習	保育実践演習	演習	2

では、以上のような共通点と相違点をどう考えていけばよいであろうか。原則として、指摘できることは次のことである。幼保の一体化ということを謳い、「保育者」の専門性が保育システムの一体化を内実ともに実現させるものであるならば、「保育者」の専門性を形成する諸学科の諸分野と系統性は、幼児期の発達の変化とそれを保障する「保育者」の役割とそれを成立させる環境の諸条件を規定したものでなければならないということである。言い換えれば、まず第1に、幼児の誕生から就学前までの発達の見直しを把握できる研究分野は幼児への理解として必要であろう。第2に、こうした幼児の発達は、心理学的研究だけでなく、実際にその発達を保障していく環境として幼児を取り巻く社会的条件である家庭、子育て支援施設、保育所・幼稚園のあり方をとらえる見方——これを福祉的・教育的視点とよんでおこう——が必要になるだろう。第3に、幼児とかかわる大人たちの意図的・計画的かかわり方の視点（教育的視点）が必要であろう。それはすなわち、「保育」の実践主体である「保育者」の役割を規定したものである。こうした視点からこれまでの教育学（保育学を含めて）的、心理学的、社会学的研究の集積の結果として、「保育者」養成カリキュラムの学科目を構成すべきであるといえよう。

そこで、幼稚園教育教員養成の学科目と保育士養成のための学科目を総合された視点から見ると、まず第1に批判すべき点は、学科目編成がきわめて煩雑であるという点である。その最大の理由は、幼稚園教諭と保育士免許の取得がその専門性の内実によることなく、行政官庁の相違によって二元化されているという点である。たとえば、0～2歳までの乳幼児保育の免許と3歳以上の幼児を担当する保育者免許を区別するというのであれば、その複数免許制は必然である。しかし、この二元化免許制は行政制度上の区分でしかない。その煩雑さは、幼稚園実習と保育所実習を2本立てにする点にも現れている。制度上の二元化がそのまま、カリキュラム上の重複に現れている。今後、0～5歳までのこども園で実習をやるとなれば、実習期間を倍にすればよいということにはならない。両施設での実習の質と共通性を問題する議論が欠落したまま、制度的に二重化されている

のである。同じことは幼稚園教育要領と保育所保育指針との間にもいえる。行政上の制度上の相違は、理論的に議論せずに自明だという前提でつくられている。しかしそこに盛り込まれている考え方には多くの共通点があることを行政側も認めていて原案作成に双方に参加している研究者も数名いる。免許状取得に必要とする科目も共通なものが少なくない。しかしこうした制度化された思考が、学科目の関係性を考察することを困難にし、カリキュラムの煩雑さを招来してしまうのである。

批判点の第2は学問研究方法論上のあいまいさとかかわっていることである。前述のような福祉分野に所属する保育所保育分野や幼稚園教育分野は、かつて私事的な分野に所属し、近代社会制度へと20世紀末に組み入れられた分野であり、職業の専門性の確立が遅れたということは、とりもなおさず、専門性の確立の条件としての専門知を言語化する歴史が浅いことを意味している。言い換えれば、自らの職業上の独自性を自覚し、自己武装化するための集合体である学会の成立も遅いのである[22]（保育学会の成立は、1948年である）。「保育者」養成機関の担当者として採用された教員は多くの場合、大学院修了者であるが、大学院での研究者としての専攻分野と「保育者」養成カリキュラムの担当科目とが整合していないケースが少なくない（たとえば、発達心理学の研究者が保育心理学を担当する）。

「保育者」養成カリキュラムをもつ四年制大学は近年になり短期大学が昇格した例も多く、したがって、大学院修士課程の修了者が多い。「保育者」養成機関のカリキュラムの担当教員を養成する大学院博士課程をもつ大学は近年になって誕生し始めた段階である。この博士課程を担当し得るマル合教員の数もきわめて少ない。筆者はその一人であった。それは言い換えれば、保育者養成のための四年制大学の増設の傾向は1990年代になってからであり、そのために創設される養成カリキュラムの学科目も長い研究分野として研究歴を積み重ねられてきたというよりも、実践現場の課題に応じて生まれた学科目もある（例：子育て支援等）。

したがって担当者も現場実践の経験者が授業担当者になる場合も少なくない。また、幼稚園や保育所を退職園長がそうした科目の担当者になる

ケースも少なくない。こうしたケース自体、必要性もあり原則的に否定すべきではない。しかし、こうした現場経験者が養成校の授業を担当する場合、保育の実際についての知識と技能を有するというメリットをもつ反面、自らの経験知を省察し、その知を方法論的にあるいは認識論的に省察する点が欠落する可能性も大きい。それゆえ、養成カリキュラムを構成する学科目間の総合性や関連性を構想する場合には、自己の担当学科目に対するメタ意識（自分の学科目の存在理由を自己言及的に述べるだけでなく、他の学科目との関係の中で位置づけること）が求められる。言い換えれば、自己の経験知を学生に伝えるだけではなく、その知がどのように体系化され、論理化されているか。その体系化の仕方は隣接する学問研究の体系化とどのような共通性があるか。特色があるのかなどの省察に裏づけされる必要がある。しかし、実践現場出身者の場合、担当科目への実践経験は豊かであったとしても他の学科目との関係性を考える思考を欠落する場合も少なくない。そこから養成カリキュラムの全体像や学科目間の関連性への視点が不透明になる傾向も生じてしまう。

第3に、問題点は幼児の発達が未分化であるゆえに生活全体とのかかわり、発達の全体像の把握が経験的にならざるを得ないという側面と発達を促すために分化的であるという側面との両義的悩みをもたされている点である。「保育者」養成カリキュラムは、前述のように、福祉分野に所属する保育所と学校教育に所属する幼稚園とに分かれていて、年齢的には、0歳から就学期までの幼児を対象にしている。そこで行われている人間形成作用も、小学校高学年から中等教育段階以上で見られるように、認知的な学力形成はますます分科的に教授と生徒指導のように機能的に分化されていく。そしてその分化に応じて教授内容を中心に系統的になっていく。

このように教育活動が分化され、系統性が重視されればされるほど、それに応じた教員養成カリキュラムの学科目内容は、既成の学問分野との関連性をつけやすくなる。たとえば小学校1年生の理解で何をどう教えるかを考える場合、既成の自然科学の学問分野との対応関係を考えることは容易ではない。しかし、高等学校の教科目である化学とか地学とかであれ

ば、それぞれの専攻分野と対応した形で専門の研究者の研究分野との対応が可能になる。結果として、「保育者」養成のように、知の総合性が求められる場合、こうした分析的な考え方には限界があるといわなければならない。

しかしまた、保育者養成カリキュラムが、こうした社会福祉学関連教科と、幼児教育学関連教科によって構成されている現状を見る限り、こうした諸学問領域の研究方法や認識論のレベルで、相互の関連性を見ようとしても、その関係性は不透明になり、その総合の可能性はほとんど不明のままであるといわざるを得ない。

たとえば、「社会福祉」という概念一つをとってみても、その意味はきわめて多義的である。2011（平成23）年版「厚生の指標─増刊号　国民の福祉の動向」（vol.158、NO.10）によると、

　　社会福祉という言葉の意味は、抽象的にはすべての人々が人生の諸段階を通し幸せな生活を送ることができるようにする社会的施策といえる。

　　法的な使用は1946（昭和21）年制定の日本国憲法25条で「①すべて国民は、健康で文化的な最低限度の生活を営む権利を有する。②国は、すべての生活部面について、社会福祉、社会保障及び公衆衛生の向上及び増進に努めなければならない」と規定して以来のことである。1950（昭和25）年に社会保障制度審議会が行った社会保障制度の勧告によると、「社会保障制度とは、疾病、負傷、分娩、廃疾、死亡、老齢、失業、多子その他困窮の原因に対し、保険的方法又は直接公の負担において経済保障の途を講じ、生活困窮に陥ったものに対しては、国家扶助によって最低限度の生活を保障するとともに、公衆衛生及び社会福祉の向上を図り、もってすべての国民が文化的社会の成員たるに値する生活を営むことができるようにすることをいうのである」とされる。さらに社会福祉については、「国家扶助の適用をうけている者、身体障害者、児童、その他援護育成を要するものが、自立してそ

の能力を発揮できるよう、必要な生活指導、更生補導、その他の援護育成を行うことをいうのである」と規定している。

　この規定では、国の社会的施策として社会福祉を規定しており、その対象は、援護（ケア）されることを必要とする者に対しているとしている。しかし、こうした国家政策を中心にした「社会福祉」概念は、国家体制や経済システムの変貌とともに、多元化していくこととなり、市場社会の浸透とともに、多元福祉型をとることとなっている。
　そうだとすれば、「社会福祉」の概念において、援護を必要とする存在をどのように規定し、その存在に対し、誰がどのようにかかわっていくかという主体の問題とさらに、この主体と援護される主体とはどういう関係であるかを考えていく必要がある。そして、その中で、保育をどのように位置づけるか、そしてこの保育は福祉というカテゴリーの中でどういう特色をもつのであろうかが問われる必要がある。現行の「保育者」養成カリキュラムにおいてこのことがきわめられているとはいえない。社会福祉の中で「保育」を位置づける場合、「ケア」される「幼児」と「ケア」する「保育者」との関係性を問題にする必要があり、その場合、まず「ケア」される「幼児」とは何かが問われる必要がある。では「幼児」とはどんな存在なのか、そして「幼児」は福祉の中でどう位置づくのかを考えてみよう。

4．「保育者」養成カリキュラムの課題

（1）主要学科目としての「福祉」概念の見直しの必要性

　幼児期の発達は未分化であり誕生時の幼児の成長・発達は、幼児の生育を取り巻く状況との見えざる相互作用によって生ずる。それゆえ、3歳未

満の乳幼児を対象とする保育所では養護という概念を使う。そして、幼児期の教育を担当する保育士の専門性を形成しようとする「保育者」養成カリキュラムを考える場合、カリキュラムを構成する守備範囲は「福祉」概念が目的とする well being（よき生活）、すなわち、望ましい生活全体なのである。つまり、幼児の望ましい発達を保障するよき生活を想定してカリキュラムが構成されているのである。そこで、幼児の誕生から就学前までを想定して「保育者」養成のカリキュラムを考えるためには、保育所保育が児童福祉法に規定され、幼稚園教育が学校教育法に規定されているから、保育士資格条件の中に児童福祉という学科目が開設されているといった法制上の規定を超えて（その法的規定を無視せよということではもちろんない）、何ゆえに福祉という概念について学ぶ必要があるのかを考える必要がある。筆者は以前、教育と福祉との関係を考えたことがある。

　筆者は「すべての児童が家庭および社会の一員として健全な成長・発達をとげるよう保障することである」という H. スペンサー（Herbert Spencer）の「児童福祉」の定義を引用して、学校教育に限らず、無意図的教育を含めて「教育」の原義に立つならば、目的概念として両者の意味は共通なものだと述べる[23]。また、重田信一の「社会福祉」の定義において、「『それぞれの人間』がどのような状態にあろうとも、人間が生きている、生命があるという場合、その人間の生命それ自体が価値なのであって、人間が精いっぱいに生きる、充実した生活こそわれわれの理想の生活目標である。そのような生活を実現するためには、あらゆる人々に肉体的、知的、精神的、感情的発達の機会を与えることが必要である。そして、そうした機会を他者の援助なしにはできない人々のために、その人々の well being をどう実現させるかを考えるのが社会福祉である」とある[24]。こうした前提の上に子どもの発達が高い年齢に達し、子どもの個性や子ども自身の将来展望がより特定されるにつれて、意図的計画的教育は、より特化されていくことが予想できる。

　しかし、幼児期においては、こうした社会福祉の理念が具体化されることが、幼児の人間形成の健全性も保障されることになる。なぜなら、幼児

の発達は、幼児を取り囲む大人たちの生き方、あり方と不可分であり、大人のくらしが不健全で不幸である状況の中では幼児の人間形成の健全性が保障されることはまずあり得ないからである。しかし、大きな枠組みとして福祉と教育との関係を考えただけでは、保育者養成カリキュラムにおいて、福祉と教育との関係を具体的に学んでいく上での単なる入り口に過ぎない。社会福祉という専門領域はきわめて広汎な分野に及び、問題領域の多様さとともにそれへのアプローチも多岐に及んでいる。その福祉と教育との関係を具体的に論じていく上でも、それらは補完関係にあるといった程度の議論しかないのである。

(2)「福祉」と「保育」の両概念を関係づける理論の不在

「福祉」の中で保育を考えるということはどういうことか。「福祉」とはwell being を考えることだとすでに述べた。well being とは、人間のよりよき生活を考え、それを実現することを志向することであるとすれば、保育の前提に人間の生活があるのは当然であり、保育士養成カリキュラムの保育の本質に関する規定の中で、社会福祉ということが語られることは当然のことであろう。

しかし、問題とすべきは、保育という営みが福祉、中でも児童福祉とどうかかわるかということである。保育士養成が目的だからといって、保育原理、教育原理、保育者論が先に論じられるべきではなく、論理的にいえば、社会福祉、児童家庭福祉から語られるということは一応納得できる。なぜなら、人間の望ましい生活、家庭の望ましい生活が語られ、その上で教育とは何かを考えていくことになるだろうことは基本的に了解できる。しかし、保育者養成カリキュラムの各科目の保育者養成カリキュラムの関係性を見てみると、<u>各々の関連性を考えた学科目設定になっていない</u>。

まず、「社会福祉」で、1．現代社会における社会福祉の意義と歴史的変遷について理解する、2．社会福祉と児童福祉及び児童の人権や家庭支援との関連性について理解する、3．社会福祉の制度や実施体系等について理解する、4．社会福祉における相談援助や利用者の保護にかかわる仕

組みについて理解する、5．社会福祉の動向と課題について理解する、とある。

次に「児童家庭福祉」では、1．現代社会における児童家庭福祉の意義と歴史的変遷について理解する、2．児童家庭福祉と保育との関連性や児童の人権について理解する、3．児童家庭福祉の制度や実施体系等について理解する、4．児童家庭福祉の現状と課題について理解する、5．児童家庭福祉の動向と展望について理解する、となっている。

この2つの学科の目標構成の仕方はほとんど同じ形式になっている。また、内容構成も理念と概念を述べ、歴史的変遷および制度や法体系に言及し、財政や施設を説明し、現在の動向や課題を述べ、海外情報を語るというきわめて概説的に論じられている。

この学科目目標と内容の構成を見る限り、学科目による従割構成がカリキュラムを構成することになる。

一方、「教育原理」の「目標」の項目の中に、「1．教育の意義、目的及び児童福祉等とのかかわりについて理解する」とあり、「内容」の項目の中で「1．教育の意義、目的及び児童福祉等との関連性」の「(3)教育と児童福祉の関連性」、「2．教育の思想と歴史的変遷」の「(3)児童観と教育観の変遷」との言及はあるが、保育原理、保育者論、相談援助の3つの学科目はすでに福祉のカテゴリー内の事柄とされ、福祉との関係を論ずることは当然のことながらない。

こうした学科目構成を見る限り、学科目各々の独自性が学問上の研究方法と対応せず組織されている。そのため内容上の重複を整理していく学習上の視点が設定されることが困難になる。このことが学習者にとって煩雑な印象を与えるのである。保育士養成カリキュラムとして、上述の福祉と教育（保育）に関する諸学科目を学習する必要性があるとしても、保育と福祉諸科目との関係性は制度的枠組み上で語られているに過ぎず、福祉という営みの中に保育を位置づける理論が存在しているとはいえない。制度的に厚生労働省の所管として保育所が位置づけられているがゆえに福祉と保育の関係が語られているに過ぎない。

こうした福祉関連科目と教育関連科目の学科目の並列網羅的科目構成は、学生たちに記憶すべき学習内容の増大化を招く結果になっている。確かに、現実の生活では国家レベルから、市町村、民間レベルまでさまざまな福祉政策があり、法的規約が定められ、それに基づいてさまざまな制度や組織が成立し、その秩序のもとでさまざまな役割が行使され、さまざまな運動が展開され、そこに多くの問題が発生している。したがってこの分野で生きるために、この現実にまつわる知識を学ばねばならないということになる。しかしこうした立場から必要事項を学べという要請は、ともすれば学生に詰め込みを強要することにしかならない。なぜなら、そこで起こっている出来事を主体的に学ぶ動機も学び方も不明のまま、知識だけが詰め込まされるからである。

しかし、保育現場に立って「保育者」として振る舞うことを要求されると、そこで直接当面することで考えなければならないと感ずることも多い。たとえば、保育中に不安定な幼児が存在する要因として、親の就労が不安定で家庭の中にいつも夫婦のもめ事があるというようなことである。問題と感じ、それに取り組むといった立場から、この福祉科目を学ぶようなカリキュラムの組み立てが求められるべきであろう。

（3）「保育」関連科目の相互関係性の不在

同じことが、「保育」関連科目にもいえる。「保育原理」「教育原理」「保育者論」「保育課程論」「保育内容総論」「保育内容指導法」「保育の表現技術」[25]にもいえる。これらの学科目は、各々独自の領域をもちながら内容的には重複する部分を含んでいる。

たとえば、幼児にとって遊びについての項は各々の学科目でふれられているが、理論的にも実践的にも深められていない。また、「教育原理」は教育全般で「保育原理」は「教育原理」の幼児に関する部分であるという内容であるが、目的や理念、思想や歴史の部分では重複する内容を含んでいる。これらの学科目は分野として別々に設けられていて、研究方法上の区分ではない。しかも、それぞれの学科目の関連性の欠如は本書の第4章

で指摘したことと同じである。また「保育原理」の「内容」の「3．保育の目標と方法」の部分を詳細に論ずる形で「保育課程論」があり、「保育内容総論」がある。同様に幼児の特性について学ぶものとして「保育の心理学Ⅰ、Ⅱ」があり、「子どもの保健Ⅰ、Ⅱ」がある。しかも、「保育心理学Ⅱ」の「内容」の「3．保育における発達援助」は「保育原理」の「内容」の3．と重なり合う側面をもち、「子どもの保健Ⅱ」の「子ども疾病と適切な対応する」という内容とも重なり合う点もある。前述のように福祉分野の具体的な対応という側面とも重なり合う。

　言い換えれば、これらの科目内容は、学問的な方法上のアプローチや考え方で、科目内容が編成されているというより、福祉分野や「保育」分野でどのような点を網羅すべきかという点から学科目編成されているので、学習内容としてきわめて多岐に及び、煩雑なイメージはぬぐいきれないのである。逆に言えば、小学校教育教員養成カリキュラムの編成内容よりもはるかに煩雑であり、学習者が自主的な学び方を確立することが困難なのである。しかも、それらの学科目の相互関係性を見通すことが大変困難なのである。この点は小学校教育教員養成カリキュラムのほうが単純であり、その相互矛盾を明らかにすることができた。

　この福祉教育分野は、既存の諸学問のように研究方法論と学科目編成が対応していない。たとえば「不登校」問題にはさまざまな研究上のアプローチが可能である。学生がこれらの学科目を学ぶ場合、「不登校」をどうとらえるかという問題への関心のもち方やアプローチの仕方が選ばれたとき、学生の主体的学びが可能となるケースも多い。

（4）「保育者」養成カリキュラムの総合性を求めて

　「保育者」養成において、「保育」を学ぶ者が「保育」とは何かについて一貫したイメージと思考を確立するためには、保育者養成カリキュラムの総合性を確立することが必要である。そしてそれが、「保育者」の専門性に寄与すると考えるべきであり、そうした思考に基づいて保育者が「保育」の実践者として自らを自覚できる力量を形成するカリキュラムとしな

ければならない。それは、保育者が自ら実践を主体的に取り組み、反省的に保育を改善していく力を育てるカリキュラムであるべきである。具体的にいえば、福祉と「保育」の関係を「保育」実践者の立場で総合的に編成するカリキュラムである。言い換えれば、福祉と「保育」との内容を当事者的視点からとらえ、自ら実践者としてどう目的達成に向けて行為すべきかを構想するカリキュラムであるべきである[26]。

　では、どのようにしてカリキュラムを構成するか。「保育」は英訳すると、early childhood education and care となる。まず、ここでいう early childhood education（幼児教育）と care との関連をどうするかを考えるべきである。この2つの用語の中で前者よりも後者の概念 care のほうが広いと考える必要がある。上野千鶴子は著書『ケアの社会学』の中で「ケア」の概念を次のように述べている。「依存的な存在である成人または子どもの身体的かつ情緒的な要求を、それが担われ、遂行される規範的・経済的・社会的枠組みのもとにおいて、満たすことに関わる行為と関係である」[27]。筆者がこの定義に関心をもつのは、「保育」が人間の福祉という文脈に位置づけられる必要があるからである。上野がいうように、この定義によって「ケア」に含まれる「保育」の営みは、第1に社会的、歴史的文脈に依存していること、第2に相互行為であること、第3にその役割と遂行の社会的配置を含むこと、第4に成人も子どもも含むこと、第5に身体と情緒の双方を含むこと、第6に規範から実践まで含むことである。さらに、上野に学ぶべきこととして、「ケア」について人権的アプローチを提唱しているということである。

　先に「福祉」という概念が人間の望ましい生活を志向し、それを追求する努力をすることを意味すると指摘した。具体的には、福祉制度や政策などのように政治的手段を通して、国家や自治体の施策として実現されたものも、市民一人ひとりの well being を求めて行う個人的実践（「ケア」という実践）をも含んでいる。しかし結果的には、国家や自治体の政策や制度も市民一人ひとりの実践によるものと考えれば、それは、市民一人ひとりが実践主体ということになる。そして保育所の「保育者」も、子育て支援

センターの職員も、第2章で述べた家庭における親の子育ても、広い意味でいえば、上で述べた、よき生活（well being）を目指して実践する行為だといえる。

こう考えれば、福祉の実践主体も「保育者」が「保育」の実践主体であることとも通底することである。社会福祉の定義にあったように、「ケア」という実践を通して、物質的、精神的なwell beingを追求することが、社会福祉であるとすれば、社会福祉の対象世界は生活であり、児童福祉は、「保育」（ケア）を通して子どものwell beingを追求するものだとすれば、子どもを中心として子どもの尊厳を保障する生活は、前者の社会福祉の対象となる生活と重なり合う。「保育」の目的は幼児の全面的発達を保障することであり、この保障する行為が「保育者」の役割であり、環境も発達を保障する条件である。この環境は、上述の社会福祉や児童福祉の対象である生活である。しかし、前述のように、実践主体を中核に、学科の内容編成が構成されていない。また、保育原理も教育原理も「保育者」の実践を中核に学科内容が編成されていない。

福祉における「保育」分野も実践主体を中心に、生活をよりよい方向に導く努力という点で、あるいは、子どもの発達を保障していく方向でカリキュラムを総合していくにはどうすればよいであろうか。すでに述べたように「福祉」分野や「保育」分野を構成する学科目は専門性を獲得する「保育者」にとって実践上、知っておくべき守備範囲を示している、いわば専門家にとって必要な視野を示している。しかしこの科目には、そこにどうアプローチするかという学習の仕方が多様な形でしか提示されていない。どう研究していくかの戦略が示されていないのである。具体的事例をどう解決していくのかといった方法で、カリキュラム編成を考えていく必要がある。

（5）実践主体とかかわる研究アプローチの必要性

これまでの章で「保育者」養成は家庭保育から始まって、子育て支援センターにおける職員を「保育者」として位置づけ、さらに施設保育の「保

育者」を含めて「保育者」養成を考えることを提案してきた。それゆえ、保育の実践主体として家庭保育の実践者との連続性において、「保育者」養成を考える必要がある。とすれば保育実践が展開される場として日常生活という共通する舞台を考えておく必要がある。そこに以下で日常生活を論ずるゆえんがある。

阿部は経済学（economics）は原語のオイコス（家）に端を発し家庭のやりくり（オイコノミア）が分化して工場経営から資本主義の発展と共に学問として成立したと述べ、それに対し、家庭のやりくりを問題にする家政学は長い間、学問として認められなかったという[28]。日常生活のような身近な問題は科学的な論理と実証の対象にならないと考えてきたからである。自然科学に近い分野が学問として成立したのに対し、日常生活は「世間」とよばれていた。しかし、家政学の祖といわれるエレン・スワロウ・リチャーズ（Ellen H. Swallow Richards）は食品汚染や環境問題を家政学の中心に据えた。近年、現象学研究などの影響で日常的問題をそこに生きる当事者視点から研究対象にするようになった。

同様な視点で市民の消費生活に着目した経済学者に大熊信行がいる。彼は1957（昭和32）年の著書『結婚論と主婦論』第3章「生活の経営」の中で「新しい家政学」について論じている。経済学の関心の中心は、消費より生産にあるが、大熊は、衣食住を消費によって賄う消費にこそ「生活経済」の課題であり、その目的は第1に「生命力の再生産」であり、第2に「物の再生産」であるとする。この「生命再生産」をどう科学的に考えるかが「生活者」の生き方の追求であり、これは言い換えれば、福祉を追求することである[29]。それを子どもの立場に立って考えれば、児童福祉であり、大熊のいう「生命の再生産」が家庭における生活者としての主要な課題であるとすれば、社会福祉、児童家庭福祉のwell beingの推進主体は夫婦であり、子育て（保育）の営みはその実践の主要な要素ということである。「保育」は、家庭での保育も、子育て支援センターの「保育」も施設「保育」も、それを実践する営みであり、「保育者」はその実践主体である。

筆者は戦後の「子育て」の歴史に関心をもってきた。1972（昭和47）年の『子どもの権利と幼児教育』（川島書店、1976年）では、この時代の家庭生活における生活財の再生産活動の現象が子育てに与える影響を指摘し、1991（平成3）年、初版の『保育原理2001』（同文書院、3改訂重ねたのち、2005年に『21世紀の保育原理』として改訂）では、序章、第1章、第2章を子育てから論を進めており、第8章の保育者の専門性の中身としてよき生活者であることを指摘している。また、2009（平成21）年の日本保育学会60周年記念出版『戦後の子どもの生活と保育』の冒頭論文「幼児教育の歴史を振り返る――日本保育学会創立60周年に寄せて」では、親と幼児との養育関係をカップリングとし、大人の生活テンポと幼児とのカップリングのずれを問題にしており（第2章6節、p.60～68参照）、社会福祉の実践者の立場と「保育者」の実践の立場は基本的に一致するという考え方を主張してきた。

　それゆえ、保育者養成カリキュラムを総合する視点もそこになければならない。とすれば、福祉関連諸科目と「保育」関連諸科目は相互にどう関連づけられることになるのであろうか。それはこのカリキュラムを学ぶことを通して保育実践にどう対処していくかという視点である。それは学科目の内容を学際的、総合的に考えるとともに、すでに第5章で指摘したように、「教育実習」との関係の中で実践との関係で構想されなければならない。

5.「保育」実践につらなるカリキュラム構成

（1）生活世界の全体像を実習につなぐ

　第4章8節（p.138～）で教員養成カリキュラムと教育実習の関係を論じた。そこで教育実習を技能経験学習と規定し、教員養成カリキュラムの

学科目がこの教育実習とどう関係するかを問題にした。「保育者」養成カリキュラムの場合も学科目と「保育者」実習との関係は基本的に変わらない。学科目の構成が現状のままであれば、以前に幼稚園実習論で筆者が論じたように、学科目の学習は実習に対し、「転ばぬ先の杖」的性格のものに終わってしまう[30]。「保育者」養成カリキュラムの学科目と教育（保育）実習の関係は、組織的にも3年実習→学科目学習→4年実習とつなぐ必要がある。ただ、「保育者」養成カリキュラムを構成する学科目は、保育士養成の場合、これまで述べてきたように、福祉と「教育」の両面にかかわっている。このカリキュラムの全体構造の総合の理念を筆者は生活世界（生活文化を含む）ととらえておきたい。しかも、この生活世界は知的な側面も情緒的側面も技能的側面も含んでおり、その点で保育実習との連続性が高く、とくに学科目の中での演習科目や技能的な側面（保育士養成カリキュラムの新しい改訂では「保育表現技術」と改称している）を含んでおり、多面的であるにもかかわらず、その総合性に乏しい。

　こうした生活世界を対象にして「保育」の専門性を確立するということは、次のような困難な側面をもっている。これまで近代的職業としての専門性は、近代科学技術の細分化された科学技術知が近代的職能の分節化に対応する形で適応されてきた。たとえば、橋を建設する専門家として橋梁工学があり、船を造る専門家として船舶工学がある。しかし、「保育者」の専門性は、子育てという保障にもかかわり、子育て支援にもかかわっている。いわば、生活世界全般にかかわっている。しかしそうした生活世界全体を丸ごと対象にした専門は存在しない。自然科学系の専門家養成にならって、「保育者」養成も多くの学科目から構成されることになる。ところがそうした学科目は並列されて立てられるだけで総合された論理をもたない。

　しかも、「保育」実習において実践する主体としての実践力を養成するためには、学科目編成は総合された形で実習へ連結しなければならない。それには、これまで論じたように生活世界を全体像としてとらえることが必要なのである。「保育者」の専門性は、生活世界におけるよりよき生活

を志向するという社会福祉理念に基づいて、子育て（保育）の主体としての親の視点、子育て支援センターの職員が親と子のよりよき関係性を支援するという視点と、施設保育における「保育者」の視点との一致点において「保育」が展開されること、ここに「保育者」養成カリキュラムの総合的視点を設定する必要がある。言い換えれば各学科目についてのメタ思考であり、それらの学科目を関係づける思考を展開することであり、具体的には、学科目内容を情報知としてのみ記憶するのではなく、考え方を身につけることである。「保育」の営みは、「保育」実践者と幼児（個であり集団）と両者の関係を成立させる環境によって展開されるとすれば、ここで問題にされる環境は上述の生活世界と重なると考えることができる。先にも述べたように、保育の対象である幼児の理解として、保育の心理学Ⅰ、Ⅱ、子どもの保健Ⅰ、Ⅱ、があるが、これと「保育」関連科目との関係づけが必要である。しかし、すでに第4章4節（p.112～）で指摘したように、ここでもその関係性は未決課題として残っている。

（2）実践主体である親、子育て支援者、保育者を貫く視点の必要性

先に本章の4節の（4）（5）で論じてきたように、「社会福祉」「児童家庭福祉」「家庭支援論」「相談援助」「保育相談支援」等の学科目は、市民の一員、あるいは、家族や地域社会の一員として、市民生活（家庭生活）をどうよりよくしていくかという視点を含んでいると同時に、「家庭支援論」や「相談援助」、「保育相談支援」等の学科内容から、子育て支援施設の職員として、上述の市民として、親としての子育て行為をどうサポートしていくかという課題を含んでいる。そしてそれらは、保育施設における「保育者」としての役割（保育者論）ともかかわり合う。それゆえ内容的にも多くの点で重なり合う。しかし、これらの学科目は相互にどうかかわり合うかの理論的解明はいまだ不在のままである。

「保育者」養成カリキュラムとしては、これらを総合する視点が求められる。筆者は自著の『21世紀の保育原理』の第1章で「動物の進化にお

ける子育ての変遷」を辿り、第2節でヒトにおける誕生の特色、第3節でヒトの子育てにおける家族の存在、第2章で幼児期の発達と環境を取り上げ、この中で母体の胎内で始まる母子相互作用、幼児の発達の条件としての地域、発達の条件としての施設保育というように論を進めている[31]。こうした保育のとらえ方は、保育という営みを霊長類の発生から維持している本能的——無自覚的側面への自覚に基づいて、ヒトとして誕生して以来、ヒトの子育てがもっている家族や地域という存在の意義を自覚し、その上に立った施設における「保育」の専門性が認識されるべきだと思うからである。

　このことは、「保育」の専門性を、親として子育てを担うという保育との連続性において、よりよき生活（well being）を求めるという行為の一部として「保育」を考えるということである。別の言い方をすれば多くの親たちが、とくに母親たちが子育てに対する未経験さと、孤立した子育て状況におかれることから育児不安になるという現象そのものは、家庭において、よりよき生活状況の欠損としてとらえられるのであり、その事態への取り組みとして前述の福祉関係の学科目を学ぶことが必要となる。

　上野は、福祉における中核的概念である「ケア」について、人間としていまだ自立できない存在である幼児に対し、その存在が自立できるように援助する行為を「ケア」とよんでいて、この援助し、される関係を「ケア」とよんでいる。そして、この関係は本来非対称であり、この関係は相互に権利関係だといっている[32]。そしてもし、幼児に対し育児不安によって正常な（子どもの権利を保障できないような）関係が多くの母親たちに遍在してくるとすれば、この親たちに対する「ケア」が必要となる。その点で子育て支援センターの存在と職員の専門性として、幼児の発達をどう保障するかという問いと母親の育児不安とどう向き合うかという問いが不可分の課題となる。

　前者を第一次の「ケア」とすれば、後者は第二次の「ケア」ということになる。つまり、親の自立と子どもの育ちは不可分な課題となり、福祉上の問題意識と子育てという教育問題意識は連結したものとなる。なぜな

ら、ここには多くの親たちを育児不安にする現代家族が抱える共通の福祉課題があり、母親たちを孤立化させる都市という地域社会の特色があって、子育て支援センターは一つの地域づくりの課題をもっているからである。この点から「保育者」の立場に立ったならば、家庭との連携を図ることは現代、とくに要請されることであり、支援センターの職員も「保育者」として親子関係を理解する必要があり、家庭保育の理解が常に前提にあるべきである。

　ここに福祉の中で「保育」を総合的にカリキュラムを組み、総合点を求める根拠がある。筆者が第2章6節（p.60～68）で親と子の関係性としての親と子のカップリングを問題にしたのも同じ理由である。親が子育て行為を本能として、無自覚的に行う限り、子への愛情をもちながら、いつの間にか、それが上手にいかないというストレスに陥る可能性があるということであり、及川留美が指摘するように、現状として子育ての役割を過剰に担当せざるを得ない現実に対し、より自覚的に対処するために、親が役割として子育て行為を自覚することの必要が求められるのである[33]。

　そしてそこから子育て支援センターの職員の役割が「保育」の専門性の確立に通ずる点が明確になる。つまり職員は、子育てにかかわらずを得ないという母親や父親の当事者性を一部分有しつつ、親と子の関係に対し、第三者的であり得ること、つまり関係を観察する余裕がもてること、そしてその点から、もし、親と対話する機会があるとすれば、「相談支援者」として、親自身にも自己省察の機会を提供し、幼児への無自覚的かかわり（たとえば無自覚につい叱ったり、怒ったりすることなく）を余裕をもって習得できるかもしれないのである。同じことが保育施設「保育者」にもいえることである。「保育者」の行為は幼児たちの前に身を曝している限り、「保育者」の全身が幼児との関係の中にある。これまで日本の伝統として子育てにおける母性意識が肯定的に継承されたこともあり、半ば自覚なしに、幼児とかかわることで「保育」は可能だと考える「保育者」も多い。筆者は、これを当事者的直観とよんできた[34]。これは多くの親たちが無自覚に叱ったり、幼児が行動を起こす瞬間に何の躊躇もなくチェックを入れる

という態度と通じている。

　この当事者的直観の中には、幼児の体調の変化に即応して、「どうしたの」と聞いたり、転びそうになった瞬間に手を差し伸べるというように、愛情があるからこそできる感性というべきものもある[35]。しかし同時に「保育者」としては、幼児への援助のルーティン化を招き、自分のかかわりの態度や考え方を固定化してしまう。つまり、自分を反省し、自己のかかわりを省察する力を喪失してしまうことにもなる。言い換えれば、近代的職能である専門職としての知性や思考力をもち、状況を柔軟に対処することができなくなってしまう[36]。

　こうした無自覚的な子育て行為を基盤にしながらも、反省的思考を職能として保育者養成カリキュラムで養成するためには、これまで述べてきたように「保育者」という実践主体が福祉の中で「保育」の位置をどう総合的にとらえるかを考えることである。それは日常生活世界を生活者としてどうとらえるかという福祉分野の問いと、その中で保育（子育て）から「保育」までの保育世界を実践の立場でどう総合的にとらえるかという問いを重ね合わせて考えていくことができるかどうかということである。具体的にいえば、家庭保育で親が子育てと家庭の生活をどう総合的に把握できるか、家庭保育での親の役割と、子育て支援における支援の役割と施設保育における「保育者」の役割の間にどのような共通の視点を確認できるかということである。それは、現代の家庭生活や地域といった現代社会の環境の中で、子育てという営みが人類種の本能的要素をもちつつ、意図的営みとして継承してきた生活文化が現在、さまざまな生活活動の中でどのように位置づけられているかと問うことであり、近代的職能としての「保育者」はその状況にどう対処していくべきか、そのためには、どのような能力を身につけ、どう考えていくべきかを追求することである。

　しかし、こうした総合的包括的な問いを追求するには、これまで見たように現在の保育者養成カリキュラムを構成する学科目はあまりにも、多様化し、関係性が不在で煩雑であり、知識を詰め込むことにしかなっていない。

第4章8節の教育実習のところで実習の前段階の学科目を能力条件と思考条件の2つのカテゴリーに分けた。この区別を使って、現行の保育士養成の学科目編成を診断すれば、そこには思考条件の筋がまったく不明のままである[37]。本書では紙幅の関係で総合の視点を提供するにとどまり、前述の福祉における「保育」分野の諸学科目の総合再編成をカリキュラム全体にわたって具体的に提示する余裕は本書にはない。ただ、現存のような煩雑なカリキュラム構成を整理し、保育者としての思考力を養い、保育実習の技能的経験学習の場にその思考力を生かしながら、実践者として主体的に振る舞えるように保育者養成のカリキュラムならびに保育実習をとらえる残された2つの課題への提案として、次の点を述べることでこの章を終えることとしたい。

（3）生活世界における「生活文化」をどうとらえるか
── 保育内容演習の5領域のとらえ方

　現行の免許状資格科目の中で、保育内容・方法に関する科目として「保育内容演習」がある（幼稚園教員免許では「保育内容の指導法」となっている）。この具体的な内容として主領域（5領域：健康、人間関係、環境、言葉、表現）があり、さらに、「表現」領域では、「表現技術」という形で「音楽」「造形」「身体」「言語」等が各々異なった表現技術として書かれている。しかしこの区別は言葉の上ではできても、原理的には不可能に近い。同様に表現内容と表現技術を分けることは、特に幼児を対象にした場合、不可能である。内容と方法という区別は、ある分化が言語化され、フランスの言語学者ソシュール（Ferdinand de Saussure）によれば、シニフィアン（意味するもの）とシニフィエ（意味されるもの）の関係として組織化される。それを学習したり、習熟したりする仕方が、この言語組織によってパターン化されることを意味している。しかし原理的には音楽表現や造形表現、身体表現などは、言語的区別は指標としてあるだけで、内容と方法の区別を明確にすることはできない。つまり内容と方法を明確に分けられない。たとえば、ショパンの音の響きの特色を言語で説明することには限界があり過

ぎる[38]。また仮に技術（technic）という用語を拡大解釈できるとしても、それは、大人における教授法や特定の楽器の奏法に関して使用しうる言葉であって、テクニックは身につけても音楽の内容（＝音楽性）を身につけたことにはならない。

　保育内容における5領域の区分は、大人の学問領域や文化領域の区分の成立しない生活世界に対し、保育する側の立てたきわめて便宜的区分でしかない。この区分に明確な内容と方法の分離という意識をもち込むことは大人の分化区分を未分化な生活世界に強制する結果になり、教科内容を教授を通して幼児に教え込むということになりかねない。だから「領域」という用語は、幼児の側からみて、それは教科内容ではなく、生活体験的なものであるので、分けられないにもかかわらず、なぜ、教科的に扱われるのかを考えるべきである。まず、こうした科目設定の区分を問題にする際にわれわれが確認すべきことは、本章4節の（1）で指摘したように、幼児期の発達は未分化であるという点である。

　保育士養成課程のカリキュラムの「保育内容演習」を見てみると「目標」として、「1. 養護と教育にかかわる保育の内容が、それぞれに関連性を持ち、総合的に保育を展開していくための知識、技術、判断力を習得する」とあり、「内容」「1. 子どもの生命の保持及び情緒の安定を図るために保育士等が行う援助やかかわりである『養護』」は、「①子どもの生理的欲求を満たし、子どもが健康、安全、かつ快適に過ごすための生活援助、②子どもを受容し、子どもが安心感と安定感をもって過ごすための援助やかかわり」となっており、この部分は保育所における3歳未満の幼児に対する用語に関する内容であり、幼児の発達上未分化であるという点で5領域的に分けられていない。それに対し「内容」2. では「2. 子どもが健やかに成長し、その活動がより豊かに展開されるための発達の援助である『教育（健康、人間関係、環境、言葉及び表現の5領域）』」となっている。この「領域」とはいかなる概念であろうか。ここでは、発達をとらえる5つの観点であるとされている。ではこの観点が何ゆえ「領域」という言葉で示されているのであろうか。

別の論考で述べたように、この言葉が採用された背景には、明らかに小学校における「教科」という概念と異なるものだという意図があったことは明らかである[39]。しかし、この「領域」という言葉の原義は、英語の領土（territory）、領分（domain）、地域（domain, province, sphere, region）のように、空間的イメージをもった概念であり、所有している区域を表す言葉である[40]。それゆえ、観点（見方、視点、立脚点）といった言葉とは結びつきにくい。もともと「教科」の場合、背景にある学問との関係から考え方の筋道との連想が強く、算数という教科は、数学という学問との関係を想像させる。一方、幼児の場合は、そうした教科に入る前段階という意味でまだ「教科」区分が明確にできない生活経験的段階の学びという意味で「領域」という言葉が使用されたのである。その意味では、筆者が述べたように、学問的系統に沿わない未分化な生活文化に名づけられた言葉だといえるのである。しかし結果的には、この５領域は教科に通ずる道すじとしてしか解釈されてこなかったのである。

言い換えれば、先の論文で指摘したように、「保育」が就学前教育とか幼稚園教育と言い換えられるように、保育学独目の概念ではなく、学校教育学に沿った形でしか考えられてこなかったのである。その証拠はすでに、保育士養成課程のカリキュラムの枠組みを表示する言葉が示している。たとえば、「保育内容・方法に関する科目」とか「保育の表現技術」という言葉の使い方である。しかし、３歳未満の「保育」の場合、５領域という区分は発達が未分化であるため成立しないのである。言い換えれば、そこでは保育内容・方法という区分すらできない分野なのである。さらに仮に３歳以上において、仮に５領域という区分が生まれたとしても、その区分は、幼児の生活体験の中に５領域という区分があるわけではない。たとえば、岩田は音楽表現がきわめて身体的なものであり、それは他者との同調にあるとしている[41]、しかも他者との間の対話におけるリズムと身体のリズムの一致にも見られるとし、これを「コミュニケーションダンス」とよんでいる[42]。だとすれば、それは「人間関係」の土台でもあり、「言葉」の問題でもある。また岩田は、サンタクロースの歌の記憶

のように歌がクリスマスという状況を想起させ、またその逆もあり得るという。とすれば、それは「環境」ともかかわっているということである。

　このように生活文化の中で5領域という区分を大人がする場合、この区分は、領域相互がお互いを縄張り的に排除する関係の中にあるのではなく、生活文化の中で、リズム的同調ということを、かかわり合うという関係から音楽的表現という視点でも取り出すことができるということに過ぎない。岩田によれば、音という現象はどこでも見つけることができる。しかし「あれは電車の音だ」としたり、「声を出しておしゃべり」をしても、話の内容に関心がある限り、音それ自体への関心はなく、「音楽」とは関係ない。

　音のつらなりそのものに聞きほれ、その音そのものに意味や美しさを感じたときに音楽になるのだといっている。自分もそうしてみたいとある音のつらなりを表したとき、音楽表現となるといっている。

　同様に、ある形や線や色の組合わせにみとれて、これを真似て見たいと思ったとき、それは、造形表現になる。また、仕事やモノをもつために動くのではなく、たとえば踊りなど、他者の身体の動きに見とれ、その格好よさを真似たいと感じて動いたとき、それは身体表現になる。

　こうした芸術的表現の特色は幼児の生活世界への感じ方と共通している。そこに保育内容があるとしたら、多くの保育者が教科的に解釈して、保育内容を教えることは、大人の文化をおしつけることになる。したがってこの5領域を「保育」の立場でとらえるには、領域教育学と教育専門との関係（それは教科教育学と教科専門との関係に相当する）を発生論的にとらえることである。その一例が前述の岩田が前川陽郁の説を引用して、「音そのものに聴き入る」という聞く側の人間の態度のあり方を音楽の起源としたように[43]、領域「言葉」は、言葉の発生起源に立ちもどって言葉の働きを考えることである。前述のように、言語は意味するもの（シニフィアン）と意味されるもの（シニフィエ）との関係で作用する。しかしこの対応関係は恣意的なもので、言語は対応する世界とは直接的関係ではないとされてきた。具体的にはバラという言葉と実物との関係を反映論や因果論では説明できないとされてきた。しかし、近年出版された加納喜光の著書

では言葉の音とイメージは発生時から関係があるという説を提供し、また失語症の研究者の山鳥重も感覚的感情の発生の中で心像（心の中で生じたイメージ）と特定の音とは関係があると述べている。山崎正一は書評（2012（平成24）年2月毎日新聞）でこの両書を取り上げ、山鳥のいう「音韻塊心像」[44]と加納の「音・イメージ」複合体[45]が記号化への道を開く前提にあると述べている。山崎がいうように、鷲田清一が言語と深くかかわりながら、言語以前にあるオノマトペは、身体という共鳴盤が否応なしに振動を感じて共鳴した結果であるとすれば、オノマトペは身体が鳴らす音のイメージであり[46]、岩田が音楽の特質で述べていた同調（ノリ）ということもできる。

こうした音楽や言葉に対する発生的研究によれば、領域「人間関係」「言葉」「表現」は、生活世界ではその発生において分かちがたくつながっていることも示しているのである。

そしてこのことは、単にこうした学問的追求として意味があるだけでなく、幼児期における親と子のやりとりである。シグナル行動──レスポンス行動の応答性やブルーナーの指摘する「共同注視行動」[47]、さらには、イナイ・イナイ・バーの遊び[48]、鬼ごっこにおける追う──逃げる行動の「アンビバレンツ」性[49]、鬼遊びにおいて「オニ」役は捕まえたい、捕えたくないという心情をもって遊ぶ態度等ともつながっている（目かくし鬼はこのアンビバレンツな役割心情を顕在化したルールの遊びである）。さらに花いちもんめ、かごめかごめなどの遊びに含まれている音楽性や応答性、同調性が、複数の領域にまたがる幼児の生活文化であることが明らかになるであろう。

5領域を生活文化のトータルな全体像に位置づけ、教科的な考え方を脱脚するためのもう一つ大切な視点は、そうした領域的分野は各領域が排除し合う関係でなく、重なり合う関係であるということとともに、各領域は視点の相違によって分けられるに過ぎないということ、そして、その視点上の相違は、教授活動のねらいとして教授すべきではないということなのである。たとえば、「人間関係」のねらいとして、「(2) 身近な人と親しみ、か

かわりを深め、愛情や信頼感をもつ」という項目がある。こうした「ねらい」を達成するには、どういう具体的活動を計画し、どういう働きかけをし、その結果、幼児の活動の結果をどういう形で評価するかという考え方で特定の活動を仕かけていくと小学校の教科内容となる。しかし、領域「人間関係」の中で、「保育者」は幼児集団のねらいに合った活動を仕かけるのが役割ではない。生活世界の中にいる「保育者」は、すでに保育活動が展開している日常世界の中で幼児たちと生活を共有している存在である。つまり、「関係内存在」である。「おはよう」と声をかけてくる幼児一人ひとりの声のかけ方一つひとつに、日々の変化を感じ取ることができる存在である。そしてもし、ある日、ある幼児が保育者のほうに何か寄りつかないとしたら、それは幼児一人ひとりの変化としてとらえるだけでなく、自分のこの日の存在のあり方が日ごろと異なっているかもしれないという自覚が求められるべきである。とすれば先のねらいは、保育者が一方的に何をどうすべきかを教えるということよりも、幼児との関係性をどう自覚するかで幼児の活動の中に見出されるものでなければならない。「保育者」の中の自己と幼児との関係への自覚が幼児に愛情や信頼感をもつことへとつながるのである。お互いへの好ましさの共感なしに、愛情を与えたり信頼感を獲得することはできない。それは言い換えれば「人間関係」の問題でもある。

　小学校の教科、社会科の前提として「人間関係」や「環境」が想定される場合、子どもの社会化や社会認識の形成とこれらの領域との関連性が考えられることになる。筆者は別の論考で社会科との相違を「世の中」認識とよんだことがある[50]。そして「世の中」認識とは幼児が「特定の社会、あるいかはコミュニティーの中で生活し、そこから限られた自分を取り巻いている世界についての体験的認識である。その意味で、自分が生活し実践している世界についての感覚的・印象的認識である」と述べた。たとえば、それは父親や母親という一般通念ではなく、日ごろかかわりながら感じている「パパ」や「ママ」の意識である。もちろん「保育者」もその仲間として存在する。そうした日常生活世界の中での経験が近年、若い世代に欠落する傾向にある（たとえば、平日、食事をしない人が増えている）。そう

したところから生ずる人としての感性の欠落は、保育という営みにおいてとくに、保育者の身体を通して伝えられ、幼児が獲得するという側面に大きく影響するのではないかを識者たちは気づかっている。

とくに「保育者」にとってはこのことは決定的に重大なことだと筆者も考えている。なぜなら、津守真もいうように、「保育」という仕事は「その場で子どもの心の動きを、あるいは状況を理解し、その理解に従って、子どもに応答していく。理解は精神的行為であり、応答は身体的行為であり、保育において両者一つの行為である」[51]。そう考えるならば、領域「人間関係」というのは、先の「世の中」認識と結びついているのである。そしてそれは、先に述べた生活世界の認識であり、「保育者」も日常多くの部分でそういう世界に生きている。

それに対し、小学校で学ぶ「社会科」はこうした「世の中」認識の確認を基に「社会」認識を獲得していくことになる。それは、自分があたかも「世の中」を「世の中」の外から見ているかのように仮定して「世の中」を把握するということである。それは、地球で生活している人間が初めて、宇宙船に乗って、外から地球を見るということに似ている。それは、猛禽類の目をもつことであり、対象を俯瞰することである、それに対して「世の中」認識は「社会の中にいてその中を生きながら自分の周囲を体験的に知っていくということである。これを俯瞰するまなざしの鳥瞰に対して、虫瞰図的認識と述べたことがある[52]。

幼児の「世の中」認識では、「地図」理解は得られない。なぜなら、「地図」認識は地上を離れて中空の一点から地上を見渡すことで得られた認識だからである[53]。幼児が平面図を読み取れるためには、高いビルの屋上から地上を見渡したときに体験する景観を手に入れる必要がある。それは、コロンビア大学の附属幼稚園が1970年代に行ったプロジェクトのように、「世の中」認識の一つである山の頂上やビルの上での景観体験に基づき、その地点から見た景観の映像を記憶しておき、模造紙上に、方向上の位置関係を図示した上で、各々の位置に景観上のビルに見立てたブロックを配置する。そして町の景観を紙の平面上に再現して、「地図」認識の

理解へと連結させる必要があるのである[54]。かくして初めて、生活世界の体験である「世の中」認識は、社会認識の獲得へと進むことができるのである。

　同様に「歴史」認識もまた、生活世界における幼児の過去体験（現時点から過去に遡って、"きのう"、"おととい"、"さきおととい"くらいまで可能である）が、順序数の学習後1〜10まで、同様に10〜1までの順序数の学習が可能になり、年代史を現在から過去に自由に順序を辿る思考力が芽生える。そこに、物事の起源に対する好奇心が芽生え、「ボクはどこから生まれたの」という問いに基づいて、各々の時代の特色というべき生活特色、たとえば石器時代のくらし、古墳時代のくらし、平安時代のくらし、戦国時代のくらしなどの形象（たとえば武士の姿等）をこの時代区分の上に並べていくことで歴史の変化をわからせるのである。さらにそれが民族や国家という概念と結びつけて形成されたとき、日本の歴史を辿るという問いが形成される[55]。こうした問いが自分もその身になって的追求するには、さらに、「物語」体験が必要である。神話や昔話の物語は、この始めと終わりが動物や人間の誕生から死までを一つのまとまりとする意識と結びつき、この個人の物語のまとまりが王朝や権力体制の物語へと転化され、その物語の連鎖として年代史（chronology）に順序として並べられたとき、物語（story）は歴史（history）となる。そして歴史における「物語」的まとまりを示す概念に第4章7節（p.125〜127）で述べた「時代」（era）という言葉がある。そしてこれは過去の出来事の成立を伝える「舞台空間」（stage）を示している[56]。歴史を学ぶのは、小学校中学年からであり、幼児期としては、絵本のような映像媒体の助けを借りて物語世界のゲシュタルトイメージを学ぶことが中心になる。それは、「領域」としては、「人間関係」とも「言葉」とも「表現」とも、「環境」とも重なり合うときなのである。したがって、「教科」を幼児期に降ろすという「領域」観から脱却するためには、「教科」の背景に考えられている学問的アプローチで、「領域」を解釈するのではない。上述で明らかにしたように、学問的な見方が生活世界のどのような経験と発想が共通しているかという発生論的な

探り方が求められるのである[57]。その点でピアジェ（Jean Piaget）の数の概念を集合数、順序数、数唱の3つの区別でとらえるという見方は、数学という学問を生活世界のカテゴリーとしてとらえ直したものである。そう考えると、「教科」分類は、大人社会で常識化されているさまざまな学問の分化されたアプローチに連なるように編成された教育内容の分類であり、「領域」というカテゴリーは、さまざまに分化された学問的とらえ方が生活世界の中でどう重なり合っているか、あるいは同調とか共振という身体的経験が「人間関係」にも「健康」にも、「言葉」や「表現」にも基盤となる体験であることを示しているのである。しかしそう解釈しても、この「領域」という分け方は「保育者」にとっても学生にとってもわかりにくく、実践的にも有効性が疑われる概念である。

［注］
1) 文部省中央教育審議会第一次答申「21世紀を展望した我が国の教育の在り方について」生涯学習政策局政策課、1996年
2) 小川博久「子育て政策のディレンマを克服する道はあるか──長期的展望を求めて」福島県私立幼稚園振興会紀要、第22号、2011年、p.40
3) 小川博久他編『子どもの権利と幼児教育──幼児の教育とはなにか』「第1章 現代社会と幼児教育」川島書店、1976年、p. 3
4) 同上書、「第4章 幼稚園教育と子ども」p.115〜120
5) 注2) 前掲論文、p.48　　6) 同上論文、p.50
7) 小川博久『21世紀の保育原理』同文書院、2005年、p.118
8) 注2) 前掲論文、p.41〜42
9) 毎日新聞、2012年1月31日（火）朝刊「子育て支援待ったなし」
10) 毎日新聞、2010年7月10日（土）朝刊「児童虐待5万件超え」の記事が掲載される。
11) 本書 序章、p.11〜25　　12) 本書 第1章、p.29〜39
13) 本書 第2章、p.43〜69　　14) 本書 第3章、p.73〜102
15) 本書 第4章、p.85〜154
16) 皇紀夫「第1部 第1章 教育『問題の所在』を求めて」小林剛・皇紀夫・田中孝彦編『臨床教育学序説』、柏書房、2002年、p.1〜26

17) 本書 第4章、p.131 〜 132
18) 小川博久「教育実践学のフィールド・ワークとしての教育実習」東京学芸大学教育実習研究指導センター研究紀要20号、1996年、p.23 〜 34
19) 村山祐一「新システム批判と現行保育制度の拡充改革提案──待機児童解消・保育条件改善のための4つの財政改革試案」全国保育団体連絡会「保育情報」No.421、ちいさいなかま社、2011年12月号、p.8 〜 16
20) 注2）前掲論文、p.42 〜 43
21) 深澤保子「『家庭的保育』に関する一考察──江戸川区の保育ママ制度を中心として（児童学研究）」聖徳大学児童学研究紀要、第8号、2006年、p.200
22) 小川博久「保育学の学問的性格をめぐって──学会活動のあり方を考える手がかりとして」 聖徳大学研究紀要、人文学部、第17号、2006年、p.63 〜 70
23) 小川博久「学校教育のあり方と子どもの福祉『教育』と『福祉』を別々のものと考える発想は正しいか（特集子どもの福祉）」『教育と医学』慶應義塾大学出版会、1997年9月、p.25
24) 同上論文、p.26
25) 「基礎技能」を保育表現技術というように変更することは賛成できない。その理由は「技術」概念の意味を正しくとらえていないからである（本書 第4章、p.139参照）。
26) 「保育課程論」を保育実践者の立場で論じたものとして、小川博久「保育者にとって『カリキュラム』をつくるとはどういうことか──保育者の『時間』と幼児の『時間』の関係を問うことを通して」広島大学幼年教育研究所編「幼年教育研究年報」第27、2006年
27) 上野千鶴子『ケアの社会学──当事者主権の福祉社会へ』太田出版、2011年、p.60
28) 小川博久「児童学の立場から＜地域力＞について考える」日本女子大学大学院紀要、家政学研究科、人間生活学研究科、11号、2005年、p.208
29) 大熊信行『結婚論と主婦論』新樹社、1957年
30) 小川博久・岡健『幼稚園教育実習ノート──充実した教育実習を体験しよう』協同出版、2002年、p.10 〜 21
31) 注7）前掲書、p.2 〜 49
32) 注27）前掲書、p.58
33) 及川留美「母親の役割取得と母子の関係性」関東教育学会紀要、35号、2008年10月、p.39

34) 小川博久「『生活』の再構成による幼児の人間形成（1）──『学校』観の組替えを意図して」日本女子大学紀要、家政学部、50 号、2003 年、p.24〜25
35) 同上論文、p.26　　　36) 同上論文、p.26〜27
37) 第 4 章第 8 節、注 72) 参照　　38) 第 5 章（3）、注 46) 参照
39) 小川博久「保育という営みの今日的課題 ──理念と制度の狭間にあるもの」河邉貴子、赤石元子監修、東京学芸大学附属幼稚園小金井園舎編『今日から明日へつながる保育』萌文書林、2009 年、p.229〜244
40) 加納喜光『常用漢字コアイメージ辞典』中央公論新社、2011 年
　　「領」については p.1134、「域」については p.24
41) 岩田遵子「保育の中の表現活動」入江礼子・榎沢良彦編『保育内容表現』建帛社、2007 年
42) 同上書、p.117　　　43) 同上書、p.119
44) 山鳥重『言葉と脳と心　失語症とは何か』講談社、2011 年、p.114
45) 加納喜光「漢字とはどんな記号か──魚字の成立と展開を中心に」茨城大学人文学部紀要、人文学科論集、42 号、2004 年、または、加納喜光『常用漢字コアイメージ辞典』中央公論新社、2011 年、p.8
46) 鷲田清一『「ぐずぐず」の理由』角川学芸出版、2011 年、p.11
47) J.S. ブルーナー「共同注意から心の出逢いへ」C. ムーア、P.J. ダナム／大神英裕監訳『ジョイント・アテンション──心の起源とその発達を探る』ナカニシヤ出版、1999 年
48) 小川博久・岩田遵子「第 3 章　遊び」『子どもの「居場所」を求めて──子ども集団の連帯性と規範形成』ななみ書房、2009 年、p.210
49) 同上書、p.217
50) 小川博久「幼児期における遊び経験が子どもの社会認識に及ぼす影響について　教科学習との連携を考える手がかりとして」東京教育大学教育方法談話会「教育方法研究」13 号、1999 年、p.2〜3
51) 津守真『保育の体験と思索──子どもの世界の探究』大日本図書、1980 年、p.8
52) 注 50) 前掲論文、p.3　　　53) 同上論文、p.4
54) 注 50) 前掲論文、p.14〜153　　55) 同上論文、p.5〜6
56) 同上論文、p.6
57) 小川博久「構造と構造化」富田竹三郎他『現代の教授理論』協同出版、1972 年、p.110〜137

第7章 保育者養成の課題と未来的展望

1. 幼児と「保育者」の関係理解の特色

(1) 学科内容理解と現場体験の乖離

　第4～5章の小学校の教員養成のところで学科目と教育実習との関係を論じたが、「保育者」養成の場合の教育・保育実習も多くの点で共通性をもっている。すなわち学科目と保育実習との有機的関連を組織面でも理論的にも構築しなければならないのである。そしてそのためには、学科目の学びが保育実習に対して、準備的な学びに終わるだけであってはならない。保育実習における学びが保育者に対して反省的思考として働き、その思考が改めて学科目の学びへの動機づけにならなければならない。

　そしてそのためには、第5章7節や第6章5節の(3)で論じたように、学科目の内容が単に情報として記憶されるのではなく、思考する内容として習得されなければならない。その条件として「保育者」養成カリキュラムが「保育者」主体を中核に総合する必要を論じてきた。しかし、それだけでは十分ではない。「保育者」養成カリキュラムの場合、技能的側面の学科目が少なくない。これらの教科目は、経験学習的な学びが必要とされる。それゆえ、保育実習において主要な側面として経験学習が強調されるので、保育実習のもう一つの側面である研究的学びの側面の位置づけを明確にしておかないと、近代社会の専門性としての知的な能力を備えた「保育者」を養成することはできない。

　現在、日本の教育体制は学力テストによる学力評価が中心であり、「保育者」を目指し、「保育者」養成コースを志望する学生の多くが、保育の本質を十分理解した上で、志望するとは限らない。「保育者」の専門性に対する社会的認知がいまだ確立していない状況においては、「保育者」養成校の社会的評価も、学力上のランク付けも高いとはいえない。現在の高校教育を考えれば、養成校を選択した学生の偏差値も決して高いとはいえ

ない。だからといってこうした学生が知的能力においてレベルが低いと筆者は主張するつもりはない。問題なのはこうした学生が大学における学科目の学習において、こうした学科目の学びは苦手である。あるいは嫌いであるという意識をもちやすい傾向があるということである。学力テストのランク付けによって自己の知的能力に自らに負の評価を付し、学科目の学習への動機が低くなってしまっている学生も少なくない。こうした学生に対して、これまで述べてきたような、学科目の系統性のない煩雑さは、学生たちの学科目学習への苦手意識をますます増殖させてしまうことへの危惧があるということである。

そうした傾向に加えて、保育現場には、経験知への絶対的信仰ともいうべき信念がある[1]。第1章でも述べたように、こうした保育実習生の保育実習が上述の学科目学習への動機の低さが結びついたとき、近代的職能としての「保育者」の専門性は形成されない。

とすれば、保育実習は経験・技能学習の側面とともに、この経験・技能学習の場に対する経験を重視しつつも、そこから、自己の保育経験をよりよく改善していく反省的思考を導く具体的手だてを実践する必要がある。その出発点は幼児という存在と「保育者」の関係理解である。

(2) 幼児とはどんな存在か

これまで「保育者」の専門性をどう確立するかという問題意識でこの書の論を展開してきた。一口に「保育者」とは公共的施設で幼児を「ケア」する専門職であると主張してきた。では、幼児を「ケア」する（支援する）とはどういうことか。これまでこうした基本的なことが、実は不明な点が少なくなかったのである。

幼児は大人と比較したとき、明らかに非力であり、自立できていない。だから「ケア」するのは必然だといえば、その通りである。しかし、上野がいうようにこの非対称な関係は当然のことながら、権利として、「ケア」されるべきであり、「ケア」されることを強制されない権利がある[2]。具体的にいえば、生み落とされるままに放置されることは許されることで

はないし、抑圧や強制となる「ケア」を拒否する権利が幼児にある。しかし、そのことを幼児の側は直接「ケア」する側に要求する力はない。それゆえ、子どもの権利条約が示すように、「ケア」する大人社会が「ケア」される幼児の立場、すなわち、大人との非対称性を想定するかにかかっている。言い換えれば、幼児の身になってその立場を想定し、それに応じた対処ができるか、それは対応の処方である前に、相手の身体性を想像力によって構想できるかである。他者の立場を想像するがゆえに筆者はこれを**構想力**とよんでおきたい。

　そもそも幼児がこの世に誕生するという現実は、大人の意図性を超えている。夫婦が子どもをつくろうと思っても生まれないことも多い。妊娠しても、流産してしまうこともあるし、一人が生まれると思っても、双子だったりする。もちろん、近年は医学の進歩で、出産以前に胎児の性別や障害の有無を診断できるようになっている。そしてこのこと自体は望ましいとも望ましくないともいえない。一方、幼児の立場に立てば、どんな家庭に生まれるか、いつ生まれるかの瞬間も選べない。養育者と誕生する子どもとの出会いはかくも偶然的なのである。

　その偶然の結果は、やがて20年後、30年後には、この社会を構成する市民として、この社会を背負う存在になる。そうした未来的存在を大人の個人的感情や恣意的判断で、日常的に拒否する人がいようと、いなかろうと、われわれの社会の存続を次の世代に託そうとするなら、幼児を「ケア」する責任はわれわれ大人社会にあり、社会のシステムとして、幼児の「ケア」を担わなければならない。それは社会が一括してそのケアを遂行するということではなく、大人一人ひとりが、異性と交わることで、次世代を誕生させる結果となったとき、「ケア」し、「ケア」される関係を結ぶことで、相互に充実した生を共有する関係をつくっていかなくてはならない。これは、種としての人間のモラルの問題である。もし仮に、幼児を遺棄したり、子育てを放棄する人間が社会にいたとしたら、それを倫理的に批判するだけでなく、われわれ社会の誰かがその役割を代替する責任がわれわれ大人社会、つまり種としての人間にはあるのだ。

そこで、われわれ大人社会が、自分自身に問いかけることは次のことである。

われわれ大人はこの社会において非対称関係の存在とどうかかわってきたか、またかかわるべきか、この問いは種としての人間の倫理である。

幼児教育に直接かかわってきた多くの人々は、「子どもはかわいい、愛すべき存在である」という体験的実感から論を進める人も少なくない。こうした共感的直観を共有することが、多くの「保育者」がこの職業を選んだ理由だとすれば、そうした前提を全面的に否定することはできないのかもしれない。しかし、歴史的に見れば、子どもという存在は、災害時においてはもちろん、日常的においても、成人と同等に扱われたことがなかったことは、記憶にとどめておくべきである[3]。たとえば、江戸時代において、「口べらし」という経済的理由から、出産時において子殺しがしばしば行われたことは、よく知られている。こうした歴史的事実を認識した上で、この非対称性について十分認識し、幼児とわれわれ「ケア」する側の関係を構築できるならば、われわれ大人は子どものよきパートナーになれることを確信できるようになるであろう。では、それにはどうすればよいか。

1. われわれ大人が個人としてだけではなく社会的関係として自立的であることである。経済的、社会的に家庭や地域、さらに、われわれの構成している市民国家が自立した社会であることなしに、子ども（たち）のよき「ケア」は保障できない。たとえば現在増加しつつある子どもの虐待は、各々の家庭の問題であるだけではなく、社会システムの問題でもある。自立できない社会や個人のもとに生まれた子どもに幸福を保障する力はない。

2. 大人との関係において「ケア」される幼児は自己の非対称性について自力で異議を申し立てる力を十分にもち合わせていない以上、その非対称性関係の克服をどう構築し対処するかが直接かかわりをもつ「ケア」する側の責任である。しかも、この構想と実践は日常的なかかわりのあり方と不可分なので、ここでの構想の仕方

は日常的関係の蓄積の上にあり、この関係についての経験知を前提として生まれるものとならざるを得ない。

　たとえば、乳幼児が泣くという行為は赤ん坊は泣くものだというとらえ方では十分ではない。われわれ人間は互いに言語を介してコミュニケーションを成立させ、それによって人間という社会や関係をつくっている。それに対し、乳児は大人のように言語能力は潜在力としてあっても、誕生後ほぼ一年前後にならないと発現しない。にもかかわらず、明和にいわせれば、人間の親は、乳児に対し、乳児には親とコミュニケーションする能力が備わっているかのように、言語発生以前から、積極的に働きかけるという。その結果であるかどうかは確かではないが、ヒトの赤ちゃんは、チンパンジーなどと比べて、赤ちゃんからの主体的働きかけがとても多いという。そしてそのことがヒトの赤ちゃんの模倣能力の高さを生み出しているというのである[4]。

　同様に泣くということも、養育者への積極的働きかけと考えると、ねむくて泣く、空腹で泣く、不快で泣く、体調の変化などの理由で泣くという行為は養育者に自分の状況を伝えるコミュニケーションであると考えられる。三宅和夫は乳児の泣き方から乳児の状況を察知する養育者の能力が高まれば高まるほど、自分の内的状況によって泣き方を変える幼児の力が育つということを述べた[5]。

　われわれ大人がこの乳幼児期の子どもをどう理解するかということは、彼らとの関係をつくり上げていく上でとても重要なこととなる。それは、関係を結び合う中で相手を理解することである。

（3）「子ども」という概念

　これまで、教育学、心理学（発達学）では繰り返し、「子ども」とは何か、どう理解するかはさまざまな分野で問われつづけてきた。法的にいえば、18歳に満たないものを一応子どもというカテゴリーに入れられている。したがって子どもといっても乳幼児と18歳に近い年齢の子ども（たとえば高校生）では著しく異なる点も多く、一様には論じられない。しか

し、一般的に大人と対比する概念として「子ども」という概念はよく使われる。この「子ども」に期をつけることで、この概念の括りがきわめて雑駁（ざっぱく）なものであることがわかる。そしてこの括りが歴史的につくられた概念であることがわかる。たとえば、江戸時代であれば、15歳前後で嫁に行かされ、母親になった例も少なくないのであり、少なくとも10代の半ばを過ぎれば、立派な成人の仲間入りをしていたのである。この「子ども」というカテゴリーの年代幅が時代的制約を受けていただけではなく、「子ども」という概念自体、前近代には明確に存在しなかったといっても過言ではない。「子ども」という概念が大人から区別された未成熟期を示すあいまいな括りであるとすれば、そうした区別自体が顕在化したのは近代になってからであるということができる。したがって、幼児期を対象として、この時期の子どもに対する「ケア」を専門性とする「保育者」が誕生することは、この時期に固有な「ケア」をすることを介して「幼児」という対象が顕在化してきたというべきなのである。われわれ大人のもつ「幼児」観は生物としての未成熟期の存在と、それについてもっている概念によって成立している。そしてこの概念は時代的な条件によって構成されている。「子ども」という概念はまさにそれである。

　こうした考え方は、一見、奇異に思われるかもしれない。なぜなら、赤ちゃんはいつの時代でも赤ちゃんであり、幼児の本質は時代を越えて変わらないというのが一般的通念だからである。確かに生物学上のヒトという種の未成熟期をそうよぶならば、その通りに違いない。しかし、その未成熟期の存在とどのようなかかわりをもつかという考え方は時代によって大きく変わってきたという他はない。現代ではこれを心理学的には、発達観とよんでいる。そしてこの発達のとらえ方も20世紀の末から21世紀にかけて大きく変わってきたといえる。30年程前までは、ピアジェ流の発達観が支配的であり、人間の発達を個体のリニヤー（系統的変化）としてとらえようとする考え方が中心であった。

　しかし、現在では未熟期の子どもはとくに養育する大人との関係の中でしか成育することができない。それゆえ、子どもとかかわる大人のかかわ

り方を離れて、子どもの発達を考えるわけにはいかない。それは、大人の暮らしや文化が色濃く、子どもの発達にかかわっているのだという考え方が強くなってきたからである。したがって、大人の文化の違いは乳幼児とのかかわり方に影響し、かかわりの相互関係の中で「子ども」の具体的姿が形成されるというわけである。

（4）「ケア」の対象としての幼児

もちろん、ヒトの子どもとしての生物的共通性もあるので、人間の文化には、文化を越えた共通性もあり、そのかかわりには、普遍的な共通性があることももちろんである。たとえば、世界各国にさまざまな言語があり、それぞれ異なっているけれども、発達の過程でどの民族の子どもも、言語コミュニケーション能力を身につけ獲得していくことは普遍的であり、養育者と乳幼児は、誕生した直後から、言語を獲得する以前に、相互に積極的に応答するコミュニケーション能力を身体的に発揮するのである。それは、岡本夏木がブルーナーの言説を使って述べているように、応答的関係の確立なのである[6]。

それゆえ、「保育者」は乳幼児の生命活動の基本的ニーズを感知し、この応答的関係を通じて「ケア」をすることが「保育者」の基本的役割である。

具体的にいうならば
1．食育の「ケア」
2．代謝活動の「ケア」
3．覚醒、睡眠の「ケア」
4．体温調節の「ケア」

こうした「ケア」をする際の「保育者」の基本的役割遂行において、もっとも大切なことは、2つである。その1つは大人と子どもはお互いに身体行為を通してかかわっている。そこには相互に身体としての共通性があるということである。2つめは大人にとって、たとえわが子といえども他者であり、かかわりは非対称であるということである。前者からいえ

ば、上述の乳幼児の生命維持活動をわれわれ大人の生活リズムとの対比に置いて、子どもの生活リズムを推測することである。この場合、養育者は、母体の出産の場面に立ち会うといった体験をもつことが、乳幼児の生活リズムを考える上で大変参考になる。たとえば、出産時の陣痛が始まった時点で、母体の脈拍を感知すると、陣痛が始まってから出産に至るまで、痛みの始まりと、痛みが一時的に止まる間隔は、分娩が始まるまでの過程で一定のリズムで次第に短縮されていく。心臓の鼓動は母体と新生児では、2：1の割合で、新生児は短いので、新生児が2回鼓動を打つときに、母体の鼓動と同期することで、同調性が生まれる。このリズムの同調によって、新生児の耳を母親の心臓の鼓動が伝わりやすい胸の位置に接触させると、新生児は睡眠に入りやすくなるといわれている。

（5）「ノリ」を共有する相手としての幼児

こうした母性と新生児の生命活動における同調性（「ノリ」の共有）は、前述のコミュニケーションにおける応答性のリズムにまで連続しているとみることができる。それゆえ、「ケア」における基本となる相対性は、たとえ「ケア」する側とされる側が非対称であったとしても、こうしたリズム（「ノリ」）[7]の共有を創出していくことで、スムーズな関係になると考えることができる。

筆者は別の著書で、三木成夫の説を引用して次のように書いたことがある。少し長いが引用する[8]。

周知のように、ヒトも含まれている哺乳動物は胎生である。卵と精子は体内受精され、多くの精子は無駄になるにしても、受精卵は母体の子宮の中で安全に生育できる。つまり親も子も犠牲を伴うことが少なく、安定して成育が可能になる。個体発生（誕生）は、個体である子どもと母親という個体がお互いに犠牲にならずに誕生を迎えることができる。だから、胎生動物の親と子は少なくとも、母体内で生育する限り、安全が保障される確率が非常に高く、それを生理的に「共生」

が保障されているということができる。

　そしてこの胎生の歴史を紐解いてみれば、哺乳類それ自体の発生まで遡ることができる。三木は『胎児の世界——人類の生命記憶』という著書の中で、哺乳動物発生の気が遠くなるような長い歴史をていねいに追跡しながら、胎児の成長の中には、「個体発生は系統発生を繰り返す」という原理が働いていると述べている。すなわち、胎児の生活する環境が羊水であり、この羊水が古代海水であるという確信から、比較解剖学の研究を通して、魚類→両生類→爬虫類→鳥類→哺乳類への動物の進化の過程が凝縮されて、胎児の生活そのものの中に再生されている事実を指摘し、胎児は羊水の中で、気の遠くなるような進化の過程を短時間に生き直すのだという。それを三木は「生命の記憶」とよび、胎児が母親の子宮の中で成長する過程で示す解剖学的な顔面の形態の変化が魚類から始まって哺乳類に至る過程と酷似していることを指摘している。そして次のようにいう。「こうして見ると、新時代における人類の種族発生は、他の霊長類の、否、哺乳類のすべての種族発生と系統的に繋がりがあることを考えないでは、話が進まなくなる」「このことは哺乳類の起源が新生代の地層を越えて中生代の、それもかなり奥深く遡れることを人びとに教える」という。

　そしてこの「生命の記憶」の長い長い歴史を貫いている生物の二大本能が「食」と「性」の生活相であり、生物はこの２つの本能によって「個体を維持」し、「種の保存」を可能にしてきたのである。たとえば、サケの一生は、川の上流で産卵が行われ、そこで孵化した幼魚が川を下流へと下り、そこから海へと出て４年後に生まれた川に帰ってくるまでの間はひたすら自分の身体を大きくするための食の生活がつづき、そして上流にのぼり、産卵と生殖の生活相へと変化し、１匹のサケの個体生存のサイクルは終わりを告げる。しかし、種の連鎖は果てることなく存続する。三木はこの性と食の位相の交互を「いのちの波」とよんでいる。つまり、これはノリであり、リズムである。

　三木はこうした「波」とよばれる現象は、身体の現象のあらゆると

ころに現れるという。細胞には電気的に「細胞波」があり、集団としては「脳波」として記録される。血管も、臓器も、心臓も、呼吸も一定の連動をつづける。波は生命現象そのものである。そして、この波動は、動植物の行動レベルになると睡眠と覚醒の波になり、鳥の渡りや魚の回遊の波となり、地球という環境が太陽系を回り、自転して、季節的変化や昼夜の変化という波と深く関係していることがわかる。したがって胎児の子宮の中での動きもまたそうした宇宙の波動と無関係ではないはずなのである。というのは、女性の排卵の周期を月経というがこれは月の公転と一致して左右の卵巣から1個ずつ体内に排卵されるからである。

（6）養育者と乳幼児のリズム（ノリ）の共有[9]

　こうした母体や胎児の生命過程のリズムが宇宙のリズムと連動しているということは、胎児が子宮の外に出て養育者に育てられていく過程においても、さまざまなレベルで養育者と乳幼児は生活のプロセスの中で、リズムの共有を通して相互にかかわり合っていくことになるのである。言い換えれば、共生関係を通して乳幼児は成長していくのである。たとえば睡眠と覚醒のリズムは、初めは胎内体制をひきついで夜・昼に関係のない赤ちゃんの生理的リズムに従って、睡眠がなかば自動的になされているが、次第に昼は目をさまし、夜は眠るという私たちの文化にあるリズムに沿って確立されるようである。このことは、母体や胎児の生命過程のリズムが宇宙の営みのリズムと本来、連動される形で始めからセットされていたか、もしくは融合的につながっていた段階から、人間の創造した文化の中で新たな関係として生まれたリズムであり、共生関係なのである。つまり、人間の文化を創造して以来、乳幼児と養育者との間でつくり上げられた共生関係なのである。

　それは、養育関係のさまざまな場面に見られるのである。そしてこの共生関係の基礎にあるのは、養育者と乳幼児の間に成立するリズムであり、これを共鳴動作とよんでいる。たとえば、赤ちゃんが機嫌のよいときに、

赤ちゃんをそっと抱いて、顔を見合わせるようにして、大人のほうから静かに口を開いて、ゆっくりとしたリズムで開いたり閉じたりする動きを示してやる。赤ちゃんはこれをじっと見つめていて、やがて赤ちゃんのほうでも口の開閉をし始める。やがてこうした赤ちゃんの能力が、親と子のコミュニケーションを成立させることになるのである。たとえば、赤ちゃんがおしっこでおむつが気持ち悪く泣いたりするとき、お母さんは、まだ赤ちゃんには言葉がまったくわからないのに、赤ちゃんの泣きをなだめるために、「ほらほら、泣かないでね。いまおむつとりかえるからね。ほーら気持ちよくなったでしょ。泣かないでね。いい子ね」などといって笑顔を向けて、こうした語りかけを思わずやってしまうのが普通である。もちろん親がストレスがあったり、子どもに愛情をもてなかったりすれば別であるが、実はこうした無自覚な語りかけが母と子の（あるいは父と子の）豊かなコミュニケーションを成立させるのである。幼児が親の語りかける言葉の意味がわからないにもかかわらずである。それは、前述の共鳴動作によるのである。言葉がわからない赤ちゃんへの語りかけは、養育者の口の開閉が赤ちゃんに向けられることになる。赤ちゃんはこれをじっと見守るのである。そこで母親の言葉かけが口の開閉とともに笑顔で終わると、赤ちゃんは、その開閉の終了後に手足を動かしてこの動きに対応するのである。

　この応答的関係こそ、養育者と乳幼児とのコミュニケーションの成立なのである。養育者と乳幼児は言葉の意味に関係なく、両者の間でコミュニケーションのスタイルをつくり上げているのである。こうした両者の相互関係について、2008（平成20）年に日本で開催された国際小児科医学会総会シンポジウムがNHKの教育テレビで放送され、エジンバラ工科大学のC.トレヴァーセン（Colwyn Trevarthen）は、新生児と母親との同調や応答の関係は可視的にとらえにくいが、そこに明らかに相互関係があり、この関係をcommunicative musicalityとよんでいた。これはまさに両者にノリがあるということである。ちなみに倉橋惣三は保育において共鳴ということを重視していたのである[10]。

（7）他者存在としての「子ども」＝主体的生命体

　しかし、養育する大人と養育される幼児との関係は、上述のような関係だけではない。生命体としてのヒトはやがて個体としての自らの意図で自己の身体を作動させていく存在であり、その意味で主体である。木村敏は、「主体」（subject）について「有機体と環境とが絶えず出会っている接触面で、この出会いの根拠として働く『原理』である」という。
　木村はまた「主体とは確実な所有物ではなく、それを所有するためには絶えず獲得しつづけなくてはならないものである。主体の統一性と対象の統一性とは対をなしている。われわれの環境に属しているいろいろな対象や出来事が知覚や動作において統一性を構成しているのが、ひたすら機能の変換によるものであると同様に、主体の統一性もまた、非恒常性と転機とを乗り越えて繰り返される回復においてはじめて構成される」[11]（傍点——引用者）という V.V. ヴァイツゼッカー（Viktor von Weizsäcker）の文を引用して「主体」を語っている。生命体としてのヒトの赤ちゃんもその意味で主体であり、養育者はこの主体の働きを認め、この働きを支援することなしに、幼児を育てるということはあり得ない。
　言い換えれば、養育という作用は、親や養育者と乳幼児が、先の「ノリ」を前提にしながら、大人の主体と幼児という主体が各々の葛藤を調整し、幼児の主体の成長を促す作用に他ならない。
　この場合、上野のいう「ケア」における非対称性は避けて通ることのできない問題である。近年、子どもの虐待が増加しており、養育する側がこの非対称性への自覚が乏しく、養育する側がその意思を養育される側の主体を無視して行使し、ときには、子どもの生命をも奪ってしまうケースが増えている。いったい幼児の「当事者主権」はどのようにしたら考えられるのだろうか。そこには普遍的原則は存在しない。関係はすべて個別的である。上野がいうように、「その関係の個別性と場面の個別性、そのもとにおける『ケア』する者と『ケア』される者との相互行為を重要視する立場からはその都度、手探りで相手との間合いを計っていく繊細な感度とコ

ミュニケーション能力が要求される」[12] ことは確かである。

　しかし、こうした関係は一回的にその都度試行錯誤を繰り返していかなければならないというわけではない。われわれ人類はこうした関係を歴史的に繰り返す過程で、多くの子育ての知恵として累積してきたし、文献の上でも言語として積み重ねられてきた。また、発展途上国で子だくさんの国の母親たちの中には、子育てを繰り返す中で、子育ての知恵をハビトゥス（習慣的知恵）としてもっている。

　ただ、こうした子育て知識は、発展した先進資本主義国においても、日々、子育てや幼児とのかかわりを繰り返す過程で働くノエシスとしての＜共通感覚＞ではなく、ノエマ的知（つくり上げられた既知の静的な知識）として残っている。しかし、この知識は、上野のいうように個別的場面で働くノエシスとしての＜共通感覚＞として作動する働きとしては、直接結びつくものではない。実際に自分がフィールドでサッカーをやってみなければ、共通のカンはよびさまされるものでもない。その意味で、「保育者」養成においても実習の重要性は強調してもしすぎることはない。しかし、その前提として、「ケア」し、される関係としての幼児と養育者としての関係性を構想することは重要なことである。

　その際、「ケア」される存在である幼児と保育者との関係性の特殊性を考えておくことは重要である。

　そしてその場合の非対称関係について繰り返し述べるように、幼児は自らの当事者主権性を自ら言語的に主張し言明することはできないということである。

　上野は、「ケア」される側の立場、すなわち被介護者の立場を、障碍者が主張する被介護者の発言を引用することで主張する。「重度障害児にとっての介護とは、自分の命に関わる介護をする相手の身体自体である」[13]。

　この文を引用して、上野はいう。「ここで介護とは身体と身体との相互行為という水準でとらえられている。それより重要なのは、他者の身体が自分のものか他人のものかわからないという以前に、自分の身体もまた自分のものかわからない、という身体感覚である」[14]。このことは、新生児

や乳幼児の保育においてもまったく同様だということができる。つまり、ここでは「ケア」の相互関係性を前述の「ノリ」という点で基本的に同調し、応答する可能性を秘めてはいるものの、幼児は誕生直後から、いや胎児のレベルにおいてさえ、主体としての働きを展開する。胎児の段階では、母体の生理的な活動のリズムの中で生育するが、母体のほうも、胎児の発達のリズムと合わせるための生理的調整が必要であるため、それは母体の食習慣が妊娠以前と変化したり、つ・わ・り・といった体調の変化が現れたりする。つまり、異なった主体の働きが母体の葛藤として現れる。

　しかし、誕生後は、親の庇護なしに生命の維持ができないにもかかわらず、乳幼児は、主体としての独自の活動を展開しはじめる。ブルーナーが指摘するように、母親の母乳の出方の多少に応じて、吸引する力やペースを調整することができるようになる[15]。そして、乳幼児が特定の大人社会の文化という環境に囲まれて育つということは、０歳児期における食事という行為をとってみても、養育者の食を与えたいという意図と、それに応ずる乳幼児の意志との間のズレとして生じてくる。根津明子は、０歳児に離乳食を与える事例の中で[16]、初期段階では、ミルクから離乳食への移行は、ミルク瓶を保育者が与え、乳児がそれに手をそえてミルクを吸引するリズムから、保育者がスプーンを乳児の口元に一定のリズムで運ぶリズムへの移行はかならずしもスムーズに移行するとはいえない。離乳食の終了時には、ミルク瓶を再び吸わせることで乳児が安定して睡眠へと移行することをあげている。そしてまた、離乳食への移行が可能になってからも、初期において、保育者の一定のリズムでのスプーンによる離乳食の提供に対して、乳幼児がそのリズムに対応しない時期が現れる。つまり、乳幼児が保育者の離乳食のスプーン提供に応じて口を開こうとせず、視線を周囲に移す行為が現れるというのである。この現象に保育者がいら立つことなく、この状況を観察しつづけると、この一時的にスプーンの提供に口を開かないという現象はやがて、食を提供するスプーンや食器（茶碗や皿）といった食器類に手をふれたり、口にくわえたりする行為へと移行する。これは乳幼児が食を一方的に提供されて応ずるだけでなく、大人たちの食

文化へと主体的に参入しようとする準備的行為なのである。やがて1歳児を過ぎると、食へ自力（手づかみ）でアプローチする姿へと発達していくのである。

こうした幼児期の姿は、大人に養育され（ケア）されつつ、自ら主体として大人の文化の一部である食文化へと参加していく子どもの姿が見えてくるのである。

2．「ケア」としての保育から教育としての保育へ

（1）非対称な関係の中での動的相互性

われわれ人類は長い歴史の中で、こうした子育てを経験として積み重ねられ、そこでの経験の集積を知恵として、あるいは学問の知として記録や思索の書として生み出されてきた。こうした既存の知はノエマとしてわれわれの「保育」の学となり常に振り返り、参考にされていくことが必要である。しかし、そうした知恵や知識は、情報知として学んだだけでは、直接の「ケア」の場では働かない。「ケア」し「ケア」される関係の場は、主体としての生命体である個々の幼児と、それを「ケア」する大人である生命体との関係である。主体と主体との関係は、身体を通して展開される日々変化する他者との一回的関係である。そこには常に転機があり、乗り越える体験がある。その関係は、終わりなき継続である。たとえば、常に相手チームとサッカーゲームを展開している関係に似ている。確かにブルデュー（Pierre Bourdieu）がいうように、そこには繰り返しの中で生み出されるハビトゥスもある。しかし、相手の生命活動の維持に対し、責任をもつ「保育者」は相手への関心を一時的に休止することがあっても、停止はあり得ない。木村はこうした関係のもち方を現在から未来を切り開いて

いく働きをノエシス（共通感覚）とよんでいる[17]。これこそ「保育」という行為の原点である臨床体験である。この臨床体験、つまり幼児という他者と共に生きるという共感の上に立って「ケア」し、される関係は成立する。この体験なしに、先のノエマ（記憶され、記述された既知経験）を生かすことはできない。逆にいえば、過去のノエマは、日々の臨床体験との交流において反省知として立ち現れてくる。言い換えればパターン化したかかわりが先行するわけではないということである。

　たとえば、「体罰は是か非か」という議論がある。一般論や抽象論で論ずる限り、この議論は不毛である。結果的に肯定論が暴力行為を是認することになったり、逆に否定論がしつけの欠除を招いたりする。筆者の考えでは客観的に見て、相手の頬を叩いたとき、叩かれたほうが、それによって自分のあり方を反省させられたと感じ、それを自分の心と身体が危害が加えられたと思わない場合、その叩いたという行為は体罰として効果をもっていたといえるという言い方は成立する。また、私が他者の身体に負のダメージを与えたことが相手にとっても、私の側にとっても、よき関係へと変化したと両者が共通に認識できたとき、体罰が可能になったといえる。ただし、この共通の認識が成り立つことが働きかける側と働きかけられた側でタイムラグがあることも多い。たとえば、しつけのために叩かれた痛みの効果は後になってからしかわからないこともある。だから叩くことを前提にしつける手段として体罰を肯定することは危険である。

　このように体罰を定義するとき、体罰の肯定は両者の関係性を無視しては成立しない。それゆえ、客観的に体罰を肯定し、制度化することは、教育したり、「ケア」したりする側の権力性を無制限に肯定する論理に陥る可能性が大きい。もし、体罰という行為が成立するとすれば、それは当事者間の共通認識の上でしか語りえない。それゆえ「ケア」する側や、教育する側がそのことを安易に肯定することはきわめて危険であり、自己の役割に対する「おごり」になる可能性が高い。「ケア」し、「ケア」される関係の中で、非対称性を乗り越えて、幼児の主体性を尊重し、幼児の発達を促す関係性を確立するためには、具体的な試行錯誤を重ねる過程の中

で、対象である幼児という他者をどう構想し、関係性を創造していくかであるとすれば、何よりも必要なことは、幼児を既知な存在として思い込んでしまわないことであろう。つまりそれはノエシスをもてるかどうかである。そのためには、1．応答のリズム（ノリ）に敏感になること、2．「ノリ」が未成立であったり、不成立であったり、抵抗があったりした場合、まず、他者である幼児を観察すること。その際、自らの感性や既成観念への反省が不可欠であろう。たとえば、私の長女が1歳児のころのある夏の日、ダイニングキッチンのテーブルの前に座って、私に向かってニッコリ笑いながら、テーブルの上の牛乳の入ったコップを手に持ち、そのコップを逆さにして牛乳をテーブルの上に流してしまったのだ。私は思わず「あっ」と言い、長女を叱りつけようとしたが、まったく、邪気の無い笑顔に叱りつけるタイミングを失った。そこからなぜ、この行為を長女が起こしたかが気になったのである。あとでわかったことは、このころ、毎日のように、ベランダのビニールプールで水遊びをしていたとき、プールの中で、小さなジョウロに水を入れては高くかかげ、上からジョウロの水をプールの中に流し落としていたことを思い出した。あれは、ジョウロの水遊びの応用編ではなかったろうか。真偽の程はわからない。しかし、そう思ったことで長女を叱らなかったことをよかったと思ったものである。それは、私と娘とのその後続く関係にとって、よき関係として継続していったと考えられるからである。

　このように、幼児と養育者、幼児と「保育者」との関係性は、両者が結果的に信頼に向けて、相互に主体性を発揮し、共生していく、あるいは共生していけるという確信に導かれていくことが望ましいのである。そしてそのために、「ケア」し「ケア」される関係の中で成立せざるを得ない非対称により生ずる葛藤が、とくに「ケア」する側の努力によってその都度、克服されていく過程こそ、子育て過程であるといえよう。

（2）「ケア」と教育を通しての生命維持のための共生的関係

　とすれば、大人と子ども（幼児）との非対称性を前提にしながら、「ノ

リ」という「共通感覚」を基本としつつ、その上で、各々の主体性に基づき共生する方途をさぐっていくことが子育てという「ケア」の基本であり、このことは、施設保育の「保育者」においても共通するメッセージであろう。そしてそのためには、この「ケア」に対処する人間は、このことを原則として認知すべきであろう。それはまさに、「共生するための知恵」の獲得であると思われる。そうした前提の上で、つまり「ケア」（care）を前提として、この幼児という存在をどのように教育するか、つまり幼児の教育（early childhood education）のめあてが意図的に企てられるのである。

したがって幼児教育において何がもっとも大切かという点で強調すべきことは、生存可能性の保障ということではないだろうか。今、保護者たちの間で幼児教育への関心は以前よりはるかに高い。しかし、その多くの親の関心は、遊び保育を建て前とする幼稚園では、保育終了後、塾に通わせることが普通である。つまりある意味では教育熱心である。しかし一方では、子どもの虐待件数も激増している。いったいこの知的教育への関心の高まりは、何を目指しているのだろうか。幼児は自己の今のあり方について大人に異議申し立てはできない。塾に通わせたいと思う親の意志は、幼児の未来の安全保障であり自己の現状への不安解消の要素も大きい。そこには幼児の無言のニーズを構想してみる余裕はみえない。

1980年台前半、筆者が東京学芸大学のゼミで、幼稚園終了後、塾通いの幼児たちにつきそい、塾通いをする幼児たちの生活とその実態を実踏調査を学生にさせたことがあった。ゼミ生が十数人の幼児につきそってその様子をレポートしたのである。その結果、塾通いの動機はもちろん、親の誘導である。「近所の子がみんな、行ってるから」というものであり、子どもたちにとって、塾通いとは、親の命に従い多くの幼児がそうしなければいけないものととらえていたということであり、そこには幼児独自の好悪の感情をさしはさむ余地はなかったのである。はたして、これでいいのだろうか。幼児自身の立場はどうすれば保障できるのか。それを考え直す機会は3.11の大震災にあった。

筆者は2012（平成24）年9月22〜23日、野外文化教育学会という学

会のシンポジウムで被災した石巻の教育関係者の体験談を聞くことができた。その災害体験の中で痛感したことは、現代文明の恩恵の中で生きることの利便性とその危険性ということであった。シンポジストの一人である鈴木元石巻小学校校長は石巻で地震を体験したとき、児童全員を校庭に集め、被災から身を守り、集団で裏山へ津波をさけるために避難させ、児童達の命を救った。彼女は地震の後、約40分後に津波がくるという情報は入ったものの、命を守るために必要な情報は一切なく、自分たちだけでどう行動するか判断しなければならなかった。まず地震の襲来は、これまでになく激しいものであり、そこで多くの児童が動揺し、不安定になった。それを宥めつつ、心を落ち着かせ、教室から校庭に誘導した。筆者は大地震という非常時に、そうした集団行動を冷静に実行することが、どれほど困難なことかを実感させられた。しかも、それだけではなかった。それをやり遂げた後に、津波の襲来が予告された。さらなる危機の到来に対し、外部からの情報不在の中で裏山に集団で避難することが決定された。そしてそのときに校長の命令に関係なく、同僚の中に、寒さを防ぐビニールシートを持ち、子どもたちの名簿を持参した教師がいて、雪が降る寒さの中で命を守る手だてが十全に行われたことが報告された。この話から感ずることは、校長をはじめ教師たちの集団生活のリーダーとしての力量の確かさである。現代文明の通信手段と交通手段を奪われ、江戸時代の生活にタイムスリップしたような状況の中で教師たちは、児童たちの集団行動をリードし、避難場所と食料、寒さの予防など生きるための基本的条件を確保し、音信不通になっていた親と再開を果たすまで、一人の子どもの存在も失うことなく、親との再会を果たさせたということは、生きるということの原点を筆者に示してくれたのである。

　日常われわれは、現代文明の利便性の中で、これが当たり前の状態だと思い、決して安易に生きているわけではないにしても、生きることの困難さの原点を忘れている。しかし、こうした災害時には、一挙に、われわれは文明の恩恵から引き離され、命の危機と対面させられる。そんなとき、どう行動すれば、命を維持できるかということに対面させられ、生きるた

めの判断を迫られることになる。この問いは「保育者」養成にとってきわめて大切なことである。乳幼児は年齢が未熟であればあるほど、いつの時代も変わらず、文明の利器とは無縁な存在としてこの世に誕生するからである。現代において、ショッピングの間、ほんのわずかの時間だからという理由で新生児を車の中に放置し、熱中症で死亡させたといった事件を目の前にするとき、新生児に限らず、乳児期は、生命活動を維持することが大人よりもはるかに困難であることを考えれば、そうした幼児存在が生きるという事態に対し、必要な緊張感を維持する必要があるのである。

　この災害を生き抜いた教育関係者の発言は生きるための日常時における規範をきちんと維持することの必要性を認めていた。この学校経営者はその事例として、朝、職場で同僚を集めて集会を催すとき、全員の職員とアイコンタクトを確認してから、話をするということをあげていたが、そうした日常性の中での緊張と開放のリズムを維持することが、災害時における集団的避難行動において役立ったと述べていたことは重視してよい。とくに、乳幼児の保育に携わる「保育者」は乳幼児が大人よりもはるかに、生命体としての不安を抱えている存在であることを自覚すべきである。大人の「ケア」なしには生存はおぼつかない。石巻の災害時における教育関係者のこの事例の示すものには、日常保育を安全に遂行する保育者にとって幼児の「保育」を責任をもって遂行するための基本的態度である。つまり、非対称の存在であり、「ケア」の対象とすべき幼児に対して対処すべき保育の原点は、木村のいうごとく生命体として幼児の主体性を認識し、その生命の主体性を保障することではないだろうか。

　その具体的事例は根津の食の指導にもあるように、幼児は大人に庇護され、生命体として主体性を発揮する中で、大人の文化を模倣し、自ら食文化に参加し、適応する力を発揮してくると考えられる。大人は好むと好まざるとにかかわらず、幼児を「ケア」する中で、自らの文化を開示しているのである。幼児はそれを受け入れるだけでなく、幼児自らそれを見てまねることで受け取ろうとする。「ケア」する側とされる側では、この両者の主体性が合致したり、しなかったりする。それゆえ、この相互関係はし

ばしば、一致しない。このことは成長してからも同じである。親の命令を子どもが聞かないからといって、親の求めている大人の規範に子どもが逆らっているとはいえない。大人の要求する視点とは異なったところで大人の求めている規範を学びとっている可能性も大きいのである。大人と子どもの相互作用を大人の要求→受容というパターンのみでとらえることは、きわめて危険である。大人の要求に対する子どもの受容が成立しなくても、両者が共存する中で、大人の生活様式を無自覚的に提示することが、子どもの模倣による学習の成立ということも大いにあり得るのである。

　必要なことは、この関係性を維持しつつ、長期的に観察する目をもつことである。ということは、幼児期の教育を考えるためには、「ケア」し「ケア」される関係に当事者として参加するとともに、「ケア」し「ケア」される過程で形成される幼児の人間形成作用を長期的に観察し、その関係性を明らかにする視点をもつことである。しかし当事者にとってこのことは決して容易なことではない。そこに必要とされるのが、当事者の立場と共通の立場で状況を観察できる第三者の存在である[18]。そしてそれは保育研究者に求められる視点である。そして、子育て支援センターにおける親と子の行動や相互作用のあり方を第三者的に観察し、この関係性が葛藤を起こしたときに、よき支援やアドバイスを提供するのが支援センターの職員でなければならない。ここにも「保育者」としての専門性がある。

（3）「福祉（ケア）」と「教育」の両義性

　これまで「ケア」としての「保育」について論じてきた。しかし、「保育」には、この「ケア」することが、その連続線上に幼児の発達を保障するということがあり、それが「ケア」の中で幼児の教育を果たさねばならないという課題がある。英語でいう early childhood education にあたる機能である。この両者の関係をどう考えたらいいのだろうか。これまで、この両者の関係についてはすでに第6章にて言及しているが、ここでは、再度この点に言及しなければならない。なぜなら、両者はこれまで、領域区分としてしか言及されておらず、具体的に論及されていないからであ

る。先に乳幼児の食の援助について根津の研究を紹介したが、「教育」作用という概念を無意図的な作用にまで拡大するならば、この「ケア」し、されるという働きや相互作用の中に「教育作用」は働いているといい得る。なぜなら、乳幼児は、この相互作用を通じて大人の文化（食習慣の文化）を主体的に獲得しようとしているからである。先にあげた事例にあるように、乳幼児の食するという営みを援助し、それに対応しつつ、幼児が主体的に、箸や皿や茶碗などの食事道具に関心をもち、それにアプローチする行為そのものが食文化への関心を示す行為であり、そうした環境を大人が子どもの前に無自覚的に提示することで、幼児の自己形成作用が生起しているからである。やがて1歳になれば、食事時間になると幼児一人ひとりによだれかけをつけてやり、食事のテーブルに誘って、椅子に座らせるといった働きかけによって、幼児一人ひとりに定期的に食事はするものであり、そのように食事へとスタンバイする態度を取るものだという習慣づけが「保育者」によってインプットされる。ここには明らかに「しつけ」とよばれる意図的教育作用が「ケア」する側によって推進される。それは幼児を「ケア」することであり、それ自体が教育作用ともいえる。このように意図的な働きかけは「ケア」という文脈でとらえることもできるが、それ自体が教育作用とよぶこともできる。やがて、「ケア」される主体が生活面で自立し、「ケア」される作用が減少し、自立するにつれて大人の用意した環境の中で自ら適応していくという自己「教育」作用の働きが鮮明になってくる。日常生活の身近な自立が可能になっても、民法上で自立した大人（経済的に自立した存在）と認められない限り、「子ども」という概念が適用される。そして近代社会ではその間は、一般に学校教育の対象になる。幼児教育はこの学童期に準じて公教育の対象とされてきた。そしてこの幼児教育は、わが国では、一方では義務教育に準ずる形で幼稚園教育、そして、時に他方で保育所保育とされてきた。この区分は、現在幼保の一元化で統一的にとらえることが求められている。しかし、この区別は、制度的区別でしかないとすれば、本来、幼児期の存在を大人社会がどうとらえるべきかという点から論ずる必要がある。つまり、発達上、固

有な幼児期をどうとらえ、大人社会はそれとどう向き合うべきかという点で考えていく必要がある。とはいえ、幼児期を具体的にとらえるためには、施設保育における子どもの発達を見ていかざるを得ない。そこで、一元化の方向を示すといわれる認定こども園における0〜6歳未満の幼児を対象に考えていくことにする。

（4）施設「保育」の「ケア」と「教育」の関係性

　施設「保育」における「ケア」は原則として集団で行われる。この集団は、まさに「ケア」する側の都合で作られた集団であり、この集団で「ケア」することに、幼児の発達上の正当な根拠がないとすれば、この集団性は非対称性において二重性をもつことになる。なぜなら、保育者一人に対して多数の幼児という関係は、一対一のコミュニケーション関係と対比した場合、対称性はないからである。この点は学校教育も同じである。すなわち、「ケア」される側にとっては、二重のハンディをつけられることになる。しかし、保育所保育指針や幼稚園教育要領では一人ひとりの発達の保障をねらいにあげているので、上述の文章はこの現実を踏まえて「ケア」されなければならない。しかし上述の指針も要領もその認識は欠落している。また理論的にもその点を指摘する論調は、筆者や渡辺桜[19)]以外の文献にはない。

　もし、上野がいうように、この非対称性を認識することが「保育者」と幼児の「ケア」関係に必要とするならば、その認識がなければならない。つまり「保育者」はこの非対称性と二重の意味で認識してかかわらねばならない。ということは、「保育者」の幼児たちへのかかわりは、この二重の非対称性を克服する過程において存在する。1つは、幼児一人ひとりの主体としての立場をどう構想できるかということと、そしてもう1つは、幼児集団の集団としての快適性を保障しなければならないということである。言い換えれば、幼児たちにとって集団に投入されること、そして生活を行うことが彼等自身にとって快適であるだけでなく、幼児一人ひとりの発達が保障されることである。この二重の非対称性を克服するという2つ

の条件を満たすためには、共に集団で生活することの発達上のメリットを保障しなければならないということである。しかし、現在、このことは、施設保育において十分に保障されていない。理論的な面では、結城恵の主張するような個の主体性を無視した一斉指導が疑いもなく正当化されている[20]。また現実においても、一斉指導を当然視する園が少なくない。このことは、義務教育においても同じであり、最近でもいじめによる自殺者を出す学校の側がしばしばマスコミを賑わせ、教師たちのその事態への危機感覚が乏しさが暴露された。それはすなわち、教師と子どもたちとの間の二重の非対称性の認識がないということなのであり、結果として集団の中の個の存在が匿名化された結果、そこにいじめや不登校問題が浮上するからである。上野は高齢者介護の好ましい条件として個室を中心とするユニットケアを推奨しているが、個人としてのニーズを尊重しつつ、他者との交流を主体的に選択できる場というのは個の主体性と集団性とを関連させることであり[21]、幼児にとっても共通の願いではないだろうか。

　こうした点についての「専門性」を「保育者」は身につけなければならない。この点の詳しい内容については、筆者の『遊び保育論』を参照されたい。ただし、ここで指摘しておくべきことは次の2点である。1つは、すでに述べたように、「保育者」と幼児との「ノリ」の共有ということ、このことは、「保育者」が集団を把握し、集団生活を統制していく場合には、さらに重要性が増大するということである。なぜなら個と個を身体レベルで関連づけるリズム（ノリ）は集団を考えるときの土台だからである。そしてもう1つは、生命体としての個々の存在の主体性を尊重し、行動の選択性を保障していくということである。この2点は相互に保育者にとって葛藤問題である。非対称の二重性は「保育者」の専門性においても避けて通ることのできない課題である。「保育者」の専門性は、上述のような幼児との関係を踏まえて構想されなければならない。後述するように筆者はこの事態を集団臨床とよんだのである[22]。しかし、一般には学校教育でも個人の問題として個人の臨床を担当するカウンセラーの課題とされている。保育研究（保育学）はこの集団臨床（集団の中の個を両者の相互性にお

いてとらえる研究）に取り組み、それが「保育者」養成カリキュラムの中核に位置づかねばならない。言い換えれば「保育者」は当事者として幼児集団を保育施設の中で生活集団として環境に適応していくようコントロールしつつ、個々一人ひとりの主体性を尊重するという葛藤の課題解決に取り組んでいかなければならないのである。そのことを問わないがゆえに養成カリキュラムにおいて、保育原理と心理学研究の学科目がそれぞれ独立して設定されている事態は現場のこの問題の未解決性を反映してしまっているのである。なぜなら、心理学研究の対象はもっぱら個人であり、このことが集団との関係において論じられていないからである。次節でこの点を克服する方途をさぐってみよう。

3.「保育者」の専門性の基盤としての知とは

（1）「保育者」の専門性から家庭保育をどう理解するか

　「保育者」養成において、「保育者」の専門性を高めることが重要であることはいうまでもない。しかし、この方向を目指すことにおけるジレンマは大きい。

　その1つの専門性を高めるために、必要な条件は、その専門性の固有性である。医師の専門性にたとえると、遠隔地医療などに見られるように、たとえば孤島の医師不在の場合、島民の健康維持は唯一、その島に診療所が帯設されることがもっとも基本的条件である。島に育った筆者の場合、何十年にわたって島民から尊敬されていた医師が実は偽医師であったという笑えないエピソードを知っている。筆者も何回か少年時に診察を受けた記憶があり、とてもやさしい感じの人で、島民から信頼されていた。長い間判明しなかったのは、戦時中、衛生兵として軍医の診察を手伝った経験があったからだといわれていた。余人をもって代え難いということこ

そ、専門性についての社会的評価を高める上では大切な条件であろう。とすれば、現在「保育者」の専門性において、最大のネックは「保育者」の専門性を前述の医師の場合のように固有性をもたせることができない点にある。家庭介護を前提としたこれまでの一般通念が専業主婦による家庭介護を前提とするものであり、ジェンダーフリーの立場から、上野がこの通念の歴史的経緯を説き起こし、家庭介護の"自然性"の神秘性を具体的なデータで暴き、公的なケアワークとして賃金労働として確立することを主張している点は、きわめて説得力に富んでいる[23]。

　同様に、家庭における専業主婦を中心とする子育てがもっとも自然な子育てのあり方だといった一般通念も、これまで保守政党が喧伝してきた日本的イデオロギーに過ぎないことは今や明白であり[24]、子育て不安も、もっぱら専業主婦にもっとも顕著に現れている事実から明らかである。

　すでに述べたように、現在、子どもの虐待が家庭で顕著に現れていることからも、子育て責任を家庭に全面依存することは、子どもの発達の面からも疑問の余地は大きい。乳幼児と母親が孤立する都市空間は母親のストレスを蓄え増幅させることは明らかである。それは、親たちの中に子育て知識や技能が欠落しているからという理由だけではない。女性の自立やジェンダーフリーの立場から専業主婦という立場や生き方が女性のストレスの要因になっているということである。ということは、専業主婦の立場に拘束されることが女性が二次的な意味で「ケア」されるべき対象にあるともいえる。「育児不安」はその典型的徴候である。

　とはいえ、女性が子どもを預けて、労働市場に参加することで問題が解決するかといえば、女性の労働市場における地位の低さ（低賃金、職場における役割上の評価の低さ、不定期雇用であること等）から、課題は多く残されている。家庭保育に男性が参加する条件が増え、上述の条件が改善されることがまず必要である。

　しかし、介護という「ケア」の場合、「ケアワーク」として賃金労働へと移行させることは、「専門性」確立への有力なステップであることは確かである。ただ、この「ケアワーク」がより高い専門性として確立するた

めには、上野がいうように、「男がケアにもっと従事するようになるまでには、ケアの価値が今より高くなることはないだろう」といわざるを得ない[25]と上野はこのことについて楽観していない。

同じ状況は「保育」という「ケア」において変わりはない。しかも、「保育」の場合、すでに述べたように、家庭における子育て（保育）という部分を上野のいうように、家庭介護の神話性を完全に暴いたとしても、公的施設の「保育」に家庭保育を完全に移行させることはできない。すでに述べたように、子どもを生み育てる権利は親にあって、いかなる親であろうと、この権利は憲法によって保障されている。近年、子どもの権利条約が宣言されているものの、子育てにおいて子どもの人権が侵害されたという明確な証拠がない限り、公的な立場でこの親権に介入することはできない。子どもの虐待の告発がしばしば、子どもの人命に危害が加えられた後になってしまうのも、親権による事態の隠蔽が可能だからである。つまり、子どもの人権保障を貫く主体が不在だからである。

ということは、「保育」の専門性は、あくまでも、家庭保育の親権をもつ親の付託を受けて行う「保育」に行使されるのである。したがって、専門職として行使される公的な「保育」も常に家庭保育との連携の上に行使されなければ、その専門性を生かすことはできない。この点は「保育」の専門性の社会的評価を高める上では大きなネックとなりやすい。事実、施設不足や待機児童の増大のニュースが取り上げられる中で、緊急の「保育者」の需要に合わせて、ベビーシッターや保育ママ制度が便宜的に使用され、こうした傾向は、免許資格や保育機関の高学歴化を進めている状況の中では、「保育者」養成の将来にとって、決して望ましい状況とはいえない。

一つに、保育資格とそれに見合う給与水準の格差化をもたらすからである。そして現実に保護者の立場からすれば、「保育施設に預けるより、保育ママさんのほうが子どもは安定しているし、保育もていねいだ」といった個別的事例による風評が流れることにより、「保育者」資格の専門性に対する社会的評価は下がる可能性が大きい。

ましてや、システム化により、保護者のニーズに応えるという形で、さ

まざまな施設で「保育」が可能になった。こうした施設ではバウチャー的性格（教育費の公費負担を軽減するために、民間委託して教育や保育を行わせる M. フリードマン（Milton Friedman）の提案した経済政策）のところも多く、運営の合理化のため、「保育者」の資格や施設の設置条件もコストをできるだけ抑えるという発想で設けられた施設も少なくない。この施設での保護者への対応も、保護者のニーズを consumer（顧客）のニーズととらえ、連携という概念がもつ、相互理解という形はとりにくい。この場合は、「保育者」による「ケア」は、商品としての「保育」になってしまいかねない。「保育」の連携は幼児の健全な育ちについての共通理解と「ケア」方略の確立のためなのである。言い換えれば、上野が介護で指摘しているように、「ケアの受け手はただの消費者ではなく（──中略──）プロシューマーのような創造的消費者」であり、「ケア」の担い手と受け手の両者が相互行為をする関係のもとでのよい「ケア」が達成されるとすれば、「ケア」の質は、担い手と受け手の双方によって判定される必要があるからである[26]。しかし、この連携は決して容易なことではない。なぜなら、親と子の関係はこの関係について親が自覚的でない限り、各々の親の恣意的な判断に支配される傾向が強く、子育ての仕方に反省的にかかわる親は少ないので、「保育者」の専門性の立場で親との対話をスムーズに展開することはむずかしい。かつて、措置制度において、保育所入所が役所の決定で左右されている時代、保育所所長が家庭保育について啓蒙的に説諭したり、説教したりする時代はあったけれども、現在のように、一部、市場機能も加わり、受益者負担の通念も行き渡っている時代では、むしろ、家庭の親のニーズを公的施設側に要求することの方が多い。それはかならずしも、保育のニーズと整合しない場合も生ずる。

　近年は時間的余裕から、保護者の保育を観察する機会も多く、そこから「保育者」の保育行動や態度への批判も多くなっている。外見的にみれば、家庭で自分がやっている子育てとの相違を見出せないと感じる保護者にとって、「保育者」の専門性を疑問視する人も少なくない。

　このように、家庭保育との連携を前提とする「保育」の専門性の確立

は、社会的評価という点からみれば、マイナスの側面を多く含まざるを得ない。しかし、家庭保育の連携という形でしか「保育」の専門性が語れないとしたら、この両者の関係をどう構築していくかが、まさに「保育」の専門性を語ることになるのである。われわれに残された道は、とくに子育てを一方的に託されている母親を対象として、その存在が自らの生き方において第二次的な意味で「ケア」の対象となるべきものであり、そうした立場に対するアドバイザーとして、対話力をつけるという形で自らの専門性を「保育者」が身につける以外に道はないのである。そのための「養成カリキュラム」が求められるのである。

（2）家庭保育や地域保育を助成する専門性とは

その点で、近年、各所に設立された子育て支援センターの誕生は、施設ごとに特殊性があり、一般論としてそこで「保育」を論ずることはきわめて困難であるが、「ケア」される側と「ケア」する側の相互関係の日常的プロセスが、可視化される可能性を開いたという点で「保育」の専門性を語り、保育実践学を今後構築していく上でよき方向性が示唆されているといえよう。

上述のように、われわれ「保育」研究者にとって家庭保育は、子育ての原点であるという点で無視することはできない。しかし、われわれ研究者が家庭保育については、これまでほとんど文献研究が中心であり、臨床研究面では、霊長類の子育て研究のほうが多く、親と子の養育過程という点での研究はあまり多くはない[27]。その理由としては、乳幼児や児童の発達研究は、幼児のみを対象にした実験的研究が中心であり、幼児の発達に及ぼす文化的条件に関心を払うことが少なかったからである。乳幼児と養育者との関係のエスノグラフィによる継続的研究が見られるようになって、養育者と幼児とのかかわりの過程に関心が向けられることになった。ということはこれまで、経験知に基づく家庭保育の知識と幼児の発達についての発達心理学の知識との整合性を図ることが見られてこなかったことを意味している。

しかし、子育て経験の蓄積の少ない親と子が孤立した空間の中で向き合っても、子どものニーズに上手に答えられないといったストレス、さらには、結婚する以前に賃金労働に参加し、自分の人生といった体験をした世代が、結婚し子どもを育てるという立場に立って、夫の給与に依存して生きる専業主婦の立場に多かれ少なかれ疑問を感じつつあるという状況などから解放されるためにも、この子育て広場としての子育て支援センターの存在は、意義があるとされてきた。この種の施設がすべての親たちにとって開かれているとはいえないとしても、家庭保育を補完する共同の場を同じ境遇にある親（とくに母親）たちに提供したことで育児不安を解消するとともに、われわれ研究者に臨床研究の場を提供してくれた意義は大きい[28]。

この場は、親にとって自らの子育て行為を他者との関係において顕在化させ、見てまねる場を提供し、自らの保育行為を反省する契機を拡大する可能性がある。また、同じ空間に親たちが集まることで、親同士の対話の機会を提供することにもなる。また「見る──見られる」関係にあることを潜在的に想定することから、親の役割意識を自覚させ、親としてあるべき役割を振る舞うことにもなる。家庭という個室空間にあるときには、わが子を叱ったり、叩いたりする行為に抑止する働きも生まれる可能性もあるが、同じ境遇の他の親たちに見られていると意識することで、この広場で親たちが自覚し合い、支援し合うことで、この場が地域づくりの場となる可能性も考えられる。

また、同世代の幼児が集まることで、同調性の高い幼児間に親と子の一対一の対応の関係から発展して幼児たちの集団関係を成立させ、遊びを生む可能性も大きい。もちろん、こうした場のよき関係性は自然発生的なものではない。常にマイナスの関係性を生む場ともなる。それゆえ、その場が上述のような親たちの子育てコミュニティーになるようにする役割が、子育て広場を運営する職員にある。この職員の役割を「保育」の専門性として位置づける必要がある。そのためには、この場を臨床研究の場として位置づける必要がある。なぜなら、そこには、幼児を「ケア」し、「ケア」

される関係が見られるからである。それは、保育研究の新たなフィールドとなるべきなのである。子育ての具体的対応の仕方、あるいは、そうした日常についての親の悩みについて観察し、対話を成立させ、よき関係を実現するのを援助することだからである。これは保育研究の新たな課題でもあり、「保育者」養成の内容ともなるべきものである。ここにも家庭保育と施設「保育」の中間に介在する＜保育＞現象を把握する第三者的立場が研究の必要性を教えてくれるのである。

（3）「ケア」としての子育てに対する臨床研究の必要性

　上野は、「ケア」される側と「ケア」する側との非対称性を強調し、「ケア」されるとはどんな経験かを論じている。その中で、「ケア」される高齢者の側の声についての研究が乏しく、「される」側の立場が無視されてきたと述べ[29]、障害者の「ケア」されざるを得ない立場の声を重視する。そこで、金満里の「介護とは―私の身体が自分の意思で動かすことが出来ないので、他人の身体を使って、自分の身体を監理している」[30]という言葉を受けて上野はこういう。「ケア」という行為は「身体と身体との相互行為という水準でとらえられる。それより重要なのは、他者の身体が自分のものか他者のものかわからないという以前に、自分の身体もまた自分のものかわからない」[31]という身体感であるという。「当事者主権」と主張する上野の立場に立てば、こうした「ケア」される側の声が身体の根源から生まれたものとしてとらえることは当然であるし、必要なことである。金の言葉は乳幼児の泣き叫ぶ声を幼児のニーズにかかわるものとしてとらえるとき、重要な指摘であるといえる。

　しかし、上野は「ケア」される側と「ケア」する側の関係について、本章1節（p.241〜）で繊細な感度とコミュニケーション能力が要求される「当事者性」の関係を指摘している。しかし、こうした仕事に携わる「専門性」を要請する立場では、これを言うだけではすまされない。こうした関係性を結べる能力や構えをどう養成するかが課題だからである。とくに、保育の場合、「ケア」される側は、金のように自らの立場を表明する

言葉をもたない。にもかかわらず、幼児の立場を構想し、それに対応することが求められる。ここでは、当事者である幼児の意思は幼児の言葉としては表出されない。幼児の身体そのものの意思をどのようにして、「ケア」する側は読み取るだろうか。上野のいう「ケア」の繊細なコミュニケーションをどう確立していくのだろうか。介護される者と介護する者との関係についての上野のこの著書に対する岩田の批判にあるように、「ケア」される幼児と「ケア」する養育者の関係に対する第三者(観察者としての研究者)の存在が欠かせないのである。岩田は、上野はそのことを欠いているという。「当事者の身体感覚は、自転車の乗り方を言葉で説明しにくいのと同じように、言語化しにくい(金も「説明不可能な苛立ち」と言っている)ので、第三者的説明が必要になる。つまり、当事者でない第三者の視点を通じて初めて、社会への「発信」として意味が得られる」[32]。筆者の言葉で言い換えれば、「ケア」される側と「ケア」する側の相互行為が身体に媒介されるとすれば、「ケア」という相互行為はどちらも当事者であるはずである。そして「ケア」される側の非対称性はこの相互性のあり方として特色づけられることになる。たとえば、肢体不自由な障害者の介護行為は、相手の身体の可動性の範囲を引き受ける形で介助する側の力が加えられることになる。

　しかし、こうした身体上の相互関係性において、よき関係をつくる専門家を養成するには、「ケア」される側の当事者を代弁する理論(第三者の目による)をつくる必要がある。なぜなら、「ケア」される側である幼児は自らの立場を自力で要求できないからである。そして、そのためにはこの「ケア」関係を第三者が記述し、解釈することがされる必要がある。そして介護論としては、当事者立場を引き継ぐ形で論ずる必要がある。たとえば、子どもに、鉄棒でけあがりの仕方を教えるときに、力学的には、鉄棒を起点として遠心力を利用して身体を一回転させることだという説明ができる。しかし、この力学的視点は第三者的視点であっても、けあがりを実行する当事者主体の立場には成り得ていない。当事者の論理としては、この力学的メカニズムをけあがりをする当事者の立場に変換する必要が

ある。「自分の身体を下から遠くのほうに投げ出すようにしてごらん」といった指導言（指導する際の援助の言葉をこういう）になる。これが第三者（研究者）による当事者の視点である。

こうした視点を第三者がもつためには、保育における幼児と保育する者との関係性を「もし私が赤ちゃんだったら、どんなときに泣くんだろうか。ねむいとき、排泄してお尻が気持ちわるいとき、おなかが空いたとき、熱があったり体調がわるくて気持ちがわるいとき……」などを想像してみることであろう。言葉で伝える力のない赤ちゃんの立場に立ち、赤ちゃんの状態を観察し、それぞれの状況に合った対応をイメージしてみるのである。こういう「ケア」される側と「ケア」する側と相互の関係性を観察して記述し、そうしたデータを積み重ねることで、相互の関係性が上手にフィットしたときとそうでないときとを区別できるような状況についてのふさわしい解釈を見つけることが必要である。こうした第三者の存在によって、相互に「心地よいケア」の関係とは何かを追及することが求められる。こうした相互の「当事者」関係を追及するのが臨床的アプローチというものであり、これには「ケア」し「ケア」される日常的関係の記述とその出来事に対する「ケア」する当事者の省察を言語化する試みである。こうした参与観察の結果を記述し、その事態を解決し、幼児と養育する者との身体的かつ心的状態を読み取ることが「保育」という営みを実践的に研究することである。こうした営みを遂行する点で、子育て支援センターの職員の立場はきわめてふさわしい職種と成り得るはずである。なぜなら、支援センターにやってくる親と子はまさに、保育の現場を職員の前に曝しているからである。

（4）施設「保育」の専門性確立の場としての集団臨床研究

「保育者」の専門性を確立するためのカリキュラムを構築するためには、自らの「保育」実践を反省し、次の日の実践のためにどう考え、振る舞えばよいかを考えることのできる「保育者」を養成することのできる知識・技能を確立しなければならない。それには、まず「保育者」予備軍の学生

たちに、保育についての見方・考え方を伝えるものでなければならない。大学において「保育者」養成が行われる所以は、大学教育は、シュライアマハーが「思考の仕方」を教えるところだということに目的があるからである。大学教育のカリキュラムは、いかなる専門家を養成しようと、そこに学問研究としての性格が付与されていることだからである。これからの「保育者」は専門職として、自らの実践についての省察（reflection）を働かせて実践を展開するものでなければならない。とすれば、この省察力を養うことが大学における学問研究によって可能になると考えるのである。筆者が家庭保育について、あるいは地域保育（子育て支援センター等）について、臨床研究の必要性を求めてきたのはそのためである。ここでいう保育臨床研究とは、「保育」現場の保育の実際に立ち会い、「保育」実践者の立場に立って、保育者の行為の改善に有効な知識技能を開発することに役立った研究をすることである。施設保育においても必要なことは、保育実践についての臨床研究である。この知見こそが「保育者」養成の根幹をなすものである。臨床研究こそ保育学の中核的内容であり、「保育者」養成の核心をなすものである。言い換えれば、保育実践に当事者としてどうかかわり、それをどう改善していくかという問いを自らに投げかけ、実践していくのは「保育者」自身であるが、臨床研究者はその当事者的視点を共有しながら、そこで展開される実践をどう俯瞰し、その問題点をどうとらえ、改善の方途を見出していくか。これが臨床研究者の視点である。

　では、この臨床研究は具体的に何を対象としてどう行われるのか。保育所保育にしろ幼稚園教育にしろ、「保育者」は保育施設の中で複数の幼児を対象にしなければならない。「ケア」され、「教育」される対象として複数の幼児を対象にするということは、その複数が同一空間で共通の時間を共有することであり、その意味で集団をターゲットにするということであり、その意味で二重の非対称性を有していることをすでに指摘したが、このことが施設保育の特色であり、そこに「保育者」の専門性があるとすれば、その専門性についての知見も、この特色をもつ実践を研究の対象にせざるを得ない。

とくにわが国の保育制度の場合、この集団性を意識せざるを得ないのが3歳児保育から5歳児保育である。0～3歳未満の場合、「保育者」一人に対して、乳児の数はおおむね3人以内、満1歳以上満3歳に満たない幼児はおおむね6人以内である。しかし、3歳児クラスになると、対象になる幼児はおおむね20人と増加する。文科省の規定の短時間利用児の35人以内というのは実態を無視した規模である。ここには、制度上において「保育者」が対応すべき、適正数に対する制度側の論拠のなさが現れている。

このことは、「保育者」の専門性の確立の面で大きなネックになっている。0～3歳未満の場合、「保育者」は自分の身のまわりへの気配りで、幼児一人ひとりへの「ケア」が可能だと信じて動く。また「保育者」養成の側も一人ひとりの発達を主として心理学研究者の知見が重視されている。しかし、3歳児になると「保育者」一人に対し、おおむね20人となり、一人ひとりへの配慮の機会は一挙に減少する。しかも2歳と比べると3歳児クラスの幼児は自我の芽生えにおいて、また運動能力の面ではるかに自立性が高くなる。とはいえ、4歳児や5歳児のクラスと違って、「保育者」による一斉的言語的統制がきかない。にもかかわらず、施設経営者の中には、新人を3歳児クラス担当にする者もいる。こうした現場の状況は、ひとえに、幼児集団にどう対処するかという「保育者」の専門性に対する知見のなさともかかわっている。

こうした弊害は、1歳児保育や2歳児保育にも見られることである。たとえば、1歳児の給食場面で3人の幼児にスプーンで離乳食を幼児の口元に運ぶとき、順番に1人ずつ対象にするのであるが、残っている2人の幼児に対する「保育者」の配慮がすべて欠いてしまう。残っている幼児が急に泣き出すと、その幼児への「ケア」に没頭するため、それまでの給食は一時中断せざるを得ないという事態を見聞したことがある。

また、2歳児クラスのある場面では、4人の「保育者」が車座になっておしゃべりをしている場面で、幼児一人ひとりが、「保育者」の膝元でおとなしくしていて、当初、とても安定した姿だと思って観察していたとこ

ろ、室内には、4人の「保育者」の視野の外に数人の3歳児が動いており、この間、「保育者」たちは話に集中して、一度もこの子どもたちに注意を注ぐことはなかったのである。

　施設「保育」の専門性としては、幼児集団を俯瞰し、それを対象とすることは欠かせない。このことは、この「集団」の一人ひとりへの把握を無視してよいということはまったく意味していない。いかに「集団」の中の個を把握するか。言い換えれば、両者の関係の中で把握するかということである。筆者はこれを「集団臨床」とよんでいる[33]。

　この「集団臨床」研究をどう進めるかが、保育施設における保育臨床研究の課題でなければならない。そしてそれが「保育者」養成のもっとも中核的内容になるべきなのである。

（5）集団臨床としての「保育」に対する「保育」実践の特色

　公共の幼児教育施設（保育施設）において展開される集団保育の中心は、3歳児、4歳児、5歳児クラスを対象とする遊びが中心の保育である。幼稚園教育要領でも、保育所保育指針でも共通に、遊び中心の保育を謳っている。「保育者」の専門性として、遊び保育に対する実践力を身につけることは必須の条件である。筆者は別のところで、遊びや「遊び保育」について言及しているので、それを参照されたい[34]。しかし論述の都合上、簡単に「遊び」とは何か、「遊び保育」についてふれておこう。すでに、本章1節の（4）のところで述べたように、幼児は大人や他児と同調する機制をもっているとともに、生命有機体としては常に主体的にそれぞれ独自な動き方をするものである。それゆえ、幼児にとって遊びは自ら選択する行為であるとともに、他者と共鳴しつつ展開する行為であるという点で幼児期にとってふさわしい活動であるとしておこう。

　そして公共の「保育」施設において教育活動として行われる「遊び」を「遊び保育」とよんで、その特色を幼児たちが市井で好きな時間に好きな場所で好きな仲間と遊ぶ「遊び」とは異なり、施設の時間的、空間的縛り

の中で、学級という集団の括りを前提とし、保育者の援助あるいは、見取り（監視）のもとで展開される"自由な"活動であるとする。したがって、「保育者」としての必要な知見は、そうした活動を"援助"するとはどういうことであるかに答えられるものであるべきである。

　筆者はそのことについて別のところで書いたことがある。少し長いが引用する[35]。

　　保育の形態がいかなる形になろうとも、幼稚園教育や保育所保育における3～5歳のクラスを対象にする保育の場合、考慮すべき前提条件がある。それは、まず第1に、自己のクラスに所属する幼児（複数）全員、施設内に収容されているという事実を把握することである。これは、施設職員としてのもっとも基本的な公務責任である。これは個別認知であり、この行為は、管理とよぼうと行動理解といおうが、変わりはない。「保育者」が保育行為としてここでとり得るのは、幼児に許容されている空間に展開する幼児に対し、パースペクチーブを保つ（俯瞰する）立場に立つことである。これは、専門職としての「保育者」の基本的力量である。

　　第2は、幼児（複数）に対し、個別識別が可能になるように、幼児一人ひとりの固有名詞を覚え、それと顔を一致させることである。これはバスツアーのコンダクターのように、仮に個々のパーソナリティと相互関係が不在であったとしても、何か事故のあったときの敏速な対応のための基本的技能として欠くべからざる条件である。そしてこの2つの条件は小学校教師にも同時に必要とされる。

　　しかし、以上の2点は、管理する側の条件であって、そこに収容される幼児側の条件ではないかのようにみえる。しかし、幼児の場合、以下の理由でそれは単なる管理上の問題ではなく、幼児一人ひとりの「遊び」の状況を理解するにも必要条件である。入園時まで、安定していた親子関係を親の都合で（多くの場合、幼児の都合は考えられていない）、「保育」施設に入園する場合、幼児は、その施設に自らの「居

場所」を発見しなければならないであろう。それは、「保育者」に当該のクラスの幼児全員がすでに認知されている、という実感（＝信用されているということ）を幼児にもたせることである。それこそ、先に述べた幼児の固有名詞への「保育者」のよびかけなのである。このよびかけが幼児一人ひとりに与える影響は、自らが親に認知されることと同様に、安心感を抱かせるという心理に連なるものであり、幼児が「保育者」に信頼感を抱く契機となるものである。しかし、その感情は、幼児の自己中心性をも含むものであって、「保育者」が幼児たちを平等に分け隔てなく扱う上では、障害になる要素でもある。他児に対応する時間が長く、自己へのアイコンタクトが不在であれば、前述のように「保育者」への信頼は、期待の大きさゆえに、失望感さえも招来し、学校秩序からの逸脱へと反転する可能性も大きくなる。この段階では、「保育者」も幼児一人ひとりがすでに相互に自立した関係をもっているという認識には立っていない。

　しかも、「保育者」1人に対し、幼児多数という関係の中では、同一の時間内、ないしは、短期的には、一人ひとりへのアイコンタクトを前提にした、個体対応を一人ひとりに行い、一人ひとりを大切にした「保育」を行うという考え方は、放棄せざるを得ないのである。言い換えれば、「保育者」は幼児集団をマス（mass）ないしは、匿名において扱うということになる可能性は大きい。

　そこでまず、幼児一人ひとりを対象に保育という建て前に対しては、次の認識が立つ必要がある。一人ひとりを大切にするかのような形で集団的対応をするしかない。それは幼児から見て保育者が自分だけを相手にしてくれるかのようなかかわりである。つまり、一人ひとりに対応するかのような役割演技をするのである。先に擬制としての個人重視と述べたものである。そこで、まず初期段階での一対多の関係において、「保育者」と幼児に思わせる一つの手だてとしては、まず第1に一日の保育の終了後に、幼児一人ひとりの個人写真からなるノートをつくり、その写真を参照しながら、幼児一人ひとりとの出会

い（アイコンタクト）の記憶を辿りつつ、出会ったイメージのない幼児には、次の日の登園時にかならずアイコンタクトと出会いのコトバを演出することである。第２は、岩田のいう手遊びなどの同型的同調（ノリ）が成立する活動を繰り返し行うことである。なぜなら、その活動はまなざしを分化させる以前に「保育者」と幼児との役割分化以前の共通の「ノリ」によって、身体的に一体化できるからであり、ここでは、自分が排除されているというイメージをもつことがもっとも少ない活動になるからである[36]。言い換えれば、手遊びといった保育者と幼児たちとの間で、リズムによる同調行動や応答的同調を創出する手だては、擬似的に一人ひとりとかかわっているかのようにする手法なのである。しかし、この活動は、幼児たちが自らの主体的活動に入るための入口にしかすぎない。それは、保育者と幼児たちとの間で基本的な同調性は成立したというレベルである。なぜなら、手遊びに同調できない子どもは多くの場合、その幼児はクラスで逸脱するケースが多いからである。

　上述の諸前提の上で、「遊び保育」を実現する方略ははたして存在しうるのであろうか。これまで、「遊び保育論」を構築するにあたって「保育者」側からの制約条件を述べてきた。しかし、「遊び」の意味を幼児の自発的活動と考えるならば、先に述べたように、幼児同士の「ノリ」（リズム）が保障されることで、同調行動や応答的同調が成立することが必要である。なぜなら、そこから模倣行動が成立し、幼児自身の自発的活動が生まれる状況が成立すると考えられるからである。しかし、幼児同士の相互関係の中で展開する活動の範囲だけでは、決して豊かな遊びの発展性は保障されないだろう。

　筆者は「遊び」についての従来の研究から、「遊び」をしたいという動機形成は、見て真似たいという思う他者の行動へのアプローチであり、かつての伝承遊びは、近代以前の徒弟制がモデルになっていることを明らかにした[37]。子どもたちは、年長者の遊びを見て真似る形で、異年齢構成の組織を通して、年長者の行動を見て真似たのであ

る。この伝承遊びを継承する異年齢集団の組織は近代社会以前の生産様式である徒弟制を擬したものであり、親方や年長者の技能を見て真似るための生活集団組織でもあったのである。そこでは年功序列の風土（あるいは権力＝力関係が成立する方向性）が形成され、生活様式や人間関係も長幼の序という規範（権力関係）が守られていたのである。この集団を律する規範が、集団のメンバーをして親方や年長者の行動に同調し、年長者の行動を見て真似させてきたのである。

しかし、今、こうした異年齢集団は成立しない。実施の遊び場面においては、幼児たちはどう振る舞うかの手だてがなければ、遊びは展開しない、遊びは決してランダムな行動ではあり得ない、幼児たちは成育歴に応じて、楽しいと思う行動をするのである。しかも、この遊びの場面は、同世代の集団が存在する場である。こうした場面で幼児たちはどういう形で、遊びを学び、遊び行動を起こすであろうか。大人である保育者が幼児たちの行動をその発端から言語的に統制しない限り、そこには一見してきわめて多様な活動が展開しているかにみえる。しかし、成長・発達の糧になるような遊びは、はてしない繰り返しを楽しむ活動であることが多い。いろんな活動を興味本位で転々とする活動には、より深い学びがない。

それは、幼児の活動の起源を考えれば幼児の遊びが、そしてその多くは、養育者との養育過程にその発生を見ることができるからである。イナイ・イナイ・バーは、養育関係を楽しさとして再現したものであり[38]、養育者による食事の援助行為を、養育者と幼児の関係を楽しむ形で再現した遊びが、自分で空のスプーンを口にもっていく行為を繰り返すという事例であることをブルーナーは指摘している[39]。そして幼児の遊びという行為は、楽しさゆえに多くの場合、繰り返しが見られるのである。

こうした条件づくりの中でもっとも重視すべきは、「保育者」の役割である。近代社会における学校教育における教師の役割は教授することであ

る。しかしここで強調すべきは、それとは対照的にモデルを演ずるということである。そのことについて以下のように書いた。

　保育の制度の枠内において、遊びを展開する主体の役割を果たすためには、前述のように、保育者は、自分のクラスの幼児たちを個体認識し、かつ全員に対して俯瞰する視点が必要であることはすでに述べた。しかし、そのまなざしは外側から幼児を監視するまなざしに終わってしまうわけにはいかない。そこから幼児集団の中に、踏み込んで幼児一人ひとりの固有名詞を覚え、まなざしを交わし合うことが必要になる。それは「見る──見られる」関係になることであり、同調し、交換する関係（ノリを共有する関係）をもつことである。しかしこのことは、先に述べた外から俯瞰することを困難にする可能性をも生むのである。そしてさらに、遊びの展開に関しては、保育者はモデルの役割を演ずることで、遊びの情報源にならなければならない。このモデルを演ずるということはどういうことか、筆者は別のところで、「気」という概念を使って、同調関係や応答関係との相違を述べたことがある[40]。後者は「気」を合わす、あるいは「気」を送り合うのに対し、前者は「気」を引くのである。幼児がいる状況の中で、保育者がただ単に何かをやって見せれば良いというわけではない。たとえば、他の大人にはなつかない幼児が母親に抱かれると、なつ（懐）いて、泣き止むという現象は、その幼児が母親に引きつけられているということを意味する。それは、母親（大人）に抱かれたときは、泣き止む（おとなしくする）という行為規範を幼児に獲得させているということである。幼児の側からすれば、母親に抱かれることで、安心という快感情が得られることである。これを第三者は2人は親密な関係にあるという。これを分析的にみれば、母親は、幼児を養護するという立場から自らの権力（力関係の方向性）の作用圏に幼児を置き、幼児は、その作用圏に同調することで、快感情をもつということなのである。イナイ・イナイ・バーは、その関係性を幼児自ら確認する（母親像の喪失と回復によって）遊びなのである。

「保育者」は前述のモデル的役割をとりつつ、自己に気を引くことを媒介に、幼児集団の形成をはかり、幼児理解を通して、以下に述べるような「保育者」と幼児集団との関係性から生まれることを見きわめていくのである。

　そこで、幼児集団が幼稚園や保育所で遊びを展開するための条件として考えられることは４つあり、第１の条件として、（１）３歳までに、経験してきた既有行動を再現できる条件が整っていること、（２）同年代世代の既有行動を「見る──見られる」関係の中で見て真似る条件が整っていること、（３）保育者との「見る──見られる」関係の中で「憧れ」をもって、見て真似る関係が成立しうる条件が整っていること、（４）こうした行動が幼児同士に伝播するような幼児同士の「ノリ」が存在すること[41]、以上の経験を踏まえて、新たな試行錯誤が試みられる条件が整っていることである。最初の条件を満たすものとして、幼稚園のブランコ、滑り台、砂場などでの集団の動きはその例である。第２の条件としては、遊びの場面で他児の活動を見て真似られることである。たとえば、周囲の子どもの活動を真似て、初めて試みる泥だんご体験などはその例である。第３の条件としては、「保育者」をモデルとして、製作コーナー上で試みた作業などである。第４の条件の例としては、手遊びなどを重ねることで集団として同調できることである。

　では、そうした条件はどのように設計されるのか。

　以上の４つの条件の中で最初に考慮すべき条件は、第３の条件である。第１条件は、幼稚園や保育所に来て幼児一人ひとりが個別に発揮する条件であり、発揮できる子は幼稚園に入園するや、ブランコに走っていったりするけれども、まったく、発揮できない子もいる。また第２の条件は、幼児たちが当初まったく人間関係が介在しない状況の中では、当初から期待できる条件ではない。幼児たちは自らの意志で一つの学級に所属したのではないとすれば、当初は教師である「保育者」の役割が中心にならざるを得ない。しかも先に述べた遊び保育

の前提条件から見ても、この第3の条件を確立することが多数児を前提とした学級を対象とするクラスにおいて、遊び保育を構想するには必要である。

「保育者」が集団保育の場において、この集団の一人ひとりの個別的な行動の自由を保障しつつ、この集団が保育環境内に留まり、安全に生活が送られることを保障すること、なおかつ、この自由な動きの中で一人ひとりの活動の達成感が獲得されていることを確認し、援助することは、一般に考えられているほど容易なことではない。なぜなら、20〜30人の幼児が空間に動き、活動を展開する場合、個の動きを追跡するまなざしと、空間の集団の展開を俯瞰するまなざしを同時に維持することはきわめて困難な仕事だからである。しかも、「保育者」はこの状況内存在として実践しているからである。状況内存在として「保育者」が全体を俯瞰し、かつ個々の動きの詳細を把握するためには、マス・ゲームの動きの中で全体の秩序を逸脱する存在を見つけることのほうがやさしいのである。「保育者」はサッカーの選手として参加しつつ、動きの中で全体の動きがわかるようになることに近い力量が求められる。

「保育者」の技術形成の基本は「実習」を通しての経験の蓄積に待つしかない。しかしそれとともに、日々の実践についての省察は欠かせない。とくに、個々の幼児理解とともに保育状況全体を俯瞰する力を養うためにである。

（6）臨床研究と保育実践学とのかかわり

その際、「保育」研究者が保育現場に参加し、保育への参与観察を通して得られる知見が「保育者」の反省的思考（省察）に大いに役立つはずである。私はその点について、かつてこう書いてある。幼児集団の遊びを「保育者」がどこまで的確に把握しているかが援助の大切な要件となる。そこで、その要件をあげると[42]、

1．保育のカリキュラムの中での「遊び」の位置づけを明確にする必

3.「保育者」の専門性の基盤としての知とは

要があること（例：一日の保育が登園後、一斉活動の後、遊び活動が設定されているのか、それどもその逆か、また、遊び活動において、外遊びが中心か、外遊びから入って室内遊びへ移行するか、それとも逆か）。

2．遊び活動時の室内、および、園庭の環境構成の方針を理解し、そこでの遊び全体状況を把握しておくこと、この2つの点は、保育者の援助の適宜性、適切性を判断する基準を提供する。

3．幼児の遊びの理解のためのデータとしては、たとえ、保育者以外の研究者が記録をとるにしても、保育当事者の記録やインタビュー内容を知ることが不可欠な条件になる。保育者自身のかかわりや理解が欠かせないからである。

4．保育者自身の遊びへのかかわりを相対化するために、保育者自身が一時的に遊び集団の当事者であるとともに、次の瞬間には状況内の第三者であったりするという役割を修得するまでの間は、このことを完全に習得することは不可能であるとしても、第三者（研究者、同僚の教師のまなざし）の存在が欠かせないのである。言い換えれば、保育者自身が参与観察者にならなければならないのである。筆者はこの参与観察という言葉を現場に入るための手段というより、参与（遊びに参入すること、そしてかつ遊びの状況の外に立つことで観察者になること）という保育者にとって基本的に葛藤しつつ乗り越える役割として考えるべきである。

5．こうしたデータの集積は、幼児の遊びの歴史的展開（時系列的変化）を知るために必要となる[43]。こうしたデータによって研究者は間主観性（複数の観察者の間で観察対象に対する見方、解釈の仕方が一致することをいう）を獲得しなければならない。言い換えれば幼児の「遊び」という文化は当該の施設において保育者と幼児（集団）、あるいはまた、幼児（集団）同士でどう構成されてきたかを明らかにすることになる。そしてそれが遊びの援助を保障することになるのである。

では、このような遊びための記録のあり方は、現在、存在しているであ

ろうか、保育の中での遊びを理解するための記録の条件としては、次のことがその前提として考えられる必要がある。
1. 保育記録をフィールドワークとして考えるならば、フィールドの範囲を学校・園の施設条件の中で直接幼児と保育者が日常的に遊びを展開する場を遊び場とし、具体的には保育室と園全体とする。
2. 幼児と保育者が活動する遊びのフィールドの中で、保育者の位置や動きは、幼児たちの動きとともに援助行動に入る入らないにかかわらず、フィールドワークにおける観察対象となる。なぜなら、遊び場のフィールド内存在としての「保育者」は、幼児全員との関係性の中に包摂されているからである。
3. 保育室、テラス、園庭に常設されている施設・設備（固定されている）あるいは、設置個所が長期的に固定化されている素材、遊具（例：積み木）は、幼児たちの自由な活動が日常的に繰り返し展開される中で、幼児たちの活動がハビトゥスとして形成されていくがゆえに、幼児たちの行動と環境の間に、動きの傾向性を生み出していくことになる。またこの傾向性の創出に対する保育者の影響力は非常に大きい。たとえば、遊ぶ時は外で遊ぶことという信念を持つ「保育者」のクラスは登園後、すぐに外にとび出していく傾向が大きい。

われわれが研究者として教育現場に参与観察しつつ、保育の中での遊びの記録を収集する場合、われわれが知らなければならないフィールドワークについての認識は、市井の広場で子どもの遊びの記録をとるのと、決定的な相違があるのである。後者は、自然的所与として成立した現象ではない。もちろん、厳密な意味では、前者もそうではない（歴史的に構成されてきたという意味で）。しかし、後者においては、遊びそれ自体に対してというより、遊びが生起する時空間は、前述の3つの条件が示すように、明らかに保育の場として構成されたものなのである。そうしてそうした状況の中で成立している幼児のインフォーマル集団による遊びの文化を記録として収集しようとするならば、前述の3つの遊びの構成条件を前提の上で、

臨床的に参与観察がなされなければならない。このような研究手法は一般にエスノグラフィといわれ、近年盛んになったものである。そうしてこうした実践に沿った研究は「保育者」の課題解釈にかかわるので、研究上ではアクションリサーチということができる[44]。そしてこの研究においては保育状況全体を把握する必要性からフィールド全体を俯瞰する必要があり、環境図作成と時系列記録の必要からVTRの利用は欠かすことはできない。

しかし、現在、保育実践者の当事者的視点を共有した臨床研究を実践している研究者は少ない。こうした視点での研究でなければ、保育実践学としての要件は満たされない。この点で批判の対象にした研究は文献を参照されたい[45]。かくして、筆者が主張する保育臨床研究の成果こそが保育実践学の内容を構成する。では、この保育実践学は保育学の中でどう位置づくのか。保育学成立の過程の中で考えておく必要がある。筆者は次のように考える。

明治期において、保母の養成が教育機関において必要だと認められ始めたころ、たとえば子守学校のような養成機関で教えられるべき保育内容は、子育ての経験知を言語的に語ることであった。あとは実際に体験の中で習熟していくことであった。やがて、小学校教育教員養成機関である師範学校では、哲学から演繹的に引き出された教育学や心理学が教員養成の知として利用されると共に、医師や法律家の養成スタイルの模倣として実習という体験コースが付加される形で、教育機関での専門家養成が始ったことはすでに見てきた通りである。こうした歴史的過程で成立してきた保育学という学問分野は本来、近代的職能である「保育者」養成と必然的に結びつくはずの学問であった。したがって、この「保育者」という近代的職能を実現するために「保育者」に対する現職研修の知であるだけではなく、未来の保育者養成のための理論となるべきものである。とくに保育の知が保育学とよばれるためには、それは単に保育者に必要な知識を考えるだけではなく、「保育者」が実践するにあたって、何ゆえその知が必要なのか、その知によって保育者自身の現状を反省し、その知の有効性や限

界、さらには自らの実践の組み替えに寄与するような知である必要がある、そうした知は単に実践に必要な個々の知識であることを越えて、その知を実践とのかかわりの中で、省察しうる知、つまりメタ的に自己の知を組み替えられる知、すなわち、保育学でなければならない[46]はずであった。

　しかし、結果的にはそのような形になっていない。その理由は次のようなことである。理由は3つある。1つにこうした保育原理を担当する教員は、保育を研究の対象とする問題意識はあったとしても、研究者として養成された自らの学問的出自は、その大部分が心理学研究室あるいは、教育学研究室であり、保育問題に対する探究を保育学として自覚することもあまりなかったからである。一方、保育原理の担当者としては、現場の保育者として指導的立場にいる人が、短期大学や専門学校の教員に横滑りする例も少なくない。この人々は自らの経験知を語ることで、保育原理を教授していると信じている人が多く、保育の知とは何かというメタ意識をもって保育学として保育の知を扱うという場は形成されにくい。

　保育の知が学として形成されにくい2つ目の理由は、まさに保育原理が保育専門学校や短期大学という場で教授されているという状況それ自体である。四年制大学や大学院に保育学という講座がきわめて少ないということが、保育の知を知のあり方として、他の講座と比較して、その独自性を探究しようとする問題意識の成立しにくい状況をつくり出してきた。短期大学や専門学校の教員に対する研究者としての評価や意味づけの希薄さ（授業時間のコマ数の多さ）が保育学の成立を妨げてきた。

　3つ目の理由は、保育の知が保育の営みにとってどんな意味があり、保育の質を向上させるために、どんな有効性をもつかということを実証する現場として、各養成校は附属の幼稚園や保育所をもつところが多いにもかかわらず、そうした附属の保育施設がその機能を十分に果たしていないところが多い。その要因としては、実験校の保育者と養成機関の教員との連携や、共同研究の体制が確立していないことにある。これには、養成校の教員が自らの研究において、実験校の実践を必要なデータとして取り扱う

必然性をもっていないか、もしくは仮に関係性をもつにせよ、現場の保育者との相互理解が得られていないということがあげられる。ここには、養成校の教員の側のアカデミズム志向と現場保育者の経験主義的信念との乖離があり、そこには、西洋近代医学が伝統的東洋医学の経験主義に向けた蔑視と、後者の前者への不信と似た関係がある[47]。

　しかし、少なくとも、保育実習は、養成校の保育原理の知が実習生を介して実習生の実践とかかわるきわめて重要な機会である。現場の実習の指導教員も、実習生の実践を通して、保育の知がどのように習得され、保育の実践に生かされているかを確かめる機会（保育の知の有効性を確かめる機会）であるので、養成校の教員と実験校の保育者がどう連携し、学びを蓄積しているかが問われるのである。この点でも、いまだ確かな連携がつくられていない。

　言い換えれば、専門家養成の学として成立したはずの学問研究の諸分野は、大学養成機関の学校内容となる時点で、自己目的化し、枠組みとしては、養成カリキュラムの内容でありながら、その本来の関係性を喪失していったのである。

　しかし、その学の中核は、保育者が自らの実践をどう組立て、身体技法（戦術知）として行使していくか、その際、働きかけの対象としての幼児（集団）をどう理解するか、また、幼児たちはどう生き、環境とのかかわりを成立させているか、そこでの保育者とのかかわりはどうか、こうした点について「保育者」は、そこに関与する人間としての自分をどう理解しているか、このような幼児と保育との関係性はどのような状況の中で成立しているか、またその関係を幼児が自立する方向でどう発達させられるか、こうした点について対象化し、記述し、解釈し、「保育者」自らのあり方を含めて、総合的な戦略知を確立するのが保育学の課題なのである。保育学は必然的に臨床の知であらざるを得ないのである。それすなわち、保育実践学である[48]。

　かくして、「保育者」養成カリキュラムにおいて保育実践学は、その基本的な学科内容であり、保育所実習と結ぶ基本的柱となるべきである。

保育の知は、言語を通して（養成機関で）教授されることで、保育者の職能形成の一条件になる。しかしそれは、保育者となる人が現場で、身体技法として使うことで実際に働くことになる。両者を媒介する場として保育実習がある。デューイは、シカゴ大学附属学校をつくって、そこをラボラトリースクール（実験室学校）と称して、教育するための知が現場で働くかどうかを検証しようとした[49]。したがって保育の知も、保育者の身体技法を通して現場で使われ、その都度、その確かめはいくつかのレベルで行われる。まず、保育の知を言語を使って学生に伝達するとき、その伝え方、また伝わったものが確かなものであるか否かを保育の知の言語的展開（論述）のレベルで、間主観的に確認し合うこと（狭い意味）での、論証、解釈基準の確認、ここに保育学の第1の課題がある。第2に、保育の知は、保育者の身体技法として行使される。しかしその作用については、他者の判断や評価も参考になるにしても、最終的には自己準拠性に依存する。自分の行為を自分で振り返って省察すること、その省察の結果を次の実践に生かしていかざるを得ない[50]。そのさい、自分の行為が子どもや子どもたちの動きや反応との関連において理解すること（心理学研究が参照される）。この実践者の省察過程は、最初の言語的に保育を語るレベルの対話（ディスコース）に反映される。最終的に、長期的な子どもや子ども集団の変化の過程は、集約され言語化され、保育の営みの成果として検証される。したがって、保育の学としての知は、言語的に伝えられ、実践される過程で知は学としての資格が問い直され、最終的な成果が確かめられ、確かな知のみが、学として蓄積される。

　この保育実践学が教育実習との関連において、大学で講義され、また現場の園内研修に適用されることを通して、保育者の保育行為が改善されるということは、保育者の働きかけや環境設定が幼児一人ひとりや、幼児集団の遊びを充実したものにしていくということである。ということは、保育実践についての省察が学科目の学習における思考力とも結びついていくということでもある。たとえば、保育実践の中である幼児が突然、周囲の動きから逸脱した場合、なぜそうしたのかという理解には、その特定の幼

児についての保育の過程での行動を追うだけでなく、大学における学科学習の中での幼児の心理についての理解や、幼児の遊びについての学科学習がかかわってくるのである。したがって「保育者」養成カリキュラムを保育実習を含めて、総合的にとらえる視点が求められるのである。それを筆者は臨床保育学とよんでおきたい。臨床保育学は、保育実践の場における保育者の実践を省察し、次の実践へのより有効な手だてを追求するとともに、その問題解決のためには、「保育者」養成カリキュラムを形成する学科目の相互関係性や総合的視点を求めつづける思考をもつ必要がある。それは、既成の学科目が幼児の経験的生活世界とどうかかわっているかを問い直しつづけることであり、これまで論じたように、学際的な研究であり、各学問のアプローチを超えたメタ思考であり、活学的思考なのである[51]。

このように、学科目のカリキュラムの学習と保育実習での学びとを関連づけるためには3年次の保育実習と4年次の保育実習とに分けることが必要であり、実習での学びが大学での学科学習へと結びつけられる制度が必要であり、3年次保育実習が附属施設で行われることが必要である。

4．保育者養成カリキュラムの改革への提案

（1）幼児を取り巻く生活世界を基盤とした　　　総合的視点の確立

保育（幼児教育）に携わった約40年の筆者の研究を振り返る意味で本書を執筆してきたが、終章に至ってこの分野の広がりと深さに研究に対していまだ浅学の自分を反省をせざるを得ない。これまで論じてきたように、この分野は幼児だけでなく、それを取り巻く大人の生活世界と分ちがたく結びついている。そしてこの生活世界は、現代の分節化された学問や制度のルーツでありながら、既成の学問研究の方法では、論理的に整理しきれ

ない煩雑な多様性に満ちている。しかし、この混沌の中に生活の豊かさや喜びがあることも確かである。この生活の豊饒さがあることからこそ、親と子、大人社会と子ども社会は豊かさや楽しさを感性によって感じつつ、人として成長・発達できるのである。そうした生活世界を支えているのがこの地球という環境である。

しかし、この自然は2011（平成23）年3月11日の東日本の大震災が示したように、予測も解明もできない形で、われわれの日常を破壊してしまった。幼児とわれわれを取り巻く、この日常をどう建て直すか課題は多い。

われわれ大人は、現在の日常生活を維持するだけでなく、明日の日常世界を生きる存在である幼児を育み、教育する責任がある。そして現在では親となる世代が一人ひとり責任をもってこの責務を果たすだけでなく、家庭だけでなく、地域で、社会制度としてこの責務を果たさねばならない。この責務を直接果たすのが「保育者」である。

これまで子育て（保育）は、霊長類の子育て以来、種の保存本能と経験の知恵を伝承による経験知として行われてきた。しかし現代では「専門家」によって行われるに至った。近代社会においては、近代自然科学技術を出自とする思考法が近代機械技術や工学だけでなく、社会制度や経営などにも応用され、大学で養成されることになり、伝統的な医学や法律だけでなく、広い分野の専門家の人材を輩出することになった。近代自然科学技術の合理化や実証性によって、さまざまな分野に細分化された専門家が生まれることになった。

近代的社会制度の分野が細分化されるとともに、官僚体制が多岐にわかれるように、公的役割を果たす学校教育の教師や幼稚園の教師や保育所保育士も専門性が求められるに至った。しかし、細分化された社会制度の中の役割とはいえ、教師や「保育者」の役割は、子どもの人間形成を目的とする点で、橋を造る専門家、船を造る専門家というように、生活の特定部分だけのプロとして専門性を考えるわけにはいかない。

とくに幼児の人間形成にかかわる専門家には、子どもの生活世界を取り

巻く、さまざまな分野の知識が専門家養成カリキュラムを構成することになる。しかも幼児の生活世界は未分化であり、全体としての有機的なまとまりが求められており、その幼児とかかわる専門職としての「保育」者養成には、これまで論じてきたように総合的なカリキュラム構成が要求されている。しかし、近代社会に成立したさまざまな学問領域は、各々分化した形で発展した自然諸科学がモデルとなっているので、これまで述べてきたように分化し、カリキュラムの要件として総合性を欠くものとなってきた。それゆえ、「保育者」養成カリキュラムとして、総合的目標を掲げたとしても、各々の関連性が明らかではない。そのために情報知として詰めこまれるけれども、どう学び、どう考えるかという学習者の立場という点からのカリキュラムになっていない。これを克服するためには、諸学科を総合的にとらえ、諸学科の構成を学際的に考えることである。それはこれまで一貫して主張してきたように、諸学科に対する学際的視点を確立することである。その視点は諸学科に対する哲学的思考を展開することである、言い換えれば、生活世界を構成する諸学科を社会構成主義的視点でとらえることである。K.J. ガーゲン（Kennth J. Gergen）は社会構成主義の前提として、5つあげている[52)]。「1．世界やわれわれ自身を説明する言葉は、その説明の対象によって規定されない」。この前提はソシュールの能記と所記（意味するものと意味されるもの）との関係は恣意的でしかあり得ないということと同じである。われわれ人間の使う言語は、人間がコミュニケーションのためにつくり出したもので、説明するモノや世界との直接的関係は語りえない。「2．世界やわれわれ自身を理解するための言葉や形式は、社会的産物である」。すなわち、歴史的・文化的に埋め込まれた、人々の交流の産物である。「3．世界や自己についての説明がどの位の間支持されるかは、その説明の客観的妥当性ではなく、社会的過程の変遷に依存して決まる」。「4．言語の意味は、言語が関係性のパターンの中で機能するあり方の中にある」。「5．既存の言説形式を吟味することは、社会生活のパターンを吟味することにほかならない。こうした吟味は、他の文化集団に発言力を与える」。こうした前提によって、諸々の学

問の中核的命題群を批判的に吟味し、このことによって、この中核的命題を生み出した意味生成のコミュニティー相互のドアを開き、関係性の境界がやわらぎ、異質とされた記号間の還流が成立すれば新たな展望が開かれるとガーゲンはいう。そうした役割として社会構成主義に立つ人間科学をガーゲンは提唱する[53]。それは、社会的構成的なリアリティとそれと結びついた生活形式に挑戦することである。その形式をガーゲンは「文化批判、内容批判、相対化の試み」とよんでいる。本書が既成の「保育者」養成カリキュラムへの批判も既成の教育実習のあり方をエスノグラフィの立場をとり入れて教育実践学として組み替えを提案したのも上述の意味での人間学的な試みであると私は位置づけている。

（2）「保育者」養成カリキュラムの基本的枠組み

これまで論じてきた諸点から、「保育者」養成カリキュラムの基本的枠組みを描いておこう。「保育者」の専門性という点からすれば、「保育者」は何よりも、保育ないし、「保育」の現場に立つ人ということになる。つまり、「保育」という営みを展開する当事者になるわけである。ということは、もし私が現場に立つのであれば、〜のように考えて、〜するという立場に立つということである。それゆえ、こうした専門職の養成であれば、免許状取得の前提にあるのは、「ケア」であり、「ケア」としての「保育」体験、つまり「保育実習」が養成カリキュラムの土台にあることは今後も普遍的条件であろう。

そして、「保育」を近代社会の専門性として確立するためには、それに必要な知性の修養が求められることも、専門職として当然のことである。この知性としてもっとも求められることが反省的知性であることは、これまでの論述から明らかであろう。第7章第1節のところで指摘したように、生命体としての主体である幼児との関連性を確立することは、木村が述べたように、幼児という一瞬一瞬の変化する存在とのかかわりであり、ノエシスという言葉で表現されていた（p.242参照）。とはいえ、常に試行錯誤ということでは、幼児の健全な発達は望めないだろう。そこにこうか

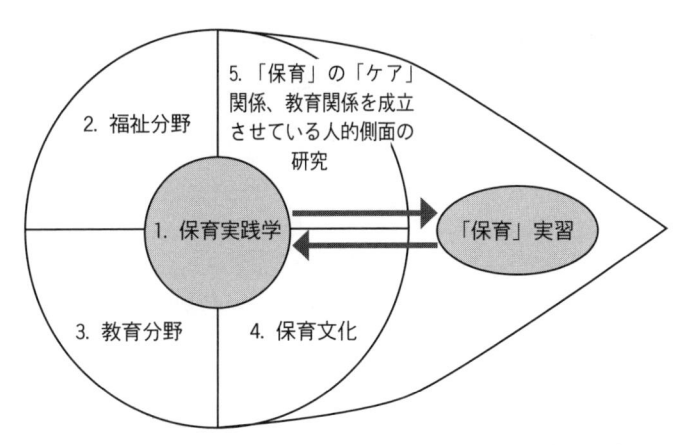

図6　保育者養成カリキュラムの枠組みについての未来的素描

かわるべきという規範が成立しなければならない。それを木村はノエマとよんだ。しかし、この知識を頭から幼児に押しつけたら、日々変化する幼児との間によき関係は築けないだろう。保育についての知恵や知識として蓄積するためには、幼児とのかかわりを振り返って、このかかわりのあり方を省察する必要がある。そこで生まれる知性がノエマである。そしてこの当事者としての振り返り、蓄積する仕事をより確かなものにしていく第三者の働きが研究の仕事であり、ここに臨床の知としての保育学の役割がある。つまり、保育者の当事者性を基盤としてそれを第三者的に見直していく作業である。「保育者」養成カリキュラムの中核として臨床学としての保育学が位置づくゆえんがここにある。これまで筆者はそういう立場で保育学の確立の必要を主張してきた。

以上のことから、「保育者」養成カリキュラムは、保育学──保育実習という柱を中心に立てられるべきである（ここには、家庭保育、支援センター保育、集団施設「保育」を含む）。たとえば、次のようにである。

1．全学科目の基礎として

　保育実践学入門（幼児を育てることは具体的にどういうことか）→保育実習（第一次実習）→保育実践学（実習体験に基づいて保育実践についてより深く学ぶ）→保育実習（専門性習得のための学び）。

2. 保育実践学の位置づけを学ぶ諸領域

「保育」がその一部である「ケア」とは何か（福祉分野の中核としての「ケア」について。「介護」「保育」「養護」との関連において福祉分野の中の「保育」の位置づけ）。

3. 教育制度の中の一部としての幼児教育について

幼稚園教育、義務教育、高等教育の関連の中で。

4.「保育」の営みを媒介する文化を学ぶ

5領域について学ぶ（音・図・体の基礎技術を含む）。

5. 幼児と「保育者」との「ケア」関係

成立させる人的側面について学ぶ。①幼児からの発達についての学び。幼児一人ひとりを対象とした臨床心理の学び（心理学的学び）。②幼児集団や子ども社会についての学び（社会学的学び）。③「保育者」についての学び。④以上の3分野についての歴史研究を含む（教育心理学・教育社会学・教育史学の分野）。

　これまでの論述とこうした筆者の私案は今のところ、実現の可能性は大きくない。しかし、現在の中央省庁の行政的枠組みに基づいた折衷的な「保育者」養成カリキュラムの網羅的で煩瑣な（わずらわしい）実態を批判的に検討し、より実践的な養成カリキュラムを構成する視点を提供してくれるはずである。

（3）「保育者」養成カリキュラムへの入門としての「体験プログラム」として

　最後に保育者養成カリキュラムの構成要素として身体論的視点からの学科目の見直しを提案し、本書を終章としたい。

　現在の「保育者」養成において多くの担当者に異口同音に感じているのは、「保育者」を目指す若い世代の成育歴の中に子育てや子どもの文化に対する既有経験のなさである[54]。1つは遊び体験、2つは労働体験など、作業経験の欠落であり、3つは対人関係の未熟さである。こうした側面での欠落は仕事を通しての自然との交わり等が欠落したことに要因がある。

すでに第1章で述べたように、現代の子育て不安の最大の要因は、大人の生活のテンポが効率化し、乳幼児の成育と発達のテンポとが大きくずれたことにある。わが国の保育（幼児教育）カリキュラムの原理として長期指導計画は、行事と季節の変化に応じた項目が立てられる。ここには、幼児の生活だけでなく、大人たちの生活もこの季節的変化に応ずるという考え方がある。それは、人間の生活（労働と日々の暮らし）も自然の変化に対応するという前提があったのである。しかし、現在、大人の生活は大きく変化し、より効率を求めて奔走するようになった。とくに、携帯電話が普及し、場所や時間を特定するのにきわめて便利になり、待つことがなくなった。他者と待ち合わせするのに5分と待つことはなくなった。

　しかし、幼児と行動するには、幼児のペースに合わせなければならない。日ごろ、待つ習慣を喪失した大人にとって、幼児と同調する構えを前もって形成しなければならない。

　保育者養成カリキュラムの中に、幼児の生活世界を提供する身構えを形成する訓練が必要なのである。そしてそれには、現代のように加速化された世界にも変わらない現実があることを身をもって体験することである。

　それは、1つに、植物栽培や農業体験である。そこで植物の成育ペースに自らを合わす体験が必要である、毎日、植物に対し、日常的に変わらぬ世話をしつつ、その習慣性に怠慢になることなく、植物のかすかな変化に五感を総合した「共通感覚」をもって接することは幼児とのつきあいに通ずるのである[55]。このことは決して容易なことではない。なぜなら、毎日、類似した作業をつづけることは、身体的に習熟することであり、習慣化することでハビトゥスが形成され安心して作業ができるという利点がある。しかし他方で、この習慣化はマンネリズムを招きやすく、注意力が散漫になりがちである。こうした一般的傾向に逆らって日常的な世話をしながら植物の変化にいつも覚醒した意識で向き合い植物の細やかな変化に注意力を注いでいくことなしに、植物の世話はできない。子育てに通ずる態度である。

　第2に、自然物を加工する経験、つまりモノづくりである。モノづく

りは、切る削る等、自然物の特性を知ること（竹を割ることはやさしいが折ることは困難である）、この経験は人間の知性の始まりであり、このデザインという思考は、モノの特性に従って、それを利用して人間のために役立てること、ここには自然の秩序に従うこと、それを利用することの二面性が、幼児の特性を知ることにつながる[56]。この「モノづくり」の特徴はたとえば木工にしても、自然物（例：木）の性質を知り、その性質を利用して加工する必要がある。それには加工する道具の特性を知り、その使い方に沿って技術を学ぶことになる。のこぎりを使うときなど、板の真ん中に木のこぶの跡などは避けて、のこぎりを使わなければならない。人間の使用目的に合わせて素材を加工するとき、使用する側の思惑だけを通すわけにはいかない。目的に達するためには、さまざまなルートを考えるのである。こうしたデザインは人間の思考の原点なのである。

　第３は、料理をつくることである。これはつくることの発展ともいえる。焼く、茹でる、煮るといった作業を同時進行で体験することは、食料を加工する変化のプロセスを観察しつつ、できあがる時点を想定し、種々のモノを合わせていくことであり、複合的な作業である。この料理づくりは、モノづくりの発展であるが、ここには自然を利用しつつ自然を共生するための総合的知恵が集約されている。食文化は命あるものの命を奪ってわれわれ人間の生の糧とすることであり、生きることの原体験であり、かつ、仲間の食を用意する営みは、作業の共同を通じて共に生きることの必然性を学ぶのであり、地球内存在としてのヒトの原体験である。こうした体験は、身体知として、注意力と作業とのコラボレーションが求められる。「保育」というきわめて生活世界と密着した身体知を獲得するためには、既成の学科カリキュラムではもはや、不十分である[57]。こうした体験学習こそがヒトという動物種である人間の幼き命あるものの養育の必然性を知る機会である。現在、筆者は明星大学の岡本富郎をチーフとして「保育者」養成の野外生活経験研修センターを立ち上げる構想を話し合っている。岡本教授の郷土である伊豆大島の中の農耕地と小学校の廃校を利用し、農業体験、里山体験、里海体験を数日にわたって体験できるセン

ターを構想し、保育者志望の学生たちがそこで合宿し、生活体験を行うことで、自然の中で生活することの原体験を味わうことを目的としている。近々、構想実現に踏み出すつもりである。

　最後に、「保育者」養成に必要な総合的体験として、演劇的知をあげておこう[58]。しかし、それは既成の児童演劇ではなく、日常生活における対人関係を「見る――見られる」関係として、あるいは、「演じ――演じられる」関係としてとらえ直す意識が求められるのである。ヒトという動物種は一人では生きていけない。当然、他者と共存していかなければならない。しかし、日常生活の中心でそのことをいつも自覚して生きているわけではない。しかし、気づかないところで、他者と折り合いをつける努力をしている。それゆえ、近代社会のように、自他の意識が明確になってきた時代には、一人ひとりが自己の快適な生を求めてしのぎを削る側面も増大してきた。その結果、大都市のように人が密集し、かつ経済的優位を求めて競争する社会になり、お互いに優位を争いつつ、共生するバランスを求めるといった工夫が社会のシステムとしても、個人同士の間でも無自覚にあるいは自覚して展開するようになってきた。しかも都市生活のさまざまな生活局面に参加する機会も増大し、人々はその都度、自己主張と他者との共生のバランスの中で生きていく工夫をせざるを得なくなっている。そこから必然的に、日常生活の送り方を演劇的に振る舞うようになってきた。「保育者」も複数の幼児たちを相手に、一対一の関係を常にとっているといった演劇的振る舞いをすることを余儀なくされている。こうした現実に自覚的であることは必要である。なお、この点に関する詳細な考察は今後の課題としておこう。

　本書の締めくくりにあたって、本書は、上梓した地点で振り返って見れば、筆者が大学院生として出発した時点からの思考の歩みを再度、跡づける形になった。その都度、さらに詳細に述べるべき必要を感じつつ紙幅の関係で終止せざるを得なかったことも多い。とくに、園内研修については、これまで30年余りの経験もあり、積み重ねた経験から書くべきこ

とも少なくない。しかし、この点については編を改めることにしたい[59]。
思えば、「保育者」養成カリキュラムの課題は山積して余りある。本書を足がかりにして、より充実したカリキュラムを構成することは、来たるべき世代に願うしかない。

最後にこの書を書く機会を与えてくださった、故服部雅生氏に心から御礼を申し上げたい。できれば服部氏の存命中に本書を上梓したかったが、氏が逝去されたので、この書を氏の墓前に捧げたい。また、乱筆の草稿の校正を根気よく続けられた田中直子さんに御礼を申し上げたい。

[注]
1) 小川博久「臨床教育学をめぐる諸理論への批判的考察 ── M. フーコーの『臨床医学の誕生』の視点を手がかりに」小川博久教授退職記念論文、日本女子大学大学院紀要、10号、2004年、p.71〜84
2) 上野千鶴子『ケアの社会学──当事者主権の福祉社会へ』太田出版、2011年、p.60
　　なお、非対称であるということは、対等な関係ではなく、M. フーコー流にいえば、権力（力の及ぶ関係）において、「ケア」する側に有利であり、「ケア」される側は「ケア」する側なしに自立できない関係であるということである。
3) 太田素子『子宝と子返し──近世農村の家族生活と子育て』藤原書店、2007年
4) 明和政子著、松沢哲郎編『＜霊長類から人類を読み解く＞なぜ「まね」をするのか』河出書房新社、2003年、p.141〜142
5) 三宅和夫編『乳幼児の人格形成と母子関係』東京大学出版会、1991年、p.84〜92
6) J.S. ブルーナー／佐藤三郎編訳『乳幼児の知性』誠信書房、1978年、p.246
7) 岩田遵子『現代社会における「子ども文化」成立の可能性──ノリを媒介とするコミュニケーションを通して』風間書房、2007年、p.111
8) 小川博久『遊び援助論』萌文書林、2010年、p.224〜226
9) 同上書、p.226〜227
10) 土屋とく編『倉橋惣三「保育法」講義録──保育の原点を探る』フレーベル館、1990年、p.114

11）木村敏『あいだ』筑摩書房、2005 年、p.22
12）注 2）前掲書、p.183
13）同上書、p.183　　　　　14）同上書、p.183
15）注 6）、前掲書、p.45 〜 46
16）根津明子「乳児において文化としての『食べる』行為はいかにして成立するか——離乳食援助場面を通して」日本教育方法学会紀要「教育方法学研究」35号、2010 年、p.41 〜 58
17）注 11）前掲書、p.26 〜 35
18）岩田遵子・小川博久「教育実践における『反省的思考』論の可能性の再検討（1）——理論的考察」聖徳大学児童学研究紀要「児童学研究」11、2009 年、p.81
19）渡辺桜「保育行為における保育者の『葛藤』変容過程と保育室の環境構成との関連性——コーナー設定のあり方に着目して」日本子ども社会学会「子ども社会研究」14、2008 年、p.91 〜 104、または、小川博久『遊び保育論』『保育援助論（復刻版）』萌文書林、2010 年
20）結城恵「幼稚園における集団呼称の社会的機能」日本教育学会「教育学研究」第 60 巻第 4 号、1993 年、p.327 〜 329
21）注 2）前掲書、p.197
22）小川博久『保育援助論（復刻版）』萌文書林、2010 年、p.120 〜 140
23）注 2）前掲書、「第 5 章　家族介護は『自然か』」p.105 〜 133
24）小川博久「子育て政策のディレンマを克服する道はあるか——長期的展望を求めて」福島県私立幼稚園振興会紀要、第 22 号、2011 年、p.38
25）注 2）前掲書、p.158
26）同上書、p.186
27）及川留美「母子相互コミュニケーションにおける母親の意識とその背景——前言語期の子どもをもつ母親のライフヒストリーから」聖徳大学大学院児童学専攻修士論文、2009 年、あるいは、「母親の役割取得と母子の関係性」関東教育学会紀要第 35 号、2008 年、p.35 〜 51
28）松永愛子「『A 市子育て支援センター』における親子の居場所——創出の過程」第 3 章、日本女子大学学位論文、2006 年、p.64 〜 81
29）注 2）前掲書、p.160
30）同上書、p.180　　　　　31）同上書、p.181

32) 岩田遵子「上野千鶴子と読む」購読会レポート資料、p. 4 ～ 5
33) 注 22) 前掲書、p.120 ～ 140
34)「遊び」については、小川博久・岩田遵子『子どもの「居場所」を求めて──子ども集団の連帯性と規範形成』「第 3 章　子どもにとって遊びとは何か」ななみ書房、2009 年、p.198 ～ 228。また「遊び保育」については、小川博久『遊び保育論』萌文書林、2010 年、参照。
35) 小川博久「遊び保育論の構築（1）──幼稚園教育制度の枠組を前提に」聖徳大学研究紀要、児童学科、人文学科、音楽学部、第 20 号、2010 年、p.21 ～ 22
36) 同上論文、p.21
37) 小川博久「遊びと伝承」無藤隆編『＜新・児童心理学講座＞子どもの遊びと生活』金子書房、1992 年、p.187 ～ 188
38) 注 35) 前掲論文、p.21
39) 注 6) 前掲書、参照　　　　40) 注 22) 前掲書、参照
41) 岩田遵子「逸脱児が集団の音楽活動に参加するようになるための教師力とは何か──ノリを読み取り、ノリを喚起する教師力」日本音楽教育学会「音楽教育実践ジャーナル」5 の 2、p.12 ～ 18
42) 小川博久・菊池里映「保育における幼児の遊び理解のあり方──集団の遊び文化をどう記録するか」聖徳大学児童学研究紀要「児童学研究」8 号、2006 年、p.46
43) 小川博久・戸田雅美・戸田瑞穂『保育実践に学ぶ』建帛社、1988 年、p.301 ～ 304
44) 岩田遵子「保育実践研究をフィールドとするエスノグラフィとは何か」日本子ども社会学会編「子ども社会研究」17、2011 年、p.134 ～ 135
45) 岩田遵子・小川博久「教育実践における『反省的思考』論の可能性の再検討（1）──理論的考察」聖徳大学児童学研究紀要「児童学研究」11、2009 年、p.75 ～ 82、「教育実践における『反省的思考』論の可能性の再検討（2）──実践事例の分析と考察」聖徳大学児童学研究紀要「児童学研究」12、2010 年、p.31 ～ 39、または、吉田能宏「国内研究への研究者のかかわり話し合いにおける研究者の課題」東京学芸大学大学院教育学研究科修士論文、1999 年、または、渡辺桜「保育における新任保育者の『葛藤』の内的変化と保育行為に関する研究──全体把握と個の援助の連関に着目した具体的方策の検討」乳幼児

教育学研究 15 号、2006 年、p.35 〜 44、または、「4 歳児 1 期の保育における保育者の『葛藤』に関する研究——保育者の思いと実際の保育との調整過程に着目して」家庭教育研究所紀要 28 号、2006 年、p. 5 〜 15

46）小川博久「保育学の学問的性格をめぐって ——学会活動のあり方を考える手がかりとして」聖徳大学研究紀要、人文学部、第 17 号、2006 年、p.68

47）小川博久「臨床教育学をめぐる諸理論への批判的考察 —— M. フーコーの『臨床医学の誕生』の視点を手がかりに」日本女子大学大学院紀要、第 10 号、2004 年、p.100 〜 101

48）小川博久「教育実践学のフィールド・ワークとしての教育実習」東京学芸大学教育学部附属教育実習研究センター紀要、第 20 号、1998 年、p.19 〜 74

49）小川博久・米沢正雄・小笠原喜康・児嶋雅典・森茂岳雄・土屋文明・大谷洋子「欧米における教師教育の問題点（1）——アメリカの教員養成における『理論』と『実践』の問題」日本教育学会第 33 回大会、課題研究資料、1978 年

50）小川博久「『生活』の再構成による幼児の人間関係（2）——『学校』観の組替を意図して」日本女子大学紀要、家政学部 51、2004 年、p.23 〜 32

51）皇紀夫「第 1 部　第 1 章教育『問題の所在』を求めて」小林剛・皇紀夫・田中孝彦 共編『臨床教育学序説』2002 年、柏書房、p. 1 〜 26、または、注 1）前掲論文、p.71 〜 84

52）K.J. ガーゲン／永田素彦・深尾誠訳『社会構成主義の理論と実践——関係性が現実をつくる』ナカニシヤ出版、2004 年、p.6 〜 68

53）同上書、p.69 〜 79

54）小川博久「遊びや総合学習を援助（支援）する教師の資質養成の可能性を探る——現行の教師養成カリキュラムの枠組みを超えて」東京教育大学教育方法談話会「教育方法研究」14 号、2001 年、p.19 〜 28

55）同上論文、p.40　　　　　　　56）同上論文、p.40

57）同上論文、p.40

58）小川博久「屋内遊びにおける play 概念の両義性——遊戯と演劇性との共通性」日本保育学会、第 65 回大会自由発表資料、2012 年

59）保育者の現場研修の体験の中での保育者の学びと研究者の反省は臨床研究の書として書き改めたい。

さくいん

aufheben	165
care	36, 55, 209
communicative musicality	240
Didaktik	108
education	55
era	125
gestalt	166
holistic	12, 36
landscape	166
normal school	99
NPO	53
OECD	13, 22, 48
region	166
subject matter	131
supervise	37
sustainability	33
well being	204

あ

アイコンタクト	267
愛着行動	52
アカデミシャン	86, 175
アカデミック・ディシプリン	108
アクションリサーチ	275
遊びの文化	274
アメリカ教育使節団	85
在り方懇	158
アンビバレンツ	222

い

医学部	80
育児休暇	21, 42
育児行動	64
育児相談	192
育児相談施設	67
育児能力	14, 42
育児不安	14, 42, 68, 193
育児放棄	191
育児力	51
イクメン	67
医師	81
意志決定者	148
医師養成制度	10
一斉指導	253
一般教育科目	76
一般教養	74, 173
一夫一婦制	53
イデオロギー	86, 190
意図的教育作用	251
異年齢集団	53
いのちの波	238
インターン制度	10
インフォーマル集団	274
韻律性	137

え

栄養士	17
エスノグラフィ	258, 275
エデュケイショニスト	86, 175
演劇的知	287
エンゼルプラン	21, 191
延長保育	192
園内研修	10

お

応答性	222
応答的関係	236, 240
オムニバス方式	12
親方	74
親と子のカップリング	60
音楽	11, 181

| 音楽表現 181, 218
| 音楽リズム 93

か
| 介護施設 53
| 外在化 65
| 概念構造 131
| 解剖学 80
| 解剖劇場 80
| 開放性 157, 160
| 開放性目的教員養成 163
| カウンセラー 17
| カウンセリング理論 114
| 科学の実証性 82
| 学位称号 73
| 核家族化 14, 44, 187
| 学際性 163
| 学際的 128, 281
| 学習指導要領 175
| 学習指導論 129
| 学習論 120
| 覚醒 236
| 学童クラブ 55
| 学問 131
| 学問体系 160
| 学問中心カリキュラム 127, 128
| 学問領域 219
| 学齢期 32
| 加工の再生産過程 65
| 可視的症状 81
| 家事労働 20
| 過疎化 44
| 家族共同体 52
| 家族構成 61
| 家族国家観 190
| 家長 20
| 学科目省令 88
| 学科目制 88, 97
| 学級崩壊 159

学校カウンセラー 18
学校集団 114
学校秩序 267
学校臨床科目 172
家庭介護 255
家庭管理学 92
家庭教育 44, 190
家庭教育学校 45
家庭経済学 92
家庭支援論 214
家庭生活 62
家庭保育 16, 50, 190
家庭保育責任論 66
過保護 187
カレッジ 73
感覚の三角測量 82
環境構成 273
環境条件 43
環境図 275
環境破壊 33
関係内存在 223
看護師 17
観察 216
間主観性 273
監督指導 93
管理主義教育 158
官僚主義的論理 19
官僚体制 280

き
気 270
技術 219
技術知 78
技術的合理性 79
基礎科学 79
技能学習 140
機能社会 36
技能的習熟 145
キブツ 37

基本制度改革	49
基本的生活習慣	187
義務教育	32, 44
虐待	42, 53, 193
客観的法則性	110
吸引過程	66
旧師範学校	95
旧制大学	95
旧制中学	95
旧約聖書箴言	74
給与所得者	52
教育	105
教育科学	86
教育学	12
教育学研究	91
教育学講座	108
教育系大学	89
教育工学センター（のちの情報処理センター）	158
教育刷新委員会	85
教育実習	13, 88, 138, 173
教育実習センター（のちの教育実践研究支援センター）	158
教育実践学	114, 174
教育実践力	173
教育実地研究	90
教育職員免許法	87, 94
教育心理学	11
教育制度	105
教育大学協会	96
教育勅語	190
教育的知識	107
教育哲学	89
教育内容	134
教育方法	89, 105
教育力	187
教員インターンシップ	175
教員研修センター	158
教員採用率	159
教員養成改革	85
教員養成学	168
教員養成課程	160
教員養成制度	10, 88
教員養成大学	89
教科	220
教会教義	74
教会権力	73
教会暦	74
教科教育	118
教科教育学	121
教科教育実践	174
教科教育法	115
教科専門	173
教科調査官	134
教科内容	219
教授	77, 201
教授学	108
教授に関する知識	107
教授法	89, 219
教師用指導書	130
教職課程	157
教職教養	110
教職実践演習	163
教職専門	110, 173
教職専門科目	86, 89, 105
教職大学院	21
共生	237, 239
共同運営	165
共同注視行動	222
共鳴	240
共鳴動作	239
教養	76
ギリシャ哲学	75
キリスト教学	75
ギルド	74
近代合理主義	19

近代自然科学技術 280

く
クライエント 79

け
ケア 36, 68, 209, 215
ケアワーク 255
計画的の養成論 161
景観 166
経験・技能学習 139
経験主義の盲信 148
経済協力開発機構 13
経済生活 67
経済的の政治的対策 15
形而上学的哲学 76
系統性 122
系統発生 238
ゲシュタルト 124, 166
ゲゼルシャフト 36
血縁 52
研究業績 77
言語シンボル 132
言語組織 218
言語的の統制 264
言語的分析 81
現職教育 10
現職教師 90
現職研修の知 275
現代家族 15, 51, 66, 215
権利 256

こ
コアカリキュラム 173
行為規範 270
公園デビュー 68
公開研究会 10
講座制 76, 88, 97
講師 77
公衆衛生 202

構成概念 122
更生補導 203
厚生労働省 21, 43
構造化 134
構造概念 134
構造力 232
高等学校教育教員養成 89
高等教育機関 18, 21
行動様式 188
高度経済政策 191
高度経済成長期 15
合理主義 24, 79
功利主義的実証主義 78
国際教育センター 158
国立学校設置法 87
子殺し 233
個食 65
悟性使用の術 76
子育てコミュニティー 259
子育て支援 48, 192
子育て支援コーディネーター 49
子育て支援センター 29, 192
子育て広場 28, 259
個体生存 238
個体発生 237
国家政策 203
国家体制 203
国家扶助 202
子どもの権利条約 232, 256
子どもの人権 256
個別化 62
個別認知 266
コミュニケーション 11, 43
コミュニティー 223
子守 14
子守学校 20, 275
雇用 57
雇用問題 192

5 領域 218
婚姻関係 51
勤行 74

さ

サービス 53
財政的基盤 15
サポート 67
作用圏 270
三次元現象 134
参与観察 262, 273

し

シークエンス 122
支援 194
ジェンダーフリー 15, 255
自覚的認識 132
時間意識 61
時空間 62
シグナル行動 222
時系列記録 275
自己形成作用 251
自己準拠性 278
自己中心性 267
私事性 15
市場経済 65
市場原理 159
自然科学 77
自然科学技術 19, 75
持続可能性 33
時代 125
しつけ 251
実験室学校 141
実験心理学 107
実習 12
実証主義 19, 24, 77, 79
実用可能性 77
児童学 12
児童学入門 11
児童学科 11

児童家庭福祉 206, 214
児童相談所 42
児童福祉施設 92, 186
児童福祉施設施行規則 92
シニフィアン 218, 221
シニフィエ 218, 221
師範学校令 85
社会構成主義の視点 281
社会システム 233
社会的認知 193
社会的評価 19
社会的養護 48
社会福祉 202, 205, 214
社会福祉政策 15
社会保障 202
就学前期 13
習慣性 65
自由教育 75
宗教的、世俗的特権 73
私有財産制 16
修士課程 158
習俗 22
集団保育 21
集団臨床 253
集団臨床学 114
自由七科 74, 76
就労条件 43
受益者負担 257
授業活動 19
授業構想力 174
授業巡礼 173
授業展開力 174
授業評価力 174
受精卵 237
種族発生 238
主体 241
出生率 192
授乳行為 66

種の保存	238
種の連鎖	238
止揚	165
小一プロブレム	159
小学校教育教員養成	84, 89, 98
上級免許状	90
少子化	21, 42, 53, 57, 187
少子化社会対策会議	45
消費活動	61
消費経済	42, 63
消費行為	65
消費財	65
消費文化	15
情報化	188
省力化	14
助教授	77
食育	236
職員組織	89
職業教育	74
職業的責任	16
職人的技能訓練	74
職人養成	74
助手	77
初等教育	36
事例認識	53
親権	51
人権	51
紳士教育	76
新自由主義経済	159
新制高校	95
新生児	32, 193
身体技法	277
身体障害者	202
身体的関係性	66
身体的知	66
身体表現	218
人文科学	77
人文主義哲学	76
親密圏	52
心理学	12
心理特性	120

す

睡眠	236
スーパーバイズ	37
スクールカウンセラー	172
スコープ	122
ストレス	64, 216

せ

生活	60
生活科教育	90
生活者	217
生活集団組織	269
生活世界	212
生活の危機	57
生産活動	61
生産労働	20
青少年健全育成	45
精神的行為	224
精神分析	107
成長・発達	44
生徒指導	201
生命	60
生命現象	239
生命の記憶	238
生理学	80
生理的調整	243
世界観	132
世帯主	52
絶対主義王政	75
設置基準	43
専業主婦	20, 57, 255
全国保母養成協議会	94
全国保母養成施設連絡協議会	94
潜在成長力	48
潜在的需要	48
専修免許状	21

専門家	18, 73
専門学校	15
専門性	11, 78, 193

そ

造形表現	218
総合大学	85, 157
総合的カリキュラム	10
相互関係性	13, 43
相互扶助	191
相談援助	214
措置制度	57, 192
卒業研究	105
卒業資格	73

た

体温調節	236
大学教育	13, 36
待機児童	42, 51
耐久消費財	65
胎児	232
代謝活動	236
胎生動物	237
大都市圏	42, 52, 158
第二次大戦	190
対話力	258
単科大学	85
短期大学	15, 94
探究活動	132
探究領域	132
男女共同参画社会	15, 43

ち

地域	52, 166
地域支援	49
地域自治体	43
地域社会	36, 164
地域づくり	216
地縁	52
チェンジ・オブ・ペース	66

地縁的人間関係	15
地球環境	34
知識論的地平	132
地図	124
知的好奇心	13
知的早教育	13, 34
中央教育審議会	44, 47, 50
中央教育審議会答申	88
中核的命題群	282
中学校教育教員養成	89
中世大学	75
中等教育	36

て

ティーチャーズ・スクール	128
デザイン	286
伝承	14, 52
伝承遊び	268

と

当事者主権	241
当事者性	216
当事者の視点	263
当事者の直観	216
統制群対実験群	110
倒置法の表現	137
特修	89
都市化	44, 188
都市施政者	73
徒弟制	268
徒弟的要素	98
共働き	42

な

内発的動機	54
内容	134

に

二元化	191
二次元現象	134
日本教育大学協会	114

日本国憲法	202
日本保育学会	94
入学定員削減	159
乳幼児	43, 52
乳幼児健康支援デイサービス事業	55
乳幼児健康センター	192
乳幼児保育	43
乳幼児保育基本法	191
人間科学	282
人間形成	11, 36
認識主体	180
認識対象	130
認識方法	131
認識論的	137
認知心理学	112

ね

年金支給率	192
年功序列	269

の

ノーベル賞	77
ノリ	63
ノン・バーバル	66

は

パースペクチーブ	266
発達	13
発達観	235
発達支援	48
発達心理学	89, 107, 258
発達段階	174
発達特性	112
発達保障	21, 51, 193
ハビトゥス	66, 242, 274, 285
パフォーマンス	147
バブル経済	159, 192
反省作用	132
反省的の思考	31, 145
反知性的の信念	13

範例学習	133

ひ

比較解剖学	238
美術	11
非対称性	232
評価スタンダード	174
表現領域	11
病理解剖学	82
病理現象	82
開かれた構造	142
品性	120

ふ

ファミリーセンター	28
フィールドワーク	274
福祉	205
福祉行政	21
附属教員	172
負担感	63
不登校児	18
不登校問題	158
プラグマティック	141
プロセス	62
プロテスタント	93
プロフェッション	17
文化領域	219
文教政策	159
分析知	78
文明社会	61
分類	131

へ

ベビーシッター	56, 256
ベビーシッター制度	22, 35, 197
ベルリン大学	75
偏差値	230

ほ

保育	28, 50, 207
保育学	11, 275

保育学科 13
保育士 56
保育史 61
保育実践 263
保育実践学 258, 275, 277
保育者養成 10, 263
保育者養成カリキュラム 203, 205, 208
保育所 15
保育士養成カリキュラム 186
保育所保育 50
保育相談支援 214
保育のニーズの多様化 57
保育の二元化 44
保育ママ 56, 197
保育ママ制度 22, 256
法人化 159
法制審議会 42
放任 187
方法 134
保健医学 94
母子関係 67
母子相互作用 52, 215
母性 52
母体 32
母乳 57
哺乳動物 237
保母 84, 92
保母養成所 84

ま
マイナーな専門性 19, 79

み
未成熟期 235
みてまねる 38
ミメーシス 38
未来的存在 232
民営化 159
民間企業 188
民主主義 190

民族国家 15

む
無縁社会 45
無認可保育所 56

め
メジャーな専門性 19, 79
メタ思考 132
メルカトール図法 146
免許基準 89
免許状 21
免許制度 17
免許要件 157

も
模擬授業 164
目標 134
モデル 14, 52, 160
モノづくり 285
モラル 232
文部科学省 21

や
野外生活経験研修 286
夜間保育 192
薬剤師 17

ゆ
有機的総合性 12, 36
ユニットケア 253
ユニベルジタス 74

よ
養育権 16, 20
養護 28, 204
幼児教育 36
幼児教育学 94
幼児集団 264
幼児心理学 94
幼小の一貫性 34
養成制度 193

幼稚園一級免許状	94
幼稚園教育	44
幼稚園教育教員養成	98, 186
幼稚園教育振興7か年計画	92, 188
幼稚園教諭	56, 84
幼稚園保育	50
幼保一体化	13, 45, 46, 186, 195
幼保連携	46
四年制大学	15

ら
ラボラトリースクール	278

り
理学療法士	17
波動（リズム）	239
律動	93
リニヤー	235
離乳食	57
リベラル・アーツ	76, 97
領域	11
領域教育学	94
両立支援	46
臨時教育審議会	190
臨床	172

臨床医学	10, 80
臨床教育学講座	159
臨床研究	259, 263
臨床幻想	172
臨床心理学	89
臨床体験	245
臨床的アプローチ	262
臨床保育学	279

れ
霊長類	32
歴史	125
レスポンス行動	222

ろ
労働組合	192
労働市場	57, 255
労働人口	192
労働政策	193
労働力	15, 166
老齢化社会	57
論理的枠組み	130

わ
ワーキングチーム	45

<装丁・扉　写真協力>　東京学芸大学附属幼稚園小金井園舎

<企　画>　　　　　　服部　雅生
<編集・DTP・装丁>　田中　直子　　川口　芳隆

著者紹介

小 川 博 久（おがわひろひさ）

1936年、東京都生まれ。
早稲田大学教育学部教育学科卒業。東京教育大学大学院博士課程修了。北海道教育大学教育学部助教授、東京学芸大学教授、日本女子大学教授、聖徳大学教授を経て、現在、東京学芸大学名誉教授。専門は幼児教育学。

【主な著書】

『保育実践に学ぶ』（編著）建帛社、1988／『幼児放送教育の研究』（編著）川島書店、1989／『子ども不在の教育論批判』（執筆者代表）大和書房、1990／『年齢別保育実践シリーズ　遊びが育つ　0歳〜5歳まで』（責任編集）執筆：第5巻、フレーベル館、1990／『教師批判をこえて』（編著）新評論社、1994／『教育原理の探究』（編著）相川書房、1998／『発達教育論』日本女子大学通信教育部出版、2000／『「遊び」の探究—大人は子どもの遊びにどうかかわりうるか』（著）生活ジャーナル、2001／『保育者論』（編著）樹村房、2002／『21世紀の保育原理』（著）同文書院、2005／『子どもの「居場所」を求めて—子ども集団の連帯性と規範形成』（共著）ななみ書房、2009／『今日から明日へつながる保育』（特別寄稿）萌文書林、2009／『保育援助論（復刻版）』（著）萌文書林、2010／『遊び保育論』（著）萌文書林、2010／『遊び保育の実践』（共編著）ななみ書房、2011　他多数

保育者養成論

2013年4月30日　初版発行

著　者　小　川　博　久
発行者　服　部　直　人
発行所　㈱萌文書林

〒113-0021 東京都文京区本駒込 6-25-6
tel (03)3943-0576　fax (03)3943-0567
(URL) http://www.houbun.com
(e-mail) info@houbun.com

印刷／製本　シナノ印刷（株）

〈検印省略〉

©2013 Hirohisa Ogawa Printed in Japan　　ISBN 978-4-89347-141-3 C3037